近代报刊文献辑录丛书

旧时书肆

张伟·主编 孙莺·编

上海科学技术文献出版社
Shanghai Scientific and Technological Literature Press

图书在版编目（CIP）数据

旧时书肆 / 孙莺编 . —上海：上海科学技术文献出版社，2021
 ISBN 978-7-5439-8385-4

Ⅰ.①旧… Ⅱ.①孙… Ⅲ.①书店—上海—文集 Ⅳ.
① G239.23-53

中国版本图书馆 CIP 数据核字（2021）第 139577 号

选题策划：张　树
责任编辑：王　珺
封面设计：留白文化

旧 时 书 肆
JIUSHI SHUSI
孙　莺　编
出版发行：上海科学技术文献出版社
地　　址：上海市长乐路 746 号
邮政编码：200040
经　　销：全国新华书店
印　　刷：常熟市人民印刷有限公司
开　　本：720mm×1000mm　1/16
印　　张：21.5
字　　数：327 000
版　　次：2021 年 8 月第 1 版　2021 年 8 月第 1 次印刷
书　　号：ISBN 978-7-5439-8385-4
定　　价：88.00 元
http://www.sstlp.com

纸上漫游乐无穷	周立民	001

申城书肆
PART 1

上海书业界之现状	贺岳僧	016
上海旧书店调查	东公	018
良友访顾记	琮琦	020
大小书店	谢宏徒	024
东亚病夫卖书记	吉孚	026
美的书店一瞥记	削颖	028
买旧书之门坎		030
旧书店	白鹭	032
大江书铺		034
金屋书店访问记	周菊人	036
自由书店的一段小史	爱如	039
门板书摊	吴泽霖	043
"门板书摊"毕业生的自述	越闲	047
四马路书店巡礼记	石郎	050
上海的书店	扬家庆	052
上海的旧书店	小川	057
城隍庙的书市	阿英	059
书店里	朱管	067
旧书礼赞	韵铁	069
南洋书商	海秋	074
上海的旧书店	胡怀琛	077
抗战以来的文化街头	槐青	080
闲话上海旧书肆	忆玢	085
旧书摊巡礼	力永清	088
淘旧书	慈云	090

上海旧书卖买	甄春英	092
辣斐德路上的文化	蔚	097
环龙桥畔旧书摊	西漠	099
谈旧书店	《申报》记者	102
《谈旧书店》补遗	慕霞	105
记蔚蓝书店	朱朴	110
西书铺之今昔	侬	113
旧书铺营业蒸蒸日上	《申报》记者	116
记创造社	史蝉	119
怀内山书店	史蝉	129
申市过去的西书店摊	周越然	132
上海的书摊	陈镜谷	135
开旧书店	寸言	141
记沪上旧版书肆	涛	144
上海的书市	赵景深	149
旧书摊	张心如	151
上海与旧文化	凌霄汉阁	153

故地书肆 PART 2

一二三书店	夏斧心	158
在北平六小时——津沽巡礼追记	《文艺新闻》记者	161
南京的书肆之街	若虹	163
长沙的旧书店	谢钧	165
南京书摊访问记	罗以	168
广州的旧书坊	澄江	171
北平旧书肆	商鸿逵	174
北平的文化街	月山	177
书店	蒲紊	179

太原文坛	荪波	186
从厂甸买书说到北平的旧书业	蔽芾	188
北游录话之琉璃厂的面面观	铢庵	192
武昌的旧书店	洲九	196
济宁的旧书铺	孟晖	200
跑旧书铺子	烟	202
苏常三日记	阿英	204
济南的破书摊	陈雷	208
长沙的书摊	笨叔	211
记武昌之旧书店区	莲只	214
厂甸的书摊	朽木	216
书城猎奇	秋翁	219
苏州的旧书店	张益林	225
"逛"旧书店	牧丁	227
重庆的旧书铺	茅盾	231
旧书市谈往	昨非	234
北平的旧书业	小玲	236
厂甸沧桑	凌霄汉阁	239
天津的书摊	贾以	242

域外书肆 PART 3

纽约的旧书铺	实秋	246
关于旧书店的种种	王	248
银蹄躅	适夷	251
巴黎书店渔猎记	法朗	254
巴黎的旧书店	汪百里	259
苏俄旧书市场中所见的世界文学		261
巴黎的旧书摊	陆侃如	263

西贡的书摊	辛尔	266
异国旧书屋	潘水番	269
东京的书店街	任侠	271
东京的旧书铺	顾凤坡	274
东京的旧书铺和旧书摊	晓睁	277
三家书店	朱自清	280
怀东京之二	知堂	286
东京随笔	思慕	291
记东京的书店街	槟园	295
买书小记	陈琳	297
巴黎的书摊	戴望舒	301
在苏拉巴耶	新芥	306
柏林的书店	何凯	310
东京买书记	亢德	311
买旧书	覃子豪	316
日光访书记	王古鲁	320
记玛德里的书市	戴望舒	329
后记	孙莺	333

纸上漫游乐无穷

周立民

一、赏心乐事

"在滞留巴黎的时候,在羁旅之情中可以算作我的赏心乐事的有两件:一是看画,二是访书。在索居无聊的下午或傍晚,我总是出去,把我迟迟的时间消磨在各画廊中和河沿上的。"①戴望舒看似平淡的叙述,却有按捺不住的欢喜,看画,访书,"赏心乐事"。毕竟"羁旅"中,难免"索居无聊",日后怀念那些时光,深情款款——心无傍依,苏轼一双温暖的手,书店是宁静的港湾。

在马德里,戴望舒的时光仍然消磨在书市中:

我在玛德里的大部分闲暇的时间,甚至在发生革命,街头枪声四起的时间,都是在书市的故纸堆里消磨了的。在傍晚,听着南火车站的汽笛声,踏着疲倦的步子,臂间挟着厚厚的已绝版的赛哈道的《赛房德思辞典》,或是薄薄的阿尔多拉季雷的签字本诗集,慢慢地沿着灯火已明的阿多洽大街,越过熙来熙往的太阳门广场,慢慢地踱回寓所去对灯披览,这种乐趣恐怕是很少有人能够领略的吧。②

有个"恐怕"却未必,那就是"这种乐趣恐怕是很少有人能够领略的吧",其实,很多读书人都感同身受,摊在我面前孙莺编《旧时书肆》和张伟编《旧时书事》两部书稿就是买书、读书、逛书店之后留下的文字。这些文字出自不同年代不同人之手,虽然难免芜杂,但是有一点却是共同的:谈起书店和买书,

---

① 戴望舒:《巴黎的书摊》,《旧时书肆》。
② 戴望舒:《记玛德里的书市》,《旧时书肆》。

个个眉飞色舞，痴气上升。界外人士，可能大感不解，然而读过之后，我想倘若不被拉"入伙"，至少也心驰神往，不由感叹：文人啊，哪怕是年年岁岁一床书，也能咂摸得有滋有味。

书店掳掠了他们大部分业余时光，"在东京，因为住的地方在神田，门前即是书店街，左邻右舍全是书店，所以更常去翻检一些旧书，作为闲暇时的娱乐。""除了书店之外，还有夜市的书摊，欢喜看看的，一个摊子一个摊子翻过去，也尽够消磨两个钟头，偶然也可以买到好书。因为从神保町一直排列到骏河台，书摊也是无数的。一些欢喜在都市中夜散步的朋友，这正可驻一驻疲足。"① 诗人覃子豪也是："我到神保町或早稻田去，我喜欢一个人，因为一个人独来独往，独去独留，毫无牵制，这完全是为了逛旧书店的缘故。"②

朱自清则留连于查令十字街（他写作"切林克拉斯路"）的旧书铺子中，那并非什么美妙的风景区，可是在文人眼中，有书就有最美的风景："路不宽，也不长，只这么弯弯的一段儿，两旁不短的是书，玻璃窗里齐整整排著的，门口摊儿上乱哄哄摆著的，都有。加上那徘徊在窗前的，围绕着摊儿的，看书的人，到处显得拥拥挤挤，看过去路便更窄了。"有书，地下室居然也成了天堂："但最值得流连的还是那间地下室，那儿有好多排书架子，地上还东一堆西一堆的。乍进去，好像掉在书海里；慢慢地才找出道儿来。屋里不够亮，土又多，离窗户远些的地方，白日也得开灯。可是看得自在，他们是早七点到晚九点，你待个几点钟不在乎，一天去几趟也不在乎。只有一件，不可着急。你得像逛庙会逛小市那样，一半玩儿，一半当真，翻翻看看，看看翻翻；也许好几回碰不见一本合意的书，也许霎时间到手了不止一本。"③

不止海外，遥想当年书店全盛日，中国哪个城市的书不是牢牢占据了人们的成长记忆的显要位置。这两本书中，有相当篇幅的文字是写上海的"书事""书肆"，我想不惟是两位编者对上海的偏爱，还是因为上海乃近代以来中国出版的中心，东西交汇的文化也最能体现现代社会的特点，少不得让文人墨

---

① 常任侠：《东京的书店街》，《旧时书肆》。
② 覃子豪：《买旧书》，《旧时书肆》。
③ 朱自清：《三家书店》，《旧时书肆》。

客们大书特书。阿英在人声喧闹的城隍庙中能找到卖书处,一头扎进去逛个没完,是真正的书痴:"事实没有这样简单,要是你把城隍庙的拐拐角角都找到,玩得幽深一点,你就会相信不仅是百货杂陈的商场,也是一个文化的中心区域,有很大的古董铺、画碑帖店、书局、书摊、说书场、画像店、书画展览会,以至于图书馆,不仅有,而且很多,而且另具一番风趣。对于这一方面,我是当然熟习的,就让我来引你们畅游一番吧。"①上海的书肆,从四马路到辣斐德路,是中西皆备,古今杂陈。郑振铎在抗战期间大搜中国旧书,而且都是国宝级的;而巴金、施蛰存等人,将西文书一包包地买回家。彼时的一些"书肆",不仅仅售书,而且出书,是一家家出版社。前店后厂,自产自销,与读者"亲密无间"。有人去良友公司购书,他还遇到总经理伍联德,"另外伴了一位洋装青年出来,交谈之下,知道这就是良友公司总经理伍联德君,我就询问关于他们公司营业的组织状况,和关于出版物的计划,蒙他一一详细答复,并且导我入内,参观印刷所、装订间、机器室、堆纸栈、经理室、会计部、编辑所等,全部约四五十间,共三楼,房屋设备,非常广大精致……"提到即将出版的傅彦长、朱应鹏、张若谷合著的《艺术三家言》,伍联德说:"该书拟分两种印行,甲种为精装本,用百磅铜版纸印,封面装订用丝绸或他种贵重帛织品,用颜色套印,荡赤金字,书边荡金,外盛以精匣,备作馈礼用;乙种为普通本,用重磅洁白道林纸印,布面金字,或用他种贵重纸料。全书篇幅廿五开,约四百,汇装一巨帙,附有三色图画多幅,铜锌版插图数十幅,用颜色印,定价务求低廉,以期读者广遍。"②良友公司从创立之初就重视图书装帧,由此可见。另外一位书友去金屋书店,遇到主人邵洵美,他记下的样子不是我们今天想像的风流倜傥、英俊少年,倒有些邋邋遢遢的名士气:"一个灰布袍子头发蓬乱的至少两三个月不修剪的"③……这样的偶遇跟访书的记忆融合在一起,像秋天的落叶飘在眼前,大概谁也不会无动于衷,哪怕不低头捡拾两枚,也会侧目多看几眼。

---
① 阿英:《城隍庙的书市》,《旧时书肆》。
② 琮琦:《良友访顾记》,《旧时书肆》。
③ 周菊人:《金屋书店访问记》,《旧时书肆》。

北平则是另外一番景象，那种传统的街市、市井气息和生活方式在书肆、书市中依然可以感觉到。周作人笔下的"厂甸"害得多少人今天还做不完那样的访书梦：

> 琉璃厂是我们很熟的一条街。那里有好些书店、纸店，卖印章墨合子的店，而且中间东首有信远斋，专卖蜜饯糖食，那有名的酸梅汤十多年来还未喝过，但是杏脯蜜枣有时却买点来吃，到底不错。不过这路也实在远，至少有十里罢，因此我也不常到琉璃厂去，虽说是很熟，也只是一个月一回或三个月两回而已。然而厂甸又当别论。厂甸云者，阴历元旦至上元十五日间琉璃厂附近一带的市集，游人众多，如南京的夫子庙，吾乡的大善寺也。南新华街自和平门至琉璃厂中间一段，东西路旁皆书摊，西边土地祠中亦书摊而较整齐，东边为海王村公园，杂售儿童食物玩具，最特殊者有长四五尺之糖葫芦及数十成群之风车，凡玩厂甸归之妇孺几乎人手一串。自琉璃厂中间往南一段则古玩摊咸在焉，厂东门内有火神庙，为高级古玩摊书摊所荟萃，至于琉璃厂则自东至西一如平日，只是各店关门休息五天罢了。厂甸的情形真是五光十色，游人中各色人等都有，摆摊的也种种不同，适应他们的需要，儿歌中说得好：
>
> 新年来到，糖瓜祭灶。
> 姑娘要花，小子要炮。
> 老头子要戴新呢帽，
> 老婆子要吃大花糕。
>
> 至于我呢，我自己只想去看看几册破书，所以行踪总只在南新华街的北半截，迤南一带就不去看，若是火神庙那简直是十里洋场自然更不敢去一问津了。①

二、生命之外还该有点生趣

周作人跑了半天"只想去看看几册破书"，这种文人情趣，在今天会被人嘲笑，还是被认为是一种更大的奢侈呢？嘲笑，这世上竟然还有一群人"不食"人间烟火，沉浸在自己的世界中，自得其乐；奢侈，是在红尘滚滚的都市中，

---

① 周作人：《厂甸》，钟叔河编《周作人文选》第2卷第143—144页，广州出版社1995年12月版。

很多人狼奔豕突心中总有商场风云早已找不回静静地面对"几册破书"的心境了吧？今年春天，在国内一个经济上叱咤风云的大城市，晚上和一位朋友路边等车，等了十分钟，这位朋友就"忍无可忍"，不断地催促我给司机打电话。我说司机正在赶来的途中，现在给他打电话也没有用，他也不可能飞过来，再耐心等一会儿。朋友此时已摩拳擦掌、四体不安且喋喋不休：这师傅服务太差了，问问他走哪儿了啊，你这车怎么叫的，我们在路边完全是浪费时间……他前后不过等了二十多分钟，就如此火烧火燎，痛不欲生。听说他家有几万册藏书，我一直想象不出这么焦躁的人，怎么一字字、一页页地读书呢？或许，我理解错误，人家才叫惜时如金、才能读更多的书？

在效率、目标、成果等思维控制下，人们目的性变得虎视眈眈刻不容缓，从而也就丢弃和鄙视"从前慢"。此时，周作人的话值得我们深思："饭是活命的，所以大家以为应该吃，但是生命之外还该有点生趣，小姑娘穿了布衫还要朵花戴戴，老头子吃了中饭还想买块大花糕，就是为此。"①——"生趣"不可从"生命"中分割，或者，他才是生命的实在，否则，一个人仅仅是"活着"。现在社会似乎在以更快的速度和让人眼花缭乱的生态，剥夺了我们的"生趣"。科技日新月异，迅速改变我们的生活，我们都沉醉于这种改变：方便，实用，高效，也可以实现以往力所不及的目标。即如买书，如今的网上买书，再也不用肩扛手提，连"寻书"的过程也省了，不过是在搜索栏中敲进书名，支付都不需要数钞票了，分分秒秒就完成了买书。这种没有过程感的买书或生活，仿佛脚踩在厚厚的棉花上，真实感虚空，光滑得在记忆上都擦不下一丝微痕，这是真实的生活过吗？书在这里纯粹退化为物，为工具，是我们为了达到目的的一个工具，甚至成为商品、储值券。对此，前一个时代人已经很敏感地指出："昔之藏书者，皆好书读书之人。每得一书，必手自点校摩挲，珍重藏弆，书香之家，即以贻之子孙，所谓物聚于所好也。近来书价骤贵，富商大贾，群起争购，视之若货物、若赀产。"②如今，视书为资财者，大有人在；视为一次性消费品的，更是众矣，很多人也由此大不理解纸质书的留恋者，认为电子书比这

---

① 周作人：《厂甸》，钟叔河编《周作人文选》第2卷第144页。
② 陈乃乾：《上海书林梦忆录》，《旧时书事》。

个又方便又快捷，何不早日取而代之？我不认为这两者就是对立的，也不排斥新事物，相对新旧优长之争论，我更看重负载或浸润在其中的情感、趣味，以及与我们心灵之间的关系。

在一种心境和一个用时光累计起来的生活中，书是有形有神有情感寄托的朋友，相遇和别离都是有情感的，这是具体可感的，而不是数字的，技术的。郑振铎说过："从前高高兴兴，一部部，一本本，收集起来，每一部书，每一本书，都有它的被得到的经过和历史。这一本书是从哪一家书店里得到的，那一部书是如何的见到了，一时踌躇未取，失去了，不料无意中又获得之；哪一部书又是如何的先得到一二本，后来，好容易方才从某书店的残书堆里找到几本，恰好配全，配全的时候，心里是如何的喜悦；也有永远配不全的，但就是那残帙也很可珍重，古宫的断垣残刻，不是也足以令人流连忘返么？"为此，他聚书，却不愿意做"暴发户"，书是"感情""研究工作""心的温暖"，[①]还有人把书比作情侣："对于我，书是一个无言的侣伴，而且是个永久的侣伴。用着惨淡的心血换来的报酬，我都花费在书上。从每一册书上，我都可以隐遁我的灵魂。"[②]选书比择情人还难呢，"因此我觉得买书确是一件不容易的事，正如角逐情场中的男女，怎样用心地选择情侣一样，因为书是各有一种给予我们生活的需要和心境上的好感，也正如众妍群芳之各具淡抹浓妆悦目动心的风情美意啊！"[③]

只有理解这种情感，才会明白为什么有人为了书茶饭不思，"人各有嗜好，也是因为人的性情不同之故也，我的嗜好却是逛书铺，每日饭宁可不吃，而书铺却不可不逛。一年来如一日，可谓逛书铺成癖书卷多情似故人者也。不过逛时不见得准买，而不逛便又觉得不好过"。[④]还有当了衣服去买书的，朱自清在北平读书时，看见新版《韦伯斯特大字典》，定价十四元，"想来想去，只好硬了心肠将结婚时候父亲给做的一件紫毛（猫皮）水獭领大氅亲手拿着，走到后

[①] 郑振铎：《售书记》，《旧时书事》。
[②] 叶灵凤：《书鱼消夏录》，《旧时书事》。
[③] 陈适：《买书》，《旧时书事》。
[④] 晓曈：《东京的旧书铺和旧书摊》，《旧时书肆》。

门一家当铺里去,说当十四元钱"。①

看了这么多对书情意绵绵的情话,我还有一个感慨:全社会的人可以忽略书,体会不到买书、读书这种雅趣,但是文人却不可以。他们的心不应被世俗的尘灰蒙垢,也不应完全被现代生活设计和控制,他们应别有情趣,凝铸境界,给这个密不透风的社会添一抹新绿,增一份不同的色彩。犹如宝剑之于壮士,红粉之于佳人,书对于文人而言,不仅它有用,还在于无用。它可以陶冶性情,开阔身心,寄托情感。由是才有这么多写买书、逛书店的文字,才一谈起这些便津津有味,滔滔不绝。倘若,文人连这样一点情趣都丧失了,他就失去了根本,成为一个贴着标签的空壳,如木偶,机器,或者一套程序。

三、书业兴衰与世事浮沉

买书,让读书人眼热心跳,谈买书、逛书店的文章历来也受人追捧。有人这样说过:"不独喜欢逛一逛书摊,我更爱读别人逛书摊的文字,记得在《宇宙风》上,读到周作人的怀东京之二《东京的书店》,及戴望舒的《巴黎的书摊》,曾为之神往者久之。当索居无聊的黄昏,在塞纳河畔马路两旁的书摊间,慢慢地溜达着,也许会不经意的得到几本廉价的书。走得倦了时,窈窕的塞纳河上的风光,可以任你欣赏,那该是多么令人心旷神怡呵!"②大约身不能至心向往之,也有望梅止渴的作用吧。

我也很喜欢这样的文字,为其中的书香和文人情调,乃至细腻的情感:买到梦寐以求的书时喜不自胜,失去了心爱的读物痛悔不已;为几块几毛的书价斤斤计较,一旦有漏可捡便洋洋得意;与书店老板斗智斗勇,与家里的老婆里外周旋……这些故事三天三夜也讲不完。古往今来,很多书话大家的书,陪伴我度过很多难忘的时光。我也喜欢读外国作家和藏书人谈书的文章,睿智,幽默,摇曳多姿;不像国人谈书常常是正襟危坐,有时还道学气十足,他们更轻松、自在,且多有引人入胜的"故事",这都是我们学习的榜样。在这样的背景下,在以往已有不少类似图书推出的情况下,张伟、孙莺两位编者再一次撒下

---

① 朱自清:《买书》,《旧时书事》。
② 笨叔:《长沙的书摊》,《旧时书肆》。

大网,打捞很多被人忽略的珍珠,编成《旧时书事》《旧时书肆》两部书,我真是暗暗叫好,并充分享受先睹之快。收在书中的这些文字,不但是读书人情感寄托和释放的产物,还是文化发展和变迁的见证,是社会、历史、文学、出版研究的重要史料。有人描述书市浮沉,就是一幅现代史的风云图:

自民十六至民二十六事变前,则为书业之转变期,然仍为书肆之黄金时代。所谓转变者,即是时东西科学,潮涌而入,一切学问,均高唱科学方法,于是学重实际,书尚考据,以前所注重之经部文集,渐无人顾,史子两类,乃大盛行。不过此期中,在政治方面,时有波澜,经济社会,亦多改革,而价廉货丰,从书业本身言,贸易既极兴隆,价值亦无大变动,仅不明时代潮流者,略受影响,仍不失为黄金时代。

由事变至今日,书业生计,有如吾乡挑柴扁担,盖两头尖而中间肥也。由事变初起,人心不定,百业萧条,书价亦因之大落,至后中外竞买,供不应求,价又大涨,直至去年十二月八日,三四年间,皆极兴盛,又随物价高涨,遂无准谱。凡书名稍冷僻,内容带考据者,莫不 索价,且易出手。

今春以来,因燕京等校关闭,书业贸易一落千丈。现在书价虽大,买卖则稀,复呈疲敝不振状态矣。①

历史的海洋浩瀚无边,而书业则是一块礁石,以小见大,不仅看清了历史的洪流,而且还有很多更为生动的命运感和体验感。恰如有人这样总结:"买书藏书是需要在顺平的时代,有着多余的钱,才能享受到这种清雅之福的,旧书业的兴衰正可以象征着国家的升平与乱时,记得事变初靖的时候,旧书简直无人问津,视同废物,以致有许多有价值的旧书,被牺牲在糖果及牛肉店里包糖果与卤牛肉了,言之实在非常可惜,自近三年来,治安稍有确立,民生稍稍安定,旧书业也随着有了一些生气,直到现在更现活泼了。"②古人曾有覆巢之下无完卵之语,文人雅事,也并非都是风清月白,世上的桃花源本来就难寻,文人的一点小悲欢无论如何也强不过时代的风风雨雨,或者说买书、读书小事无法从大时代的风云中逃离,由此品味不同时的这些文字,更多了一层沧海桑田之

---

① 莪公:《书林逸话》,《旧时书事》。
② 张益林:《苏州的旧书店》,《旧时书肆》。

慨叹。

对于我们学习现代文学的人而言,很多书店的名字是从郑振铎、阿英、唐弢、黄裳等前辈们的文章里知道的,他们当年是什么样子,又开在哪里,台前幕后有什么故事?大多就含混不清。读《旧时书事》《旧时书肆》,我常常有惊喜的相遇,根据文字再去想象那些书店当年的模样。比如良友图书印刷公司,多少现代作家的杰作都出自那里,是现代文学史上不能遗漏的名字,有人勾勒出它周边的文化环境:"前天我以订看《艺术界周刊》,特雇车到北四川路商务印书馆虹口分行斜对面良友图书印刷公司,该公司旧址原在奥迪安影戏院隔壁鸿庆坊口,现以扩充营业,新近迁移在蓬路海宁路中间。该处地段很便利于交通,门前有一路电车、二路公共汽车、十七路无轨电车等可直达,邻近又很多书店,如伊文思图书馆、商务印书馆虹口分行、协和书局、大成书店等,将来不难成为出版文化物的中心点,发展起来,可以凌驾书店林立今日的四马路而上之。"[①] 这是一幅文化地图,显示了当年书店周边整体的文化生态。而这些,往往是各种城市地理著作大大忽略不屑于谈的。还有大同旧书店,巴金的很多西文书得自于这家书店,它在哪里呢?"从智良出来,朝善钟路走,就在七路电车站旁边,有一家大同旧书店,一因为地方好,二因为书还多,三因为价钱不十分贵,有这三个优点,故其营业蒸蒸日上,在西文旧书店中可说是首屈一指。这里英文书占百分之九十,而其中英文小说又占大部分,近日则见有许多萧伯纳的剧本,喜欢萧伯纳的人不妨去跑一趟。"[②] 这些并非可有可无,不仅对于书店,而且对研究一个作家的日常生活等方面都有着特别重要的意义。

在谈论书的过程中,无意中保留下来的书市信息,在今天也都是研究图书传播、发行出影响力的重要资料。1933年时有的人在文章中曾记下:"开明书局以小说起家,今则贯注全神于教科书,尤其是中等学校用之教科书,其编辑人员,如夏丏尊、叶绍钧、丰子恺等,其学识经验较之世界、大东之三十元四十元一月请来之野鸡编辑,实不可同日言,故其出品,亦较优胜,而销路亦殊不恶,在新书业中,俨然成为后起之秀。今日四马路,租有月费一千两之巨厦,

---

① 琼琦:《良友访顾记》,《旧时书肆》。
② 慕霞:《〈谈旧书店〉补遗》,《旧时书肆》。

居然硬与商务、中华,争一日之长矣。该局自出版教科书外,其可述者,即为出版茅盾(沈雁冰)之著作也,计有《蚀》(包括《动摇》《幻灭》《追求》三种),《虹》《三人行》《子夜》等,销路甚佳。"①1935年有人谈到太原销售的文学杂志:"刊物中以《论语》有最大的读众,常常今日新到一期,明日去买已不可得。……《论语》之外刊物,如《文学杂志》《文学季刊》都是很流行的。其他的刊物如《译文》《世界知识》《外交月报》《科学画报》等也很能畅销而为大家所喜欢读。"②1937年11月有人写:"全部书籍以《文学丛书》和《中国新文学大系》的销路最好,而《中国新文学大系》里的两册散文集,更为读者所欢迎,每本取值三角,很快的就被争购一空。其次是《新文学大系》三部小说集,销路也相当的好,《建设理论集》《文学论争集》《史料与索引》《诗》《戏剧集》等,顾客就比较的少了,可见群众的文学趣味,胃口都是相同的。"③1944年,有人记北平的西单商场:"西单商场主要的是新版书的旧货,生活书店的旧书销路最佳,其次鲁迅的东西最贵。盖淘旧书的人太多,尤以生活和鲁迅的东西,往往才收买来,即被人抢购一空,尚来不及定价。……盖商人是以销路的好坏,定书的好坏。比如《中国新文学大系》销路最好的是三本小说集,他们说因为这都是名家。以《文学论争集》和《建设理论集》,最不易销,至于《史料索引》更无人注意了。由此亦可见学生中读书的方向。近来《文化生活丛刊》《文学丛刊》,开明的《青年丛书》也是畅销书,另外就是大批的旧杂志,为东安市场所不经见,亦为西单商场本身的一大特色,其中以《论语》为最不易销。由此可见,当初提倡的幽默云云,尚未臻自然,终为时间所淘汰。"④抗战胜利后一年,上海的书摊上摆的是这些读物:"现在书摊上摆着最多、最吸引行人注目的,都是些'海派'的刊物。……《海风》《海光》《海涛》《海星》《海潮》,以及《大光明》《大观园》《吉普》《新上海》《周播》《生活》《辛报周刊》等,总数不下十来种。"在这之外,有读者和销路的是《民主》《周报》《文萃》等,"说到纯文学的刊物,若与战前比较起来,质量既少,出版家也不感兴趣。抗战胜

---

① 扬家庆:《上海的书店》,《旧时书肆》。
② 苏波:《太原文坛》,《旧时书肆》。
③ 怀青:《上海的文化街》,《旧时书肆》。
④ 抱彭:《东西两场访书记》,《旧时书事》。

利后,重庆桂林各地文化人东下的已不少,有的参加其他文化工作,有的或在报纸上编文艺副刊,目下纯文艺刊物寥寥可数,只有《文艺复兴》《文章》《文坛》等几种,除《文艺复兴》是继续战前《文季》遗业(郑振铎、李健吾编),内容还见充实;《文章》则是永祥印书馆范泉他们支撑,将以茅盾为号召,或者有所成就;其余的纯文艺刊物,都是奄奄一息,毫无生气"。① 这里记下的是一部大的文学史的现场情景,看似最零碎的文字里有时候却保存着最真切的历史信息。

四、凋零的残叶夹杂着纸片书页

那位作者提到《宇宙风》上发表的周作人和戴望舒"逛书摊的文字",很是吸引人。周作人雍容大度、内容丰富的书话文字,早有盛名,自不必说。诗人戴望舒的这类文字尽管只有屈指可数的几篇,但是读后还是让人过目难忘。"其实,说是'访书',还不如说在河沿上走走或在街头巷尾的各旧书铺进出而已。我没有要觅什么奇书孤本的蓄心,再说,现在已不是在两个铜元一本的木匣里翻出一本 Patissier francois 的时候了。我之所以这样做,无非为了自己的癖好,就是摩挲观赏一回,空手而返,私心也是很满足的,况且薄暮的赛纳河又是这样地窈窕多姿!"② 毕竟是读书人,他太了解大家的心理了,寥寥数语,准确到位。再看他写书店里殷勤地跟着你,又好不烦人的店员:"西班牙的书店之所以受阿索林的责备,其原因是不明顾客的心理。他们大都是过分殷勤讨好。他们的态度是绝对没有恶意的,然而对于顾客所发生的效果,却适得其反。记得一九三四年在玛德里的时候,一天闲着没事,到最大的'爱斯巴沙加尔贝书店'去浏览,一进门就受到殷勤的店员招待,陪着走来走去,问长问短,介绍这部,推荐那部,不但不给一点空闲,连自由也没有了。自然不好意思不买,结果选购了一本廉价的奥尔德加伊加赛德的小书,满身不舒服地辞了出来。自此以后,就不敢再踏进门槛去了。"③ 有"一点空闲",才去书店;有"一点空闲",才是文人的追求。

---

① 陈镜谷:《上海的书摊》,《旧时书肆》。
② 戴望舒:《巴黎的书摊》,《旧时书肆》。
③ 戴望舒:《记玛德里的书市》,《旧时书肆》。

逛书店有闲情却要有体力，乐而忘返，心情长短重要，体力多少也是关键。能够坐下来，喝点什么或吃点什么，那是买书后的惬意时光。"到了这个时候，巴黎左岸书摊的气运已经尽了，你的腿也走乏了，你的眼睛也看倦了，如果你袋中尚有余钱，你便可以到圣日尔曼大街口的小咖啡店里去坐一会儿，喝一杯儿热热的、浓浓的咖啡，然后把你沿路的收获打开来，预先摩挲一遍，否则如果你已倾了囊，那么你就走上须理桥去，倚着桥栏，俯看那满载着古愁并饱和着圣母祠的钟声的，赛纳河的悠悠的流水，然后在华灯初上之中，闲步缓缓归去，倒也是一个经济而又有诗情的办法。"① 几年前，在广州，我拎一包书，走出书店，看时间还充足，就到旁边的小店一边喝果汁，一边惬意地翻弄着新买的书，这是心满意足的时光，像将军打了胜仗一样。里面有一本《戴望舒文录》（程步奎编，三联书店香港分店1987年11月版），家里已有一本，但是很喜欢戴望舒这样的文字，既然遇见就是缘分，遂又买了一本。我打开这本书，前面的文章就是戴望舒写逛书摊的。有一段读来不禁让人感慨万千：

树叶子开始凋零，夹衣在风中也感到微寒了。玛德里的残秋是忧郁的，有几天简直不想闲逛了。公寓生活是有趣的，和同寓的大学生聊聊天，和舞姬调调情，就很快地过了几天。接着，有一天你打叠起精神，再踱到书市去，想看看有什么合意的书，或仅仅看看那青色的忧悒的眼睛。可是，出乎意外地，那些木屋都已紧闭着门了。小路显得更宽敞一点，更清冷一点，南火车站的汽笛声显得更频繁而清晰一点。而在路上，凋零的残叶夹杂着纸片书页，给冷冷的风寂寞地吹了过来，又寂寞地吹了过去。②

这几年，以往常去的书店在不经意间就"告别读者"了，虽然不断有新书店开出，但是怎么抵得上老朋友那么亲切、自如。有时候，想到这么多年的"老朋友"连"告别"一下都不曾有，不免心生怅惘。又一想，早晚有一天，书店会退出我们日常生活（至少在现在大家买书已经不再依赖它了），不仅觉得秋风掠过，寒气袭人。那又有什么办法呢？像流水，像时光，这是唤不回的，只有默默接受，最多是捧着《旧时书事》《旧时书肆》这样的书追念一把。那么，

---

① 戴望舒：《巴黎的书摊》，《旧时书肆》。
② 戴望舒：《记玛德里的书市》，《旧时书肆》。

这两部书就是"书店悼亡录"了？想到这些难免有些伤感。这又令我想起戴望舒的诗句："这条路我曾经走了多少回！／多少回？……过去都压缩成一堆，／叫人不能分辨……"当那些熟悉的路上不再有熟悉的风景，我们会慌乱、紧张，还是无动于衷呢？至少总有一些留恋吧，总还是希望这一切来得迟一些，走得慢一些，像戴望舒的"再陪我走几步"：

  或是那些真实的岁月，年代，
  走得太快一点，赶上了现在，
  回过头来瞧瞧，匆忙又退回来，
  再陪我走几步，给我瞬间的欢快？①

2021 年 6 月 3 日傍晚改定于武康路

---

① 戴望舒：《过故居》，《戴望舒诗全编》第 140、141 页，浙江文艺出版社 1989 年 5 月版。

PART 1

申城书肆

旧时书肆

上海书业界之现状 1925

——贺岳僧

上海之书业,以其组织而言,可分新旧二派。就其营业而论,则一为出版印刷,一为印刷书贩。然大抵皆林立于福州路棋盘街一带,恍如北京之琉璃厂肆,其规模之最宏大者,首推商务印书馆。该馆在二十年前,亦一小书肆耳,以经营得法,一跃而执书业界之牛耳,分馆达数百所,南洋、暹罗华侨荟萃之区,无远勿届,印刷工厂设在闸北,职工达五千以上。又设立编译所,延至专门之士以司纂述,海内中小学校,几无不用其书,推广教育之功,有足多焉。中华书局,为继商务而起之大书店,股东如范静生、熊秉三辈,多为教育界知名之士,营业虽不及商务之盛,然年来日渐推广,颇有蒸蒸日上之势。世界书局,为书业界后起之秀,数年前资本仅两万元,今则骤增至五十万元,伟大之印刷所,方建筑于塘山路,将来不难与商务、中华成鼎足之势。有正书局专印碑帖佛书,店主狄楚青,为工于鉴别之收藏家,故选择精审,吾人以数金之费,即可获观富绅巨贾所收藏专有之美术品者,皆得狄先生之力也。泰东书局,多出新文艺思潮之书,于新文化不无功效。民智书局,则印行民党政治之政论与著作,风行一时之孙文学说,即为该书店所出,闻店主颇有志于社会改造,不仅商人已也。扫叶山房、千顷堂、文瑞楼等店,则为旧式书店,设立年度最早,印行之书,大抵为翻刊旧籍,自行编辑之书甚少,年来纸价昂贵,普通书多用洋纸印行,颇易蚀腐,然以其价廉,销行亦颇广焉。专事贩卖旧书之书店，四马路①所在皆是，然收书甚少，不足以餍购者之求，惟来青阁差为宏富，间亦有精本。二马路②之蟫隐庐，则蓄书较为精审，阅其目录，则上虞罗叔言之著作较多，店主颇通目录学，冷僻之书，亦能查出，迨今之曹籀，然售价遇昂，贫士恒有向隅之叹。

③

书业为流通文化之助，当此提倡教育之际，吾甚望书业界益自努力，多印高尚雅洁之书，而淘汰不良之小说，则社会风俗之改良，实利赖之。

○ 原载《申报》，1925 年 10 月 16 日第 15 版第 18905 期

---

① 编者注：今福州路。
② 编者注：今九江路。
③ 清末上海棋盘街一带的书铺。

上海旧书店调查 1925

—— 东公

　　这里所谓上海旧书店，系指专卖"线装书"的书店而言。这种书店，有一部分在四马路，开设店面，有一部分散设在各处，没有店面，外观如平常住宅的。兹将我个人调查所得，列各店地址及营业况略如下，如有遗漏，乞阅者诸君赐以补正为幸。

　　一、中国书店　在西藏路大庆里，为新设的规模很大的旧书店，最近出版了书目一册，搜罗各省及北京上海私家所刻的书甚多。古版的书也有不少，他们自己并拟影印古书出版。在印者有《汪氏遗书》《清代学术丛编》等书。

　　二、千顷堂　在三马路[①]望平街，为开设很久的书店，规模很大，营业范围也不少，自己不出版书，收罗最富的是各省官书局刻的书，价值都不甚贵。

　　三、来青阁　在四马路中市青莲阁茶楼下，开设也已很久，所卖以旧版书为最多，自己亦不印书，书价较他处为廉。

　　四、古书流通处　在三马路小花园，从前兼卖旧版书及新印书，现在已把旧版书完全让给中国书店，仅卖他们自己所翻印的古书，如《知不足斋丛书》《曲苑》等书。

　　五、博古斋　在四马路广西路，亦为兼售旧版书及他们自己翻印的古书

---

① 编者注：今汉口路。

者,这一家书店为近数年来翻印著名的"丛书"最多的一家,如《六十家词》《津逮秘书》《岱南阁丛书》等等,都是由他们出版。

〇 原载《鉴赏周刊》,1925年第4期第2页

良友访顾记 1927

——琮琦

前天我以订看《艺术界周刊》，特雇车到北四川路商务印书馆虹口分行斜对面良友图书印刷公司，该公司旧址原在奥迪安影戏院隔壁鸿庆坊口，现以扩充营业，新近迁移在蓬路①海宁路中间。该处地段很便利于交通，门前有一路电车、二路公共汽车、十七路无轨电车等可直达，邻近有很多书店，如伊文思图书馆、商务印书馆虹口分行、协和书局、大成书店等，将来不难成为出版文化物的中心点，发展起来，可以凌驾书店林立今日的四马路而上之。到了良友下车，在双开间的南北两个玻璃里浏览了一下，便进内买了一本最近出版的《艺术界周刊》第三期，揭着披览一过，觉得印刷精美，内容丰富，图画繁多，比前期更见进步精彩，当下就付洋四元五角，预定了全年一份。顺便向站在发行柜旁的一个伙计搭讪闲谈。他是广东人，不大懂我的上海话，就走到里面，另外伴了一位洋装青年出来。交谈之下，知道这就是良友公司总经理伍联德君，我就询问关于他们公司营业的组织状况，和关于出版物的计划，蒙他一一详细答复，并且导我入内，参观印刷所、装订间、机器室、堆纸栈、经理室、会计部、编辑所等，全部约四五十间，共三楼，房屋设备，非常广大精致，现在把我们当时的谈话，举要录在后面：

---

① 编者注：今塘沽路。

"贵公司的组织情形如何？"

"我们公司的召集发起，都是由几位熟识的青年同志互相帮忙，所以内部组织，和一般普通的书局不很相同，但是资本却很富裕，今年已实收股金二十万元。从去年我们试办承接印刷业以来，成绩之佳，出乎同人意料之外。但我们感于宣传文化的事业，不是单限于印刷一项可以收效的，今年起，决定自己印行各种图书和发行各种定期刊物，很希望将来对于我国出版文化上，能贡献一些效绩。"

"贵公司曾出版过几种图书？"

"以出版图书计划，方自今年起筹备，故还没有出版过书籍，惟预算在民国十六年内，可以出版关于专门的著作四五十种。"

"这四五十种的专门著作，限于什么性质？"

"大半是文艺作品，和学术上的论著。"

"著作稿件，有已撰述完竣的么？"

"十之四五都已撰述告成，且大半都已与著作署相订妥约条件，现在印刷中者，已有十数种。"

"各种著作的书名，可以见告一二么？"

"前已在各报所登广告中公布过了，主要的有傅彦长、朱应鹏、张若谷合著的《艺术三家言》，田汉的《文艺论集》《戏剧概论》《长篇史剧》三种，张若谷的《到音乐会去》《艺术上二讲》《歌剧大观》《西洋音乐史纲》，叶鼎洛的《小说集》，明耀五的《男与女》《晨光艺术会丛书》，孙师毅的《影剧论集》，梁得所的《美术大纲》等。"

"以上各书，何种最先出版？"

"我们想先出《艺术三家言》，印刷力求精美，以彰文字内容的价值，预使它在中国出版物里开未有的特色。"

"关于《艺术三家言》的装订印刷，究采取怎样的格式，可先见示一二么？"

"该书拟分两种印行，甲种为精装本，用百磅铜版纸印，封面装订用丝绸或他种贵重帛织品，用颜色套印，荡赤金字，书边荡金，外盛以精匣，备作馈礼用；乙种为普通本，用重磅洁白道林纸印，布面金字，或用他种贵重纸料。

全书篇幅廿五开,约四百,汇装一巨帙,附有三色图画多幅,铜锌版插图数十幅,用颜色印,定价务求低廉,以期读者广遍。"

"《艺术三家言》的书名,我已耳闻好久了,在某某数种文艺刊物上看过几次介绍文字,它的内容怎样,先生肯先为披露么?"

"那是很愿意的,这本书是中国艺术界里负有盛名的几位作家的精心结构的艺术论文集,有介绍世界艺术名家的叙传及批评,有文艺评论,有读书札记,有考据文字,有关于音乐绘画舞蹈文学的讨论,有神话传说民歌的搜集等等,全书包含长短篇文字约百篇,共二十万字,正文外有精密的索引表,总之,这是一部很重要的艺术著作,在国内出版物里此犹为第一种的创作。"

"贵公司发行几种杂志?"

"除已发行者有四种外,在计划中者有两种。"

"各杂志的名称内容及出版期敢请见告?"

"周刊有两种,《艺术界》和《泛报》,前者,提倡中国艺术新生运动,鼓吹中华民族艺术文化的造成,介绍东西艺术,报告国内外艺术界消息;后者是偏重'自由思想'及'大胆说话'的杂志。月刊也有两种,《良友》和《银星》,前者注重图画材料,采登中西著名艺术科学古物风景照片,刊载国内外时事及社会闻人照片,兼载文艺学术的文字;后者发表电影艺术及技术之专门著作。季刊一种,《体育世界》,注重图画,专载体育界照片,并有讨论文字。不定期刊一种,《现代妇女》,从事于政治教育家庭职业诸问题的讨论及介绍,担任撰述者,大半为女作家。"

"各杂志的编辑者为谁?"

"《艺术界》为傅彦长、徐蔚南、张若谷,《泛报》孙师毅,《良友》梁得所,《银星》卢梦殊,《体育世界》李伟才、余巨贤,《现代妇女》余贵君女士。"

"以上各杂志的销数如何?以何种为最佳?"

"全视出版期数的远近而移,现以《良友》为最上,《银星》次之,各约万份;《艺术界》因方创刊,每期约二千份;外埠因报纸广告未达,定户极寡,惟门售极多,前日有俄国登肯舞团领袖某君,亲来定购五十份去,《泛报》以出版期较多,亦殊不劣。"

谈话到这里，参观也适完毕，我就拿了一张《艺术界》全年定单和第三期《艺术界》周刊一本，致谢伍君，忽忽告别回去。

十六，二，二十七日。

○ 原载《申报》，1927年3月2日第19版第19385期

大小书店
1927

——谢宏徒

近年以来,上海的书店逐渐增多,卖旧书的也有几家,我以为是一种好现象(但也适用"姑且说"三个字)。一国,不,这个范围太大,应该说一个地方的文、野的区分,当作文化传布事业之一的书肆经营,也常视为重要的标准(自然是指有意义的书店而言)。依我的偏见,如果每条街上都有一二家有意义的书店和一所邮政分局,这便是国家富强的预兆了。

视为文化事业之一的书店经营,并不是"托辣斯式""百货店式"得一家大书店可以包办得了的。不幸十余年来,国内大资本的书店只有一家,于是从幼稚园的生徒以至未戴"角帽"以前的少年青年的精神的粮食,一齐都被他们把持着,所有著作翻译的人都不得不仰他们的鼻息。主持"编辑生杀权"的人物如日本镰仓长谷的大佛一样,巍巍然端坐着,一般"善男信女"都顶礼膜拜于下,这个比喻并不算过分。

现在的情形又有不同,就是小资本的书店的增加。别的书籍我不知道,单就文艺方面的书说,大书店的销售往往不及小书店。每逢一书出世,大书店登广告是肯登的,但是他们绝不肯在装帧、纸质、印刷上面讲求,因为对于所谓"血本"有关。反之,小书店常以刊行文艺书籍为他们的主要的任务,他们自己也许就是执笔著作的人,因此对于装帧等等都肯研究改善,他们的牟利心,有的较大书店好些。此外则大书店的发行所墨守成法(二十年来寄送各种杂志,都是紧紧地裹成圆筒状，举此一事，可概其余），把一切书籍高高地搁在架上，架前立着"店员"，放在店员之前又深沟高壁似的造了黑漆漆的高柜台。不用说买书的人不能够纵览书的内容，连小学生去买书也像进了裁判所一样。有一次我见一个小学生去买书，手里拿着纸条，站在柜台前面叫了几声没有人理睬，这时我的拳头真有点发痒了。对于这种地方，欧洲中古武士的气质，也不能说是不适用。

我的话有点"出轨"了，再说回来。小书店的书可以任人取阅，买者有充分端详的机会，买一本书不大会上当，因此学生们都喜欢亲近小资本的书店，过了学生时代的人也同然。

若就著作者的便利说，以书稿托付大书店，对于版税的着落，似乎可以放心。每年到了约定了的时期，即把销售的部数与版税通知作者。也没有隐瞒版税或以多报少的弊病，也许可以说这就是从他们的"金钱主义"的信义心而来的结果，但根本上还是区区小数，"何足挂齿"，教科书的利息已经饱满得可以了。因此之故，对于书稿的出版就非常之慢。杂志的难产已经可笑了，而书稿印刷之姗姗，更加"发松"。第一年交稿，第二年发排，第三年初校，第四年二校……第六年未校。经之营之，七年成之，于是定价四元五角才放到发行所的高架上去。

小资本的书店似乎没有这个毛病，但是品类不齐，有的是"公子哥儿"在那里"玩票客串"，有的是"贵人智士"在"干着玩玩"，有的是"时代先驱"在那里"标榜主义"，为经营书店而经营的实在很少，因此著作人的血汗（不，应该说血与泪才合适）的版税就有点危险了。

小书店之中，也并非全是不以信义为重的，他们有时难免以少报多，排三版说只有两版，不按期算版税，实在有时现金周转不过来，所以不得不如此。如其著作是当代的大家，当然又在例外，不特不必去催索版税，小老板们自然会送上门来的。若自问并非"闻人"的作者，则大小书店对于他们，都互有利弊。

小书店的前途如何，实在难说。总之，有信义有旨趣的老板终是有望的。在如像我这种不曾著作的人看来，一切小书店都是好的，我每逢走过小书店的门外我总觉得愉快，虽然没有钱去买。

○ 选自《大江月刊》，1928年第1期第1—7页

东亚病夫卖书记

1927

——吉孚

凡是看过《孽海花》小说,谁不知道东亚病夫,就是曾孟朴先生的别名,大家谁不伸长脖子,望他老人家继续做这部书。好了,曾孟老和他公子虚白君合办一家书店,名叫"真善美",地址在静安寺路^①斜桥总会对门一二二号(原定六马路),与云裳公司为邻,筹备处在马斯南路一一五号。本定双十节开幕,或因筹备不及,延期几天。现在把他出版内容介绍一点:

一、"真善美"三字为文字三大要素,亦为艺术三大要素、人生三大要素,所以书店拿它做名字。

二、单行本已先印就嚣俄戏曲全集中之《欧那尼》《吕克兰斯鲍夏》《吕伯兰》(曾在天津《庸报》里发表),及喜剧大家穆里哀之《夫人学堂》(亦在《庸报》发表受北方热烈欢迎),全是曾氏父子所译。其在印刷中者,尚有四五部。

三、《真善美》杂志为半月刊,由东亚病夫与虚白合编,长篇主干作品就是《孽海花》

---

① 编者注:今南京西路。

与《鲁男子》,"鲁男子"系东亚病夫的人生观,他拿鲁男子来做一个人类的模型,描写他从少年到老大处处为环境所驱迫,这部书的结构也是特别的,有些像罗曼·罗兰的《克里多弗》。全书分做六大集,就是(一)恋,(二)婚,(三)乐,(四)议,(五)宦,(六)战。分开来是各不相属的六集,合起来是一部整个的《鲁男子》。杂志里短篇,大半是虚白担任的,第一期里的一篇叫做《爱的历劫》,他用着象征的笔墨来描写人类爱情的不能纯洁,里边的背景又分开春夏秋冬四节,各节有各节地色彩,引起阅者的美感不少。译述一部有病夫译的《鸦片烟管》,迷离惝恍,形容得淋漓尽致。虚白译的《炼狱魂》,是讲西班牙鼎鼎有名的 Don Jean 的遗事,也是富于风趣的,每段小说里面,多请江小鹣君精绘插画,用锌板精印,增色不少。

炯按,东亚病夫先生曾孟朴先生,他是清季孝廉,汪柳门侍郎的女婿,北京的掌故,知道得很多,所以《孽海花》成了新小说中第一部小说。先生曾办小说林及弘文馆,后来出过《小说林》杂志。也拿《续孽海花》做主干,可惜只有四回。坊间前有此四回之单行本,现已难觅。这部小说,在发清文纲严密的时候,就很含革命思想,如叙田千秋诸事,最为可佩。近年来曾先生以名士入官,做江苏官产处长财政厅长,辞职隐居沪上,著述自娱。先生并精英法文,所以译述的小说很多。

○ 原载《上海画报》,1927 年第 277 期第 3 页

美的书店一瞥记

1927

—— 削颖

胡适之博士将创设"新月"与"云裳"二店,本报业记之矣。不谓与胡博士同为北大教授之张竞生博士,亦以开设美的书店闻。胡为白话文之倡导家,张系性教育之猛进者。而均欲从事于工商业,无独有偶,相映成趣,是诚不可不记也。

美的书店设于四马路豫丰酒馆下,屋甚湫隘,店中应酬顾客,为青年三女子,似北籍。所售诸书,以第四期《新文化》为最,且附赠石印模特儿照片一,正身玉立,双手倒持银瓶,作泻水状,极合于美的赠品。

愚之购书也,于八日晨适逢该店开幕,男女店员,或饰门前之彩花,或张壁间之广告,已甚忙碌,而购书者往来,如山阴道上。女店员几无寸晷暇,手不释卷,盖皆包扎《新文化》也。愚以开幕之初,张必在场,询诸店友,则伏案疾书者,即吾人亟欲识荆之性学家张先生也。愚乃通款曲,叩开设斯店之本旨。张曰:"简言之,为推销《新文化》,以期普遍性教育,惟初创维艰,不敢做大规模之铺张,遂不得不因陋就简耳。"愚复告以北京书铺,翻印首一期《新文化》改名《文化史》出售事,张言已得他友同样函(文详见四期《新文化》),刻正设法谋阻止之道。张衣浅色中山装,操不纯粹之国语,且语且书,弥为栗六。时购书者,知与愚对语者为张,多停足挟书,以瞻颜色,顿有室小人众之慨。愚乃深悔孟浪造次,致扰其工作也,亟与辞出。夫以美的书店,而售性之书籍，则人与美的之上，易涉及如人体美的、裸体美的、性育美的诸感想，则斯店命名，诚不啻与人一暗示，寓深意于其中也，质之，张先生以为如何？

○ 原载《上海画报》，1927年第242期第2页

买旧书之门坎
1928

——《常识》记者

顷阅本报第六十一期李根荣君之《便宜旧英文书》一篇,不佞尚以为不足,今就平时经验所得,拉杂书之,一告本报读者。按本报读者,大多为青年学生,而学生每年书籍用费,有多至七十余番,窃以为不值,今将各书店分别书之。

(一)北京路天后宫桥对面,有买旧书两爿,但非完全以买卖旧书为营业,兼售玻璃瓶等,凡至此种书店购买旧书,均须自己选择,中文旧书亦有,价颇便宜,虚头亦小,但适用之书,不甚易得。

(二)虬江路本有旧书店三爿,爱古书局、美华书局、光华书局是也。现在美华已因事歇业,仅存爱古及光华两爿,光华书颇丰,中文书不多,英文书价甚昂,欲购何书,仅须询以书名,不必自己寻觅。爱古书不多,但招待则较光华和气多矣。

(三)河南路中段,亦有一爿,但须自己寻觅,不能直询以书名,中文书比较各店均多。

(四)横浜路桥宝兴路内,有两爿,一爿无名,兼售木器家具,书不多,亦须自己选择,价不昂;一爿名爱华书局,一石库门一楼一底之住家房屋,书极多,欲购何书,可以询以书名,不必自己寻觅,价昂,与虬江路之光华书局相仲伯。

(五)城隍庙内并无旧书店,实为旧书摊,以售小说居多数,间有一二有用之书，字典辞源之类不少，价亦平平。

以上仅述及各旧书店之地址及店名，今更将买时经验，略书数节。

未买之先，须将书名、著者姓名、何书局出版，及最近出版之日期，详细抄于纸内。然后往购，其中尤以最近出版日期为紧要，因旧书店恒以一千八百数十年之老书出售，偶一不慎，即受其愚。在成交以前，须将欲购之书，原价看过，若书新则打六折，若书平平，则打四则，普通总以五折成交居多数，若连购数本，则更便宜。此种书店，同时收买旧书，但出价甚贱，大概总在三折以下。兹篇至此已尽，读者诸君，如能与上数端，并不忽略，则至旧书店购书时，不致为人所欺欤。

〇 原载《常识》，1928 年第 1 卷第 65 期第 1 页

附：

《便宜旧英文书》

李根容

每年的学校开学之时候，学生大都要买新书，因为有的升级，那种读过底旧书，不能再读了，要换一翻新书了，而鄙人在校求学的时候有一个良法，每在开学的时候，等先生告诉了我们，今学期所读的什么书籍后，我们就同了几个同学，到各家旧书店内去问，淘所买来的书，受益不少。因为那种旧书，价钿又是贱，有时还可以买到几本新的，并且那种旧书旁边还有什么很详细的解释，注在旁边，使得我们可以少费一些手脚，这不是一得二便之道乎？因为这本书，人家已经读过，和费去已经的手脚不少了，现在介绍几家鄙人所知道的写给诸位看：

（一）北京路中市有几家；

（二）城内城隍庙也有几家；

（三）虬江路一带了。

〇 原载《常识》，1928 年第 1 卷第 61 期第 2 页

旧书店 1928

—— 白鹭

旧书店也是旧货业中之一种，贱价收之，昂价卖出。他们的利益，倒也很有可观。这种旧书店，又可分为二，一种是专卖本版书的，如稗官小说、木版参考书，以及碑帖杂志，及各种石印书本和小学教科书之类；还有一种是专门买卖原版西书及本版英文书籍的。这两种旧书店，各有各的主顾，各有各的势力，就是所得利益，也不相上下。不过资本确是西书店来得大，生意也西书店做得大。生意好的时候，一天要做几百块洋钱生意。这是专卖中文书籍的旧书店所不及。这种西书店上海最著名的共有三家，一家是葆光，开在邑庙豆米粟公所腰门对过，他们是贩卖旧西书的第一家；一家是爱华，开在虬江路，也有多年的历史；一家是光华，开在北四川路虬江路，开得还没有几年。北京路也有一家西书店，价钱的确比以上三家便宜，不过用得着的书很少，大都是原版英文小说，所以营业也不及以上三家好。

除了用不着的英文小说外（按英文小说都售一角小洋，只合原价一二

成之价），其余可作书本的，价钱真是很大，不过较原价略减二三成之谱，所以有许多人情愿买新书的，不情愿到那边去买旧书。不过要是有些门槛的人，到那边去买旧书虽然只贱二三成，但是却可买和新的一般无二的旧书来。若说一般外行的人，劝不动要买着一九〇〇年以前老版书，或者其中还要少上几页，而价钱倒也并不肯降低，或者因为买客好欺，反而超过原价，这全在买客的有常识没有常识了。光华和爱华二家，都像已经被封的美的书局，一样有女职员在内，不过却没有美的书局女职员般活泼，而且还不是雇用的，不过帮帮忙点缀而已。至于专卖本版书籍的旧书店，大都开在四马路一带，会还价的着实非常便宜，有几种小说书，只有原价一二成。南市小南门和老西门也有几家专卖中文的旧书店，不过书籍不多呢。

〇 原载《上海常识》，1928 年第 47 期第 2 页

大江书铺
1928

——《申报》记者

中国的文坛,也热闹,然而也寂寞吧,嘴里喊着无产文学,然而请人家上阔朋友才能去上的珈琲店,抄外国诗当作自己的公子哥儿,也在唱高调,玩票客串的朋友也在那里闲话着,诸如此类,不胜笔录。热闹耶?寂寞耶?

昨天在友人处,听到陈望道、冯三味、汪馥泉他们,在组织一爿书店,叫"大江书铺",地点暂设东横浜路景云里四号,我很感到一种喜悦,自然而然地。

他们都是在文坛上在努力的人,努力不懈的人,大约感到青年底智识荒,青年太苦闷了吧,所以站出来了。

据说他们目下先办一种杂志,叫《大江月刊》,有鲁迅、陈望道、茅盾、谢六逸、沈端先、胡仲持、冯三味、汪馥泉、滕固、汪静之、章铁民、邱望湘、叶鼎洛、施存统、李平凡、赵景深、袭桂常、褚保时等数十人撰稿。我们饥饿着的青年,苦闷着的青年,总可以得一饱或一解闷。鲁迅、陈望道底文章,是毋庸我多说了,茅盾、汪静之、叶鼎洛底创作,正是举国瞩目的,施存统、李平凡关于社会问题的论文,是多少青年在渴望着诵读。《大江

月刊》据说十月十五日便可出创刊号了,我是爱读《语丝》《奔流》的人,听到《大众文艺》将于二十号出版,已心儿怦怦跳了,再听到《大江月刊》底将出版,我是喜悦得呆住了。

大江书铺出版的书籍,据说也已有了很好的计划,今年大约要出版十部左右的名著名译,据说已定当待付印的,有鲁迅译罗那却斯基著的《新艺术论》,陈望道著的《修辞学发凡》,茅盾著的《十说研究》,刘大白著的《白屋说诗》,施存统译、蒲格达诺夫著的《经济科学大纲》(这部书,商务印书馆已有某君译本),丰子恺著的《音乐概论》,谢六逸译的《加藤武雄小说集》,周建人著的《进化论》,裘梦痕编的《中等学校唱歌》(这部书,据说再一个星期便可以出版)等。这些书,在我看来,却是目下我们这班青年所渴求着的,虽则音乐之类的书籍我是不想看的。

罗氏底《新艺术论》,早听得懂英文懂日文的朋友讲起过,是现代的一部大著作,一反从前抛开社会讲艺术的艺术论,鲁迅氏加以"新"字,其殆有深意乎,这样一部大著作,至今不曾有人译出来,来一解我们底饥渴,真使人闷煞,然而现在有了,而且是鲁迅氏来翻译的。陈望道底《修辞学发凡》,从前在上大及在复旦等大学听过他底修辞学的人,都说是中国所未曾有过的科学的修辞学,听说动手尚在六七年前,陈氏为慎重起见,不知修改了多少趟,现在才决心了由大江去出版。刘大白是一位诗人,这是人人知道的,他底《旧诗新话》,活画出了他是诗人,并是多闻多见的诗人,《白屋说诗》,其飨我辈青年以何种美味乎?施存统底《经济科学大纲》,听说曾经出版过,销行过八九千部,现在因为向施氏问重版与否的人很多,所以施氏即行仔细修改,付大江重印。上面这四部书,是我最所渴望的,姑就传闻所知,告我同志。

《大江月刊》出了版,我当再去打听消息来报告,并大胆地来试评一下,这么好的文坛消息,想青年同志们大家都高兴来看看的吧。

九月十八日在亭子间里

○ 原载《申报》,1928年10月28日第24版第19978期

金屋书店访问记

1928

—— 周菊人

富有多少诱引力的,也可说是迷惑性的——那金屋书店,居然给我在无意识地闲步中找到了它的所在,当我踅躞地步过静安寺路和斜桥路口时,即见有一所门面金光辉耀地在斜阳中傲视行人,我不由不略为驻足,却见玻璃窗上涂刷的白粉中,隐约地像有什么字样写着,逼近一瞧,正是闻名了好久的"金屋书店"几个字,呵,这便是在设备中的一个新书店吧。

我不由不站在门口,向内探望:黑漆的楼板和梯栏,肉色的墙壁和外面的金光门面,配置得异常幽艳庄严,真的,在这很调和的色饰上面,使我不得不点了点头。

"这可是金屋书店?"我忍不住向门内的一个漆匠发问,他那蓝布的短衫裤上,留着不少的颜色成绩,在休憩似的抽着纸烟。那漆匠瞧了我一眼,笑了笑说:"那不用问,瞧那门面就可知道。"我也一笑,正想开步离去,却由对面来了两个人,一个西装的,我认得是毛东生君,一个灰布袍子头发蓬乱的至少两三个月不修剪的,也有些面熟陌生。"呵,菊人,你可是在窥探我们的金屋吗?"毛君在我的肩上拍了一下说。

"呀,金屋,你也有份儿吗?"我问。

"自然,他还是金屋的经理先生呢。"那蓬头发的笑说。

"本来,面熟的很,请教大名。"

"你真有眼不识泰山,他便是邵洵美君呀,也是敝屋的编辑部主任。"毛君带着滑稽似的口吻。我便想到什么杂志报章上曾经见过邵君的照片不止一次了,当下自不免照例酬应了几句,由毛君邀我到里面去坐坐,我当然欣然地跟了进去,关于金屋书店的一切,便作了以下的谈话:

我问:"内部的组织怎样?"

毛君答得很简单:"因为在初创时期,由我暂充经理,邵洵美君为编辑部主任,黄中君为营业部主任。"

"黄中君,可就是几年前和滕固女士大闹三角恋爱的吗?"

"是呀,"邵君含笑地说,"可是那部久经埋藏的长篇巨著《三角恋爱》也将在敝屋出版哩。"

"可是还照以前的样本那样写法?"我问。

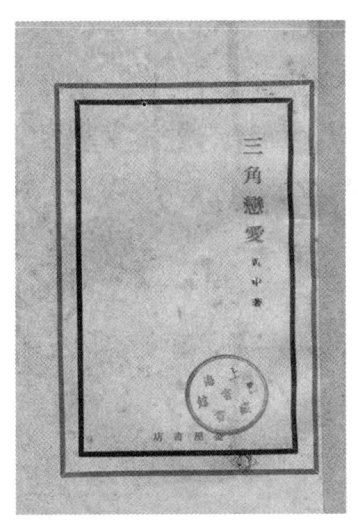

"不,已另换了一种笔墨,因为黄中君嫌旧作不甚佳,虽然已写过几万字。"邵君答。

"现在有多少新著出版?"

"大概有一二十种吧,已印好的有《狮吼》第二期,有邵洵美君的《火与肉》,有滕固君的《平凡的死》;在印刷中的,有章克标君的《爱欲》,张若谷君的《文学生活》,黄中君的《妖媚的眼睛》;已经说定而稿件尚未交到的,有郁达夫、傅彦长、朱应鹏……诸君的著作。"毛君随口说了许多人。

"对于无名作家的作品也收取吗?"

"我们也竭诚地欢迎,要是好作品,原不在名之有无。"邵君说。

"并且我们实事求是,对于抽版税的,不偷瞒多印,不故意刁难(像领不到版税等事),在出版界上做一点诚信出来,为的我们都是感受到这种闷气,才由同志们集合拢来办这书店,原为一辈文人出气的,并非专想牟利的(有利当然最好),故性质和旁的书店不同。"毛君接着说。

"果然这样,那好极了,但找想店员总该用女职员吧?"

"不，我们已雇好男职员。"毛君说。

我笑了笑说，"那未免与贵屋的名称不符，金屋里面，应得藏娇呀。"

毛君和邵君也都笑了起来，邵君带笑说："我们的爱娇，有是有的，那《妖媚的眼睛》不是活现出一个女性来吗？"

我也笑说："那末，《火与肉》和《爱欲》《狮吼》也好像似见其人，似闻其声呢。"

毛君也笑说："那你还没有见过我们的藏娇的密室呢，要是你要见见的话请上楼去。"

"但须谨防《狮吼》，莫听得了跌下楼来，那楼梯是不容易走的。"邵君笑着说。

"呀，还有密室，那倒要参观一下。"我们便在谈笑声中走上楼去。

果然，正楼面上一间不小的房间，髹漆的非常美丽，黑的屏门，白的屋顶，粉红的墙壁，真像走进了一间香闺似的，充满了肉的色彩。邵君说："这便是我们同志的小小俱乐部，也便是著作界同人闲来谈话的所在。说不定，朱应鹏君等还得借这个小小的场所，开一个小小的个人绘画展览会呢。"呵，我真料不到这小小的一幢楼房，却设备的这样可爱，真不愧"金屋"这名称。

临了，我问："何时开幕呢？"

毛君说："本来已定三月一日，但因设备未周，怕要改期，至少三月中旬，一定可以开幕了。"

"但我总希望你们早日开幕，并且希望改用女店员，那才算名副其实哩！"我笑着说，当我临走的时候。

○ 原载《申报》，1928年3月5日第23版第19743期

自由书店的一段小史

1929

—— 爱如

　　自由书店！自由书店！"自由书店"这个名字虽然只有短短的十四个多月的历史，但是，它无论在中国或外国，只要是华人会集的地方，和与本店多少有点关系的几个外国人，它早就被人知道了，它的书籍也早就被人认识了。还有一件很有趣味的事情，暹罗曼谷某书店，知道自由书店出了很多新书，就差人来买，他们只知道上海自由书店，并不知道自由书店是设在僻处一隅之江湾，而且没有招牌，因此他们总在上海找，无论如何也找个自由书店不出，后来知道在江湾，才找到了，但是已费了四个月的工夫——从八月到十一月。他们看到我们的书籍，如获至宝一般买了大批去了。这个对于我们是十二分惭愧的，因为我们的书籍虽然出有几本，内容实未尽善，译笔不信不达的地方还有很多，凭白受人过度的欢迎，哪有不自愧呢！

　　我们为什么要办这个书店呢？我们并没有高大的目的，不是想出风头，把自己造成一班高等文丐，更不想籍找碗饭吃便在生存竞争场中来绞脑汁维持生活。我们的目的非常简单，几位朋友学习翻译，译有几本稿子，别处不肯印，也不敢印行，我们就只好自己来动手了，而且我们也有一个极其微细的目的，就是中国人的思想太幼稚了。在外国几十年前著名的著作，固然没人翻译，就是最近十几年内的也得不到人的注意，这个真是痛心极了！我们固然是为学习翻译，同时也想介绍思想。我们之介绍思想，绝对不讲祖国主义，完全主张学术无国界的意见，不但不主张国界，而且也不主张先入之见强分派别。好像瞿蕙业的生物学说虽然陈腐不堪，并不因为有了毕丰、拉马克、达尔文等的进化论就不介绍；康德的哲学虽然有些神秘，并不因为有了孔德、斯宾塞、居友等就不介绍了；卡伯、路易布朗、圣西门、傅立叶、奥文等对于社会主义都有部分之建白并不因为他们未臻完善就不介绍了；马克思的学说自然有很多惊人之处，但是我们大多数的朋友都是研究克鲁泡特金的，断不因为喜欢巴古宁、克鲁泡特金、邵可侣、格拉夫等，就不介绍其他的名著了。我们只怕没有能力，我们如果有多余的经济和时间，我们也会翻译其他名著的。总之，我们是介绍学术思想为真理努力而办这个书店的，真理就是我们努力的目的。

自由书店到底是如何成立呢？是由几个同情于克鲁泡特金学说的人捐款办的，乐夫不过负经理之责罢了。它的第一件工作便是刊《克鲁泡特金全集》，翻译各国革命名著，最初只有二千二百多元的基金，一九二七年十一月初出了第一本书，就是《面包略取》①，书出以后，非常畅销，购买者、代销者纷至沓来。这种出乎意外的欢迎，增加了不少我们的勇气，经理的人也就非常高兴起来了，十一月底又出《国家论及其他》一本。到一九二八年一月，《近世科学和安那其主义》又出了，二月出《克鲁泡特金学说概要》，三月出《苏俄革命小史》，四月出《革命之路》，是时外面购书者雷厉风行，唯恐书完，不能偿其所欲，三四月之中，克氏全集的前三卷都已再版，这个真是我们意想不到了。

不幸正在这种蒸蒸日上的状况中的自由之花，却无意中遭了狂风暴雨的打击，几乎打得她枝叶飘零，如今虽然她又渐渐吸收了天地的雨露，恢复了从前的样子，但是我们护花的人回想起当时的情景感到无限的凄凉！

一九二八年五月十日警备司令部奉到中央命令，谓有人告控自由书店发行

---

① 编者注：即《面包与自由》。

革命，宣传共产主义，毕修勺为共产党首领应当严禁查办云云。便派重兵把自由书店封闭了，同时并捕去校对黄子方君及寄居朋友黄丕德，及工人龚炳生三人。后经友人碧波等到处奔走，始得某君一函，证明担保自由书店不是宣传共产主义机关，毕修勺不是共产党首领而且是一个反共最有力的人。在尝了几天铁窗风味之后，三位被捕的朋友才从黑暗的地狱中拨了出来，面目鳖黑，须发丛生，已不堪其苦矣。人虽然即刻放释，但是一直到六月十日才把自由书店启封，并退还银钱等物，一场暴风雨，算就如此收场了。

不过书店受此打击，外面往来各书店都有戒心，多半不愿代售自由书店的书籍了，退书之声，到处可以听见。而且外面还有一个成见，以为《革命周报》社就是自由书店，自由书店就是《革命周报》社。其实，这两个机关并不是混在一起的，自由书店是由乐夫经理，他的目的是翻译名著，介绍思想，完全是客观的；《革命周报》是由碧波编辑，他是立在时代潮流的前面，发挥自己的主张，是主观的。自成立以来，各做各的事，并非一而二，二而一的一个共同团体，外界不明，每每误为一个团体，其实错了。我们是两个独立不相附属的机关。

书店虽然经过一度封闭，主持的人，并不因此灰心，卷土重来，六月中又出了《革命的先驱》，七月又出《马克思主义的破产》，九月中便出《人生哲学》上篇，不过因为销路稍滞，印费欠至千余元，经济方面非常困难，以至俄罗斯文学的《理想和现实》印了四个多月还未出书，真是有些气闷。近来外埠销路稍有转机，我们预备出自由小丛书，已印出两种，阴历年内或可还出二三种，又预备编《时代丛书》一种，第一种《断头台上》和《克氏全集》第六卷、俄罗斯文学的《理想与现实》阴历年内均可出书。我们为要与读者互通消息起见，拟发行一种这样的《自由月刊》。

总之，我们自印《面包略取》起，为十四个多月，中间经过两次损失，至今已出书十余种，两万余本，已销去万余本。经理方面除乐夫始终肩任其事外，子方亦曾尽有数月劳力，饱尝铁窗风味，尤为难得。现在马拉回国，他拟担任编辑责任，那末，自此以后，算又有了帮手，现在所最感困难的，就是经济问题。讲到此处，我们也来讲讲我们经济的来源。我们经济的来源最初收到二千二百余元,最近又收到某社捐款九百元,合计三千一百余元,存书六千余元,在数目上讲,算是已获厚利了。但是书款一时何能收回?存书一时何能卖出呢?而且还欠印费千多元,存稿不能付印,何等痛苦,现在所最希望者,就是各处从速将书款寄来,这个残局得以维持,或者能够成全我们出《克鲁泡特金全集》《古巴宁全集》《蒲鲁东全集》之最低限度的计划,那就感激不浅了。

总之,我们是决心为人类而努力的,换言之,就是推人道之车的车夫,这个车子如果有撞墙触壁之一日,那末,地球毁灭,也不算是一回事了,我们还有什么话可说呢!但是,车夫自有车夫的工作,尽尽力罢!

PS:最后还有几句话,听说外埠有人翻印我们的书籍以获利的,我们觉得这种举动是不对,我们的书是有版权的,如果外埠同业愿以现款大批地代售,我们的书籍能至五百部以上者可以直接来信与我们交涉,我们愿意打一个特别的折扣。

○ 原载《自由月刊》,1929 年第 1 卷第 1 期第 4—8 页

门板书摊
1932
—— 吴泽霖

教育局曾经卖过力气取缔私塾，为了我们的子孙计，这自然是一件值得颂扬的事。但是，横在我们眼前，其影响比较私塾来得更重大更恶劣的另外一件事实，教育局却似乎从未注意过，那便是马路上的"门板书摊"。

门板书摊可以说是世界上最简单的文化机关，两扇竖在墙壁上的门板，装几十部书，一张长凳，自然，在夏天和雨天，会加上一把洋伞的，即便是全部的资本，整个的设备了。书籍的内容大概可以分成山歌、时调、小说和连环图画两大类。观众亦分作两种：前者的主要观众是成年的识字工人或店员，后者是自六、七岁至十八、九岁的儿童。

所谓山歌时调，即所谓"淫词艳曲"，例如泗州调《十想郎》《荡湖船》《十八摸》《四季相思》等，其原意是在刺激色情，满足下等社会人无法解决的低级趣味。但因为成年人思想形式比较固定，色情的冲动多少有些自制，所以其影响反不如连环图画对儿童的那么大。

连环图画的解释，即是说用图画的体裁，连续的描绘着一件故事的始末。一件故事常有延续十余卷，百余卷的。连环图画的材料虽以根据于向来流行的章回小说为多，但采自别种材料的，亦颇不少。据我们的调查：纯根据旧日章回小说的，如《三国志》《英烈传》《风波亭》《岳飞尽忠》等；根据章回小说而加以夸诞的描绘的，如《陈塘关》《李靖出世》《呼延赞出世》《武松血溅鸳鸯楼》

等；根据近代人所作小说的，如《江湖奇侠传》《红莲寺》《荒江女侠》等；根据现代电影的，如《罗克》《卓别麟》等；根据旧日京戏或连台戏的，如《狸猫换太子》等；根据社会时事的，如《黄慧如与陆根荣》等；根据国事的，如《奉天惨案》《马占山演义》等；出于自撰的，如《飞仙传》等。

①

就其性质，我们又可分成：武侠的，如《江湖奇侠传》《三剑客》等。此类书籍几乎占全数百分之七十以上；神怪的，如《孙行者大闹天宫》《济公活佛》等；滑稽的，如《猪八戒游上海》《卓别麟》等；爱情的，如《珍珠塔》《法海水漫金山寺》等。此类比较少，因为不合儿童的心理。

这种书摊，在全上海至少有二千个，它的营业状况亦随地段而异，在住家区域一带的自然要比工人区域的生意发达得多，因为在那儿的儿童比较有钱。举具体的例说，同孚路卡德路等的门板书摊，每隔一二星期，便要批发进几部新书，而在曹家渡一带，门板上老是那么几本，一年上换不到二十套。图书的规则有出租与当场看的两种，每本普通收费一个铜板，老主顾还有相当的折扣。我们假定一个书摊每日平均有三十位儿童去阅读（实数绝不止此，因为：一、表面上由一个人租回去而经辗转传阅的；二、由几个儿童当场租了共阅

---

① 上海街头的书报摊。

的)。换言之,每日就有六万个儿童在受门板书摊上连环图画的教育。单就这一个惊人的数量,已经足够使我们明了门板书摊对于儿童的严重影响。

无须心理学家才知道,儿童的求知欲最强,好奇心亦特别发达(但有钱人是不大会去注意他们儿子这一方面要求的)。他们中幸运些的去进了学校,可是学校给他们的印象,只是一些干燥无味的教科书,和一群呆板面孔的教师,不幸的或者连学校都不得进,只好以马路做他活动的中心,他们都同样不能满足自己小小心灵的要求。在这种情形之下,儿童们自然会去追求别一种能使他们满足的事物,于是便找到了门板书摊上的连环图画。连环图画的浓烈趣味,的确是对儿童们的一种诱惑。第一,是图画,不须识字便可看懂,又不要勉强记忆;第二,连环图画中人物都是古装,奸臣都是獐头鼠目,侠士都是威风凛凛,可以刺激儿童们的好奇心;第三,供给儿童们无数争论辩驳的材料,因为儿童们是无时不想找出一些事物来争辩的;第四,也可说是最重要的,它满足了儿童的英雄崇拜心理。翻阅这些动人的图画来,英雄豪杰的幻想便立刻涌现出来。

现在我们来看看连环图画对一般儿童的影响,我们知道要强迫一位儿童去记忆这个,记忆那个,远不如一种暗示刺激的力量可以使他终身不忘。就是暂时压制于意识中,一有机会便会爆发,连环图画并不直接在教训儿童,但其间暗示的力量却是极大。当然好的影响未始没有,譬如说做人应正直,恶人没有好结果等,但不良的影响的严重性却远过于此。最令人注意的至少有下列二端:

一、神怪的迷信的思想。连环图画的作者们都明白,只有神怪的故事,最是离奇诡谲,容易引人入胜。所以在任何一套故事中,都要加一些"祭法宝""天书""××道人""××大仙"……作为点缀。一个英雄的出生,必定是什么星君下凡,薛仁贵是白虎星,包公是文曲星,狄青是武曲星,岳飞是大鹏星等。这样一来,使头脑简单的儿童阅读以后,自然深信不疑,在不知不觉中便造了一种浓厚的迷信思想。去年屡次报载,说有儿童独自离家,遗书云入山求道,未始不是此种专以神怪来吸动儿童的连环图画影响所致。

二、非法治观念。据几个门板书摊的老板说,武侠类的连环图画最受儿童欢迎。所谓武侠,不外下面几套型式:半夜取人首级,或者是含辛茹苦了几年,最后终于"刺刃仇人之胸",或者是劫法场,再不然,因为奸馋当道,便上"忠义堂"去过替天行道的生活,这一些举动,从法的观点,都是有干法纪的。侠以武犯禁,然而一般人终于崇拜侠客者,是因为"其行虽不规于正义,然其言必信,其行必果,已诺必诚,不爱其躯,赴士之轭困。既已存亡死生矣,而不矜其能,羞伐其德,盖亦有足多者焉"。但无奈这种"有足多"的举动,往往与立国根本的法治精神冲突何?"二十年后再来一条好汉"的英雄气概,决不能教我们将绑票匪罪减一等,苏格拉底说过,一国有坏的法律终胜于没有法律,而连环图画中武侠典型思想却是,与其有好的法律,不如多生几个大侠。儿童对于武侠的企慕愈甚,对于法的观念就愈淡薄。

我们愿意我们的后代,文化的养续者活受这一种磨劫么?如不,我们须想一个改革的办法来。如何把科学的知识去充实儿童们强旺的求知欲?如何去满足儿童们喜活动的和好奇的要求?如何使儿童们得着一种高尚而有兴趣的生活?如何改善现代的小学教育以收最大的效能?以上诸问题,我们着实有研究的必要。

①

简单的说,在消极方面,我们要求教育局和社会局取缔这一种门板书摊业,至少也应该将所有的书籍加以严格的审查。在积极方面,设法多编些有益的图画集和故事集,组织许多巡回文库,把图籍分批放在游行图画车上,供给一般儿童阅读,以代替富有危险性的连环图画。

○ 原载《华年》,1932 年第 1 卷 第 9 期第 5—9 页

① 上海街头的书报摊。

"门板书摊"毕业生的自述

1932

—— 越闲

在第九期的《华年》上读到了吴泽霖先生的一篇《门板书摊》的文章。关于这个问题我本来老早就想要说几句,更觉得有一吐的必要。

不瞒读者说,在下从小就受着"门板书摊"的教育,不过我所受的并不是连环图画的教育,而是旧小说的教育。当民国十一年就是我十一岁那一年在故乡初等小学三年级读书的时候,我就开始了"门板书摊"的教育。当时我还有好几位同志。我记得在我们学校的那条街上,除了三四家大书坊外,这种"门板书摊"的数目在六七家以上,而他们的主顾大多是我们校里一班小猢狲。我们所以会成为"门板书摊"的老主顾,原因也就是吴先生所说的"求知欲过强"的缘故。那时适合我们儿童的读物实在太缺乏得可怜了,其实十年后的今天又已增加了多少?在教室里闭着眼读完了的书本,一下课谁还愿意去翻它?喜动的同学在课余可以去做他们"猫捉老鼠""三头骑马"的游戏,而我们一班恬静的就不得不另找消遣了。最适合我们心理,引起我们兴趣,且为我们经济力所能应付的就只有旧小说。先前我们还不知道"门板书摊"有这种好东西,所以先是大家轮流着去买中华书局出版的"小小说"来读,可是那薄薄的几页篇幅是经不得我们看的,不多几时这百来本的"大闹……""大破……""火烧……"等等的"小小说"已被我们读光了。后来我们当中有一位"门板书摊"小开的同学在家中偷了一部《狄青平西南》来,在这里面我们发现了更多的"大闹酒楼"和"大破番邦"等一类的有趣材料。于是此后我们就津津有味的受着正式的"门板书摊"的教育了。一直到高小毕业，才算脱离了这种麻醉性的教育。

我受这种教育足有四年之久，在我的生命史上这是紧要的一页。因为一百多种旧小说入了我的脑海，给予我的不是一种很寻常的影响，虽则这种影响有好也有坏。

你知道小孩子是最善于模仿的，所以当我们看完了一部小说之后，往往以书中的某某人自居，其实这种不仅小孩是如此，就是青年男女看了《红楼梦》也没有不以贾宝玉、林黛玉自命的。再不然就是演习书中的有趣的举动，我们几个同志那时也曾对天立誓，歃血为盟，同时也说过几句"不能同生，但愿同死""有福同享，有难同当"等的话。结了盟之后"大哥""贤弟"居然也叫得异常响亮，以后也摆过擂台，也模拟了几种所谓"泰山压顶""黑虎偷心"的姿势，然结果终被人家打得皮破血流。此外，我们也学着说"合字儿，线上的朋友"等几句从《彭公案》中看来的绿林话。总之，书中所能描摹的动作，我们几乎没有不学过。现在想起来固然是毫无意识，然在当时，这种种真能令人废寝忘食，感到无限的兴趣。

据我所知，在我们四五个同志之中，大家都是很早熟的，这不能不说是受旧小说之赐。因为无论何种小说，性欲的描写常是不免的，有的更形容尽致，因此，日子久了，竟促成了我们的早熟。同时因多情佳人风流才子的观念灌输到脑中，更使我们艳羡着多妻者的幸福。一直到今日我脑海中仍存着这种不合理的念头。可见旧小说毒人之深。此外我们感到同病的就是大家现在都成了近视者，尤其是我，小说看到有兴时往往在朦胧的傍晚时分或闪烁的油灯下继续的看着，那种书本都是有光纸，字又细又密，日子久了，眼睛焉得不坏？

"门板书摊"教育的害处已经一一说过了，但它的好处也不便完全抹杀。

小学时代的同班中，国文程度以我们几个"小说迷"为最佳。所以还常得到老师的垂青。其实，我们当时既没有比别人用功，更没有什么超人的天才，所以国文的进步倒不得不归功于旧小说的阅览。因为旧小说中往往文章也有做得很好的,这在刘复先生的《中国之下等小说》里似乎也曾很详细地叙述过。此外,小说的材料不知不觉地输入儿童的脑海,是最容易记忆的。所以我们读了《草木春秋》,不知不觉地可以记得许多中国药名;读了《东周列国演义》再去读《左传》就觉得容易得多;读了《西汉演义》再去读《前汉书》也是事半功倍。因此在旧小说中往往可得到许多历史上以至于地理上的智识。

〇 原载《华年》,1932年第1卷第21期第11—13页

四马路书店巡礼记 1933

—— 石郎

四马路是条文化之街，上海的书店都开在那里。把这些书店加以一番观察，倒也是件很有味的事。又据说近来正是一班文学作家"访问记"的年头，鄙人也想来凑凑热闹，因作简略之巡礼记。

我去四马路总是在跑马厅走去的。第一、第二、第三爿是些贩卖旧小说等的小书店。店面装饰俗气非凡，广告虽设而等于无有，不能引人注目故也。但有一二则门口贴着《金瓶梅》的广告，我想那或者还有生意吧？门外"阿要春宫"之声不绝于耳，我觉得那些书店应该同他们去交涉，因为春宫总比《金瓶梅》等有色相些，书店的生意会无形地被抢去的，我相信。

过去左手世界书局，房子高大，一如大绅士然。店里地盘宏大，除商务、中华外恐要算他第一了，进去买书甚有空洞之感，而实际上他的生意并不算坏。

旁边是同世界大相悬殊的泰东。泰东以前似乎是新文化的先锋，不知近来何以没落如此。最近似乎也没见他出过什么新书，在一堆杂乱的旧书中有一本是郭沫若标点的《西厢》，还可怜地躺着。在《创造十年》中，我们可知道那是使郭沫若非常抱恨的一本书。

北新，倒也还是老样子。我去时总爱翻那些陈列的书，买又不买。后来他们把陈列的书，用透明的洋纸包起来了，那大概是抵制像我这样揩油读者的吧。不久曾见廉价部有好许多旧的《语丝》合订本，没几天再去看时，却卖完了。这是售价便宜之故,于此也可见《语丝》魔力之大。

大东,也大得很。可惜里面的书大都不一致,譬如就文艺书一面说,他也卖沈从文、查士骥等的小说,也卖周瘦鹃、徐卓呆等的小说。再大东的地面很光滑,可跳却尔斯登舞。

华通似乎无甚起色。《新书月报》传说已停刊,但据该店店员说又"未",说"未"却不见出来,不知是何葫芦。

新中国书店小朋友书甚多。新月书店广告甚别致,也鲜明。玻璃橱内陈裸体画片一,观者甚多,却无一进去购书者,可见此广告只能招来惠"顾"(此"顾"作"看"解),不能招来生意。

现代最近大换门面。以我猜想他以前或在赚些钱。现代于各书店中算最出风头,因有女职员。依男女平权讲,用女职员原不是什么可诧之事。最近一期《现代》的封面背后有首诗,读头上几句觉得非常美丽,仔细一看,原来是广告。为广告而写这样美丽之诗,我倒第一次看见。不知是出于那一个大编辑之手?

光华等倒还是老样。但那扇门实在太小了,现在的情形还可,假使一旦生意兴隆起来,那实有被挤掉的危险。三书店的橱窗里倒时常有新书看见,有时也有很便宜的旧书买到,很有生气。开明的店员面孔很板,大都像私塾里先生一样。进去买书,实在不舒服。

商务、中华,"著无庸议"。

○ 原载《出版消息》,1933 年第 12 期第 17—19 页

上海的书店
1933 —— 扬家庆

上海是中国的第一个大商埠，是中国经济的中心点，这是人所共知的。经济与文化，有密切不可分的关联，所以经济中心的上海，同时也很自然地成为全国的文化中心。

在上海，有各种招牌的书店，有各种各样的杂志，有大到高耸入云的大洋房与少到只有一间灶庇或一个亭子间的报馆，还有各种各样的作家，有小学生出身的，有秀才出身的，有小伙计出身的，有小官僚出身的，有痞棍出身的，也有美国洗衣作出身的，日本"支那料理"厨司出身的，有西崽出身的，还有泥司、木匠、理发匠出身的，简直如河南人所谓"啥都有"！

把上海的文化界、出版界、著作家、教育界的情形详详细细写出来，倒是很有意义的，现在让我来先写上海的出版界吧，这里的范围，包括有书店、杂志、报馆。

上海是全国的文化中心，所以也是全国的出版中心，各地的书店，大率是上海书店的分店，或写售上海书籍为职务。上海的报纸与杂志，也是流引全国。上海的出版界，无论从哪一方面看总是带有关系全国的意义，但是因为中国文化的前后，出版事业也不免幼稚，尤其是在这全国不景气的时候，出版业所受的影响更大，尤其是关于书店一方面。

在出版界中，书店当然是占了最重要的地位，杂志差不多都是附属于书店的（但也有书店附属于杂志的，如生活书店之于《生活周刊》），所以要讲出版界的情形，前先不能不提到书店。

上海的书店，除外国书店以外，大可分为三种：（一）新书店；（二）古书店；（三）无聊书店。新书店不仅是指新开的书店，凡是出版新智识书籍的，都包括在内，例如商务、中华等。古书店是专卖中国古籍的。新书店对于文化上的贡献固然很重要，而古书店在中国文化上的贡献值，也不可否认，所以都是对文化有贡献的。独有第三种书店，专门出一些《礼拜六》或更等而下之的淫书，自张恨水的《啼笑因缘》到顾明道的《荒江女侠》，从《韩庄夜谭》到《闵林外书》，总之是有害于社会的，属于这一类的书店，有三星、新华、曼丽、好运道等等，其数量之多，亦不亚于新书店。但是这里，我所要叙述的，只限于新书店一种，其余两种，等有机会的时候再说。

上海的主要新书店，有几个特点可以注意，第一是要说到政治关系。这些书店的第一个目的，当然是营业，但也有许多负有政治上的使命。共产党、取消派、社会民主党、国家主义，在上海都有几个书店，直接向投，全部的或部分为其利用。共产党所利用的书店，计有湖风、现代、光华三家。湖风书店是左翼作家的大本营，这是以前左联机关杂志《北斗》的发行者，这是人所共知的。现代与光华这两家，一方面因为与创造社历史的关系，一方面想借郭沫若等的偶像来号召，所以有意无意的做了郭沫若的总出版机关，同时自然也成了左翼作家的大本营了。左翼作家除了他的头脑郭沫若以外，如周起应、丁玲、篷子、官非、鲁迅、茅盾、雪韦、适夷等，与现代、光华均有密切的关系。现在左翼作家的著作，除了现代、光华以外，很难找到出版地位，所以喜欢看左翼作家作品的读者，就群集于现代、光华之门。而现代、光华两家，单是郭沫若一人的著作或翻译，多至三十余种。

至于取消派所利用的书店，除了已经停办的不算外，现在尚在营业的，而且取消派尚在利用的，计有新生命、神州国光社、亚东图书馆三家。取消派对于这三家的作用，各不相同。神州国光社是因为社会民主主义者在整个策略上要联合取消派，所以社会民族主义者的总出版机关神州国光社，也就让出部分地盘给取消派，使李季、彭述之、任曙、严灵峰、列仁静（镜园）等，写些有利于社会民主主义的宣传文字，在这一意义上，与其说是取消派利用神州国光社，不如说是社会民主主义利用取消派之为妥。至于亚东图书馆与取消派初无政治上的关系，不过因为亚东的主人（汪某）是安徽人，与取消派中的领袖陈独秀、高语罕是同乡，旧关系极深，在很久以前就出有陈独秀、高语罕著作甚多，近年来不过出了一些李季的著作，严格的说来，不能算是取消派的机关。在上海各书店中，真正能够算为取消派的出版机关的，还是新生命。本来新生命书局是周佛海、陈布雷诸氏办《新生命月刊》所附设的，为一纯粹国民党机关，但不久周陈两氏相继出任中枢要职，而新生命的大权，遂落在陶希圣的手里。陶氏之思想，在三民主义之中，接近取消派，自陶氏接办新生命以后，取消派之加入该书店者日多，其最著者，如严灵峰所著之《中国经济问题研究》，为一最明显之取消派宣传品，其次各翻译之《苏俄党派文献》，刘仁静翻译之《托洛茨基自传》等，均为取消派在国际上之主要宣传文件，而著名取消派彭述之、杜畏之合译之《俄国资本主义之发展》一书中，冠以译者译文，大肆宣传取消派主张。此外，取消派主要分子严灵峰，尚有很多著作翻译，在新生命出版，盖今日之新生命已非周佛海"三民主义之理论体系"时代之新生命，而已成为取消派之唯一出版机关矣。

至于社会民主主义在上海之出版机关，为神州国光社。神州国光社本为一极有历史之出版家，远在辛亥革命以前，即已有之，但向出碑帖书画，有类有正书局，不跻于新书店之林，其后一九三〇年，某公由国华银行拨五万元，作扩充该社之用，并由陈孚木□之曾献声为总经理，王锡礼为总编辑，而该社乃大出政治经济书籍，而成为社会民主主义出版之机关焉。"九一八"以后，社会民主主义者扩大宣传，故又由某公在国华银行引续拨十万，"一·二八"沪战时，又拨十万，其后先后数次拨款，共计达四十余万元，该社乃得大印杂志，到处分送，而一部无出路之智识分子，亦复群集其门下，一时在出版界颇具特殊势力。但至最近，该社经费忽极紧迫，乃至印刷工人工资，不能照付，而纸店欠账，亦无法偿付，而经理曾某，又忽失踪，故该社势将改组，不知将来是否仍保持其现在之面目耳。

至于国家主义派所利用之出版机关，唯一中华书局耳。但中华书局亦不能纯粹为国家主义派所利用。故国家主义派在出版界中，较之以上三派，有逊色焉。

此外，尚有利用书店以为将来进身之阶者，如孙寒冰之于黎明书局，邹韬奋之于生活书店。

商务印书馆为全国最大之出版家，亦为上海各书店之王，其所出书籍，亦有颇足称述者，但大率为纯粹资产阶级大学教授之滥调。

至于中华书局，其小学教科书颇负时誉，为各书店小学教科书中之最佳者，但于其他书籍，则完全不行，现在中华之生命，可谓完全在小学教科书。

世界书局本为一旧书店，礼拜六派之大本营也，以其所出杂志，如李涵秋主编之《快活》，严独鹤主编之《红杂志》，赵苕狂主编之《红玫瑰》，盖无聊之礼拜六派之杰作也。后以时势所趋，居然倾向维新，出ABC丛书，但半路出家，如小脚女人之骤然放大，走路不免很不自然，无论教科书与其他书籍，大多糟透，而教科书之抄习别家，因而引起纠纷者，无日无之也。幸该局经理，长袖善舞，鉴于书籍营业之不能有大发展也，乃转而谋他，开设世界银行也，收买地皮以出租房屋也，买卖公债也，买卖标金也，故外观尚称不恶。

大东书局与世界书局可谓一对姊妹花，但大东主持人之压力，不及世界，故四马路上尚无大东银行之开设，而地产公债之买卖，亦远不及世界耳。

开明书局以小说起家，今则贯注全神于教科书，尤其是中等学校用之教科书，其编辑人员，如夏丏尊、叶绍钧、丰子恺等，其学识经验较之世界、大东之三十元四十元一月请来之野鸡编辑，实不可同日言，故其出品，亦较优胜，而销路亦殊不恶，在新书业中，俨然成为后起之秀。今日四马路，租有月费一千两之巨厦，居然硬与商务、中华，争一日之长矣。该局自出版教科书外，其可述者，即为出版茅盾（沈雁冰）之著作也，计有《蚀》（包括《动摇》《幻灭》《追求》三种），《虹》《三人行》《子夜》等，销路甚佳。

北新书局靠鲁迅发财,由五百元之小资本,发展成五万元之大商店,在四马路上,居然亦别树一帜。新华楼下,中西药房旁边,原为性史春宫总汇市场,北新居此,其于地利,固其得也。现在以出小学教科书为主,而以赵景深为总编辑,赵曾以《外套》(译作《长衫》),与胡秋原之将"三阶段"译为"三层楼"同样被见笑文坛,但亦因此而文名大著。惟于编教科书,似未免大材小用,故笑话亦常出焉。幸赵以被笑出名,愈被笑,则名气愈大,将来北新新营业,无疑将愈发展也。该局经理李志云。最近为发展营业起见,特聘有掮客式之交际员多人,以广招徕,而许晚成荣任交际主任焉。

现代书局于去年扩大组织后,一时颇有新气象,惜所出书籍及杂志《现代》,十分幼稚,其书籍一般均在水平线下,惟郭沫若以偶像正成,其书销路殊佳,而现代亦赖此维持。现在书局营业,于书籍本身以外,复勾心斗角,如北新之用掮客,即其一例。现代主持人,较北新主人更为聪明,不用掮客而用花瓶,于出版界中,平添不少佳话,而营业亦因此有起色焉。

现在一般书店,除教科书外,普通书籍,销路均不甚佳,盖不景气使然也。以诸作家之作品销路相比,则以郭沫若及茅盾、鲁迅等之著作翻译为最佳,郁达夫次之,张资平已过时,其余自侩以下,不足论矣。

○ 原载《上海周报》,1933 年第 2 卷第 6 期第 86—89 页

上海的旧书店 1933

—— 小川

上海的旧书店有两种,一种是专卖古籍的,如受古书店之类,还有一种,是卖西书的,我这儿谈的是后一种。这一类旧书店,上海差不多有二三十家,分布在四个地带,北四川路虬江路为一处,爱文义路卡德路口为一处,西门为一处,城隍庙里又为一处。

这些旧书店的生意,好像终年都是兴隆的样子,而且,他们的利息都十分厚,当一本书由他们收买下来的时候,他们仅仅花了很低的本钱,因为,一个人要到出卖书籍,大概已是困窘不堪,所以旧书店老板以逸待劳,乐得榨你一榨。要是你嫌价钱小,不肯卖,则他们也好像不在乎似的,即使你再跑上别家去,都是一样。他们都是阴阳怪气,可收可不收似的。还有一种贼偷货,贼卖给他们就更便宜。当"一·二八"淞沪之战的时候,中国公学、复旦大学、劳动大学等校的图书馆,都给人抢劫一空,还有许多住在江湾一带的私人书籍,都零散遗失,统统由一些江北人,拾了出卖。他们并不识货,他们以斤计价,一块钱可以买十斤,而十斤的西书,有时可以值到二百多块钱,这一次有不少人买到了这一批便宜货,但大部分还是给旧书业收去了。

譬如市价十块钱一本书,他们常以两元三元的价钱买进来,以六元七元的价钱卖出去,简直是对本对利以上的好生意了。经营旧书店的人,都是老门槛,有许多都是约翰大学的毕业生,他们对于各种西书,都非常识货,哪一种书是热货,哪一种书是冷货,他们全清楚,特别是各校的 Text Book,他们都打听得十分详细。每本书的作者,每本书的 Edition,每本书的 Market Price,他们都非常熟悉,要是这本书是某大学的教科书,则你带了一本去卖给他,则他们也肯稍为加一些钱收下来,同时,你要去买那本书,他们便不肯过于便宜卖给你,因为你不买,反正总会有人去买的,市面上因金价的不定,书价也随之而涨了。

买旧书也是一种嗜好,有的人爱买旧书的,看见了一部得意的书,即使再穷些,也得设法去买了来,自从金价一涨以后,西书便真买不起,所以在开学的时候,稍有门槛的学生,都要先上各家旧书店去转一下。

○ 原载《中央日报》,1933 年 8 月 30 日第 8 版

城隍庙的书市 1934

—— 阿英

熟悉上海掌故的人,大概都知道城隍庙是中国的城隍,外国的资本。城隍庙是外国人拿出钱来建筑,而让中国人去烧香敬佛。到那里去的人,每天总是很多很多,目的也各自不同。有的带了子女,买了香烛,到菩萨面前求财乞福。有的却因为那里是一个百货杂陈,价钱特别公道的地方,去买便宜货。还有的,可说是闲得无聊,跑去散散心,喝喝茶,抽抽烟,吃吃瓜子。至于外国人,当然也要去,特别是初到中国来的,他们要在这里考察中国老百姓的风俗习惯,也是要看看他们在中国所施与的成果。所以,当芥川龙之介描写"城隍庙"的时候,特别的注意了九曲桥的乌龟,和中国人到处撒尿的神韵,很艺术的写了出来,我也常常的到城隍庙,可是我却另有一种不同于他们的目的,说典雅一点,就是到旧书铺里和旧书摊上去访书。

我说到城隍庙里去访书,这多少会引起一部分人奇怪的,城隍庙那里,有什么书可访呢?这疑问,是极其有理。你从小世界间壁街道上走将进去,就是打九曲桥兜个圈子再进庙,然后从庙的正殿一直走出大门,除开一只卖善书的翼化善书局,你实在一个书角也寻不到。可是,事实没有这样简单,要是你把城隍庙的拐拐角角都找到,玩得幽深一点,你就会相信不仅是百货杂陈的商场,也是一个文化的中心区域,有很大的古董铺、书画碑帖店、书局、书摊、说书场、画像店、书画展览会,以至于图书馆,不仅有,而且很多,而且另具一番风趣。对于这一方面，我是当然熟习的，就让我来引你们畅游一番吧。

我们从小世界说起。当你走进间壁的街道，你就得留意，那儿是第一个横路，第一个弯。遇到弯了，不要向前，你首先向左边转去，这就到了一条鸟市。鸟市是以卖鸟为主，卖金鱼，卖狗，以至于卖乌龟为副业的街。你闲闲地走去，听听美丽的鸟的歌声，鹦哥的学舌，北方口音和上海口音的论价还钱，同时留意两旁，那么，你稳会发现一家东倒西歪的，叫做饱墨斋的旧书铺。走进店，左壁堆的是一直抵到楼板的经史子集；右壁是东西洋的典籍，以至于广告簿；靠后面，则是些中国旧杂书，二十年来的杂志书报，和许多重要不重要的文献，是全放在店堂中的长台子上，这台子一直伸到门口。在门口，有一个大木箱，也放了不少的书，上面插着纸签——"每册五分"。你要搜集一点材料吗？那么，你可以耐下性子，先在这里面翻，经过相当的时间，也许可以翻到你中意的，定价很高的，甚至访求了许多年而得不着的，自然，有时你也会花了若干时间，弄得一手脏，而毫无结果。可是，你不会吃亏。在这翻的过程中，可以看到不曾见到听到过的许多图书杂志，会像过眼烟云似的温习现代史的许多断片。翻书本已是一种乐趣，而况还有一些意想不到的收获呢？中意的书已经拿起了，你别忙付钱，再去找台子上的，那里多的是整套头的书，《创造月刊》合订本啦，第一卷的《东方杂志》全年啦，《俄国戏曲集》啦，只要你机会好，有价值的总可以碰到，或者把你残缺的杂志配全。以后你再向各地方，书架上，角落里，桌肚里，一切你认为有注意必要的所在，去翻检一回，掌柜的决不会有多么误会和不高兴。最后耗费在这里的时间，就是讲价钱了，城隍庙的定价是靠不住的，他"漫天开价"，你一定要"就地还钱"，慢慢的和他们"推敲"。要是你没有中意的，虽然在这里翻了很久，一点不碍的，你尽可扑扑身上的灰，很自然的走开，掌柜有时还会笑嘻嘻的送你到大门口。

在旧书店里，徒徒地在翻书上用工夫，是不够的，因为他们的书不一定放在外面。你要问："老板，你们某一种书有吗？"掌柜的是记得自己书的，如果有，他会去寻出来给你看。要是没有，你也可以委托他寻访，留个通信处给他。不过，我说的是指的新书，要是好的版本，甚至于少见的旧木版书，那就要劝你大可不必。因为藏在他们架上的木版书虽也不少，好的却百不得一。收进的时候，并不是没有好书，这些好书，一进门就全被三四马路和他们有关系的旧书店老板挑选了去，标上极大的价钱卖出，很少有你的份。这没有什么奇怪，正和内地的经济集中上海一样，是必然的。但偶尔也有例外。说一件往事吧，有一回，我在四马路受古书店看到了六册残本的《古学汇刊》，里面有一部分我很想看看，开价竟是实价十四元，原定价只有三元，当然我不会买。到了饱墨斋，我问店伙："《古学汇刊》有吗？"他想了半天，起了似乎有这部书的意念，跑进去找，竟从灶角落里找了二十多册来，差不多是全部的了。他笑嘻嘻的说："本来是全的，我们以为没有用，扔在地下，烂掉几本，给丢了。"最后讲价，是两毛钱一本。这两毛一本的书，到了三四马路，马上就会变成两块半以上，真是有些恶气。不过这种机会，是毕竟不多的。

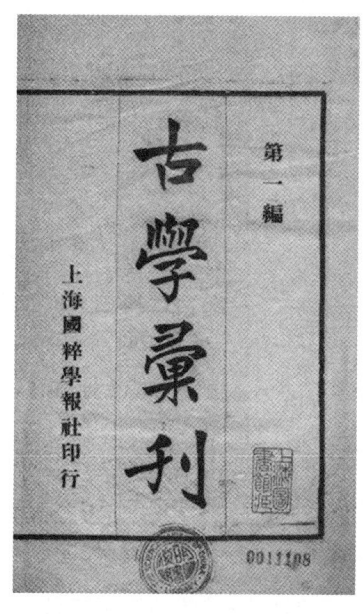

带住闲话吧。从饱墨斋出来，你可以回到那个弯的所在，向右边转。这似乎是条死路，一面是墙，只有一面有几家小店，巷子也不过两尺来宽。你别看不起，这其间竟有两家是书铺，叫做葆光的一家，还是城隍庙书店的老祖宗，有十几年悠长的历史呢。

第一家是菊龄书店，主要的是卖旧西书，和旧的新文化书，木版书偶尔也有几部。这书店很小，只有一个兼充店伙的掌柜，书是散乱不整。但是，你得尊重这个掌柜的，在我的经历中，在城隍庙书林内，只有他是最典型，最有学术修养的。这也是说，你在他手里，不容易买到贱价书，他识货。这个人很喜欢发议论，只要引起他的话头，他会滔滔不绝的发表他的意见。譬如有一回，我拿起一部合订本的《新潮》一卷："老板，卖几多钱？"他翻翻书："一只洋。"我说："旧杂志也要卖这大价钱吗？"于是他发议论了："旧杂志，都是绝版的了，应该比新书的价钱卖得更高呢。这些书，老实说，要买的人，我就要三块钱，他也得挺着胸脯来买；不要的，我就要两只角子，他也不会要，一块钱，还能说贵么？你别当我不懂，只有那些墨者黑也的人，才会把有价值的书当报纸买。"争执了很久，还是一块钱买了。在包书的时候，他又忍不住的开起口来："肯跑旧书店的人，总是有希望的，那些没有希望的，只会跑大光明，那里想到什么旧书铺。"近来他的论调却转换了，他似乎有些伤感。这个中年人，你去买一回书，他至少会重复向你说两回："唉！隔壁的葆光关了，这真是可惜！有这样长历史的书店，掌柜的又勤勤恳恳，还是支持不下去。这个年头，真是百业凋零，什么生意都不能做！不景气，可惜，可惜！"言下总是不胜感伤之至，一脸的忧郁，声调也很凄楚。当我听到"不景气"的时候，我真有点吃惊，但马上就明白了，因为在他的账桌上，翻开了的，是一本社会科学书，他不仅是一个会做生意的掌柜，而且还是一个孜孜不倦的学者呢！于是，我感到这位掌柜，真仿佛是现代《儒林外史》里的异人了。

听了菊龄书店掌柜的话，你多少有些怅惘吧！至少，经过间壁葆光的时候，你会稍稍的停留，对着上了板门而招牌仍在的这惨败者，发出一些静默的同情。由此向前，就到了九曲桥边。这里，有大批的劣货在叫卖，有业"西洋景"的山东老乡，把裸体女人放出一半，摇着手里的板铃，高声的叫"看活的"，来招诱观众。你可以一路看，一路听，走过那有名的九曲桥，折向左，跑过六个铜子一看的怪人把戏场，一直向前，碰壁转弯——如果你不碰壁就转弯，你会走到庙里去的。转过弯，你就会有"柳暗花明"之感了。先呈现到你眼帘里的，会是几家镜框店，最末一家，是发卖字画古董书籍的梦月斋。你想碰碰古书，不妨走进去一看，不然，是不必停留的。沿路向右转，再通过一家规模宏大的旧书店，一样的没有什么好版本稀有的书的店，跑到护龙桥再停下来。

护龙桥，提起这个名字，会使你想到苏州的护龙街。在护龙街，我们可以看到一街的旧书店，存古斋啦，艺芸阁啦，欣赏斋啦，来青阁啦，适存斋啦，文学山房啦，以及其他的书店，刻字店。护龙桥，也是一样，无论是桥上桥下，桥左桥右，桥前桥后，也都是些书店，古玩店，刻字店。所不同于护龙街者，就是在护龙街，多的是"店"，而护龙桥多的是"摊"，护龙街多的是古籍，护龙桥多的是新书；护龙街来往的，大都是些达官贵人，在护龙桥搜书的，不免是平民小子；护龙街是贵族的，护龙桥却是平民的。

现在，就以护龙桥为中心，从桥上的书摊说下去吧。这座桥的建筑形式，和一般的石桥一样，是弓形的，桥下面流着污浊的水。桥上卖书的大地摊，因此，也就成了弓形。一个个盛洋烛火油的箱子，一个靠一个，贴着桥的石栏放着，里面满满的塞着新的书籍和杂志，放不下的就散乱的堆铺在地下。每到吃午饭的时候，这类的摊子就摆出了，三个铜子一本，两毛小洋一扎，贵重成套的有时也会卖到一元二元。在这里，你一样的要耐着性子，如果你穿着长袍，可以将它兜到腰际，蹲下来，一本一本的翻。这种摊子，有时也颇多新书，同一种可以有十册以上。以前，有一个时期，充满着《真美善》的出版物，最近去的一次，却看到大批的《地泉》和《最后的一天》了，这些书都是崭新的，你可以用最低的价钱买了下来。

比地摊高一级的，是板摊，用两块门板，上面放书，底下衬两张小矮凳，买书的人只要弯下腰就能检书。这样的板摊，你打护龙桥走过去，可以看到

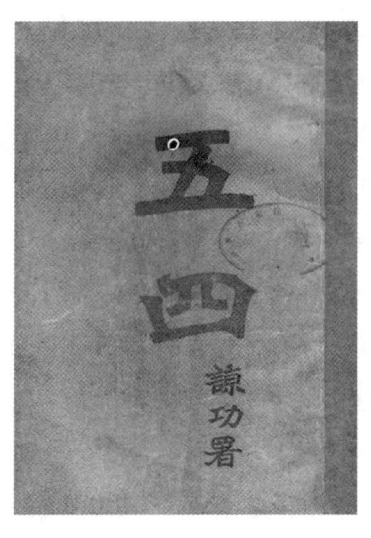

三四处。这些"摊"，一样的以卖新杂志为主，也还有些日文书。一部日本的一元书，两毛线可以买到，或一部《未名》的合订本，也只要两毛钱。《小说月报》，三五分钱可以买到一本。这里面，也有很好的社会科学书，历史的资料。我曾经用十个铜子在这里买了两部绝版的书籍，《五四》和《天津事变》，文学书是更多的。这里不像地摊，没有多少价钱好还。和这样的摊对立的，是测字摊，紧接着测字摊，就有五家的小书铺。

所谓小书铺，是并没有正式门面，只是用木板就河栏钉隔起来的五六尺见方，高约一丈的隔间。这几家，有的有招牌，有的根本没有，里面有书架，有贵重的书，主要的是卖西书。不过这种人家，无论西书抑是中籍，开价总是很高，商务、中华、开明等大书店的出版物，照定价打上四折，是顶地道，你想再公道，是办不到的。杂志都移到板摊上卖，这里很难见到。我每次也要跑进

去看看，但除非是绝对不可少的书籍，在这里买的时候是很少的。这样书铺的对面，是两三家的碑帖铺，我与碑帖无缘，可说是很少来往。

在护龙桥以至于城隍庙的书区里，这一带是最平民的了。他们一点也不像三四马路的有些旧书铺，注意你的衣冠是否齐楚，而且你只要腰里有一毛钱，就可以带三两本书回去，做一回顾客。不知道只晓得上海繁华的文人学士，也曾想到在这里有适应于穷小子的知识欲的书市否？无钱买书，而常常在书店里背手对着书籍封面神往，遭店伙轻蔑的冷眼的青年们，需要看书么？若没有图书馆可去，或者需要最近出版的，就请多跑点路，在星期休假的时候，到这里来走走吧。

由此向前，沿着石栏向左兜转过去，门对着另一面石栏的，有一家叫做学海书店的比板摊较高级的书铺，里面有木版旧书，有科学，有史学、哲学、社会科学、文学书，门外的石栏上，更放着大批的"鸳鸯蝴蝶派"的书。你也可以花一些时间，在这里面浏览浏览，找找你要买的书。不过，他们的书，是不会像摊上那么贱卖的。一部绝版的《新文学史料》，你得花五毛钱才能买到，一部《海滨故人》或是《天鹅》，也只能给你打个四折。在这些地方，你还有一点要注意，如果有一本书的名字对你很生疏，著作人的名字很熟习，你不要放过它。这一类的书，大概是别有道理的。外面标着郭沫若著的《文学评论》（是印成的），里面会是一本另一个人作的《新兴文学概论》；外面是黄炎植的《文学杰作选》，里面会是一部张若英的《现代文学读本》；外面是蒋光慈的什么《女性的日记》，里面会是一册绝不是蒋光慈著的恋爱小说；外面是一个很腐朽的名字，里面会是一部要你"雪夜闭门"读的书。至于那些脱落了封面的，你一样的要一本一本的翻，也许那里面就有你求之不得的典籍。

离开这家书铺，沿店铺向右转进去，在这凹子里，又有一家叫做粹宝斋的店。这书店设立的不久，书也不多，有的是很少的木版旧籍，和辛亥革命初期的一些文献。木板旧籍中，也有一两部明版，但都是容易购求的。比较惹我注意的，只是一部古山房版的《两当轩诗钞》，然而，在数年前我早已购得了，且是棉料纸的。总之，这粹宝斋你得到要想买到新文学的文献，或者社会科学书，是很难以如愿的。看过这家书店，你可以重行过桥了，过桥向右折，是一个长阔的走廊,里面有一个卖杂书的书摊。出了廊,仍就回到了梦月斋的所在。到这时,护龙桥的书市,算你逛完了,但是,此行你究竟买到几册书呢?

跟着潮水一般的游客,你去逛逛城隍庙吧。各种各样的店铺,形形色色的人群,你不妨顺便的考察一番。随着他们走进城隍庙的边门,先看看最后一进的城隍娘娘的卧室,两廊用布画像代塑佛的二殿,香烟迷漫佛像高大的正殿,虔诚进香的信男信女,看中国妇女如何敬神的外国绅士,充满了"海味"的和尚,在这里认识认识封建势力,是如何仍旧的在支配着中国的民众,想一想我们还得走过怎样艰苦的路程,才能走向我们的理想。

然后,你可以走将出来,转到殿外的右手,翻一翻城隍庙唯一的把杂志书籍当报纸卖的书摊。这书摊,历史也是很长的了,是一个曲尺的形式的板架,上面堆着很多的中外杂志和书。我再劝你耐下性子,不要走马看花似的,在这里好好的翻一翻。而且在你翻的时候,你可以旁若无人的把看过的堆作一堆,要买的放在一起,马马虎虎的把检剩的堆子摊匀一下。卖书的是一个很和气的人,无论你怎么翻,怎么检,他都没有话说,只是在旁边的茶桌上和几个朋友谈天说地,直到你喊"卖书的",他才笑嘻嘻的走了过来。在还价上,你也是绝对的自由,他要十个铜子,你还他一个,也没有愠意,只是说太少。讲定了价,等到你付钱,发现缺少几个,他也没有什么,还会很客气的向你说:"你带去看好了,钱不够有什么关系,下次给我吧。"他有如此的慷慨。这里的书价是很贱,一本刚出版的三四毛钱的杂志,十个铜子就可以买了来,有时还有些手抄本、东西典籍之类。最使我不能忘的,是我曾经在这里买到一部《黄爱庞人铨的遗集》。

城隍庙的书市并不这样就完。再通过迎着正殿戏台上的图书馆的下面,从右手的门走出去,你还会看到两个门板书摊。这类书摊上所卖的书,和普通门板摊上的一样,石印的小说,《无锡景》《时新小调》《十二月花名》之类。如果你也注意到这一方面的出版物,你很可以在这里买几本新出的小书,看看这一类大众读物的新的倾向,从这些读物内去学习创作大众读物的经验,去决定怎样开拓这一方面的文艺新路。本来,在城隍庙正门外,靠小东门一头,还有一家旧书铺，这里面有更丰富的新旧典籍，"一·二八"以后，生意萧条，支持不下，现在是改迁到老西门，另外经营教科书的生意了。如果时间还早，你有兴致，当然可以再到西门去看看那一带的旧书铺；但是我怕你办不到，经过二十几处的翻检，你的精神一定是很倦乏的了……

○ 原载《现代》，1934 年第 4 卷第 4 期第 779—786 页

书店里
1934

—— 朱管

好多天了,自从给吞进这大京都底腹里,先几天是发极大的愁:早上,为一天的挨饿发急;午间和傍晚,看着厨司底脸色发恨,因为我赊了他底饭;夜晚,尽梦着向不认识的人借钱而受窘,因之而发呆。然而近几朝来呢,什么都不了,仅是淡懒的心情。

有些很好的上午,或傍晚,我觉得自己何必尽在寄宿舍里闷呢,就挂上了仅余的绸大衫子,到大街里去,也装一下绅士的大方。皮鞋子底后跟还能在水泥的行人道上托托发声,还有那飘飘的长衫袖襟,车夫们见着我,都会做着笑迎上来。我呢,学得一种悠然的老练,撇了他们自己走了。有一处,邻比地开着四五六家书店。那些告白,新出版的,还有廉价出售的,多得很,多得很。自然我是买书的人,至少我很像。那么漂亮地走上去。一册翻过一遍,我不满意。翻第二册。"什么价钱呢?"我已看见了那封背上的价格,但要问,因为念书的先生们总是应该粗心些的,对于这种琐屑。店伙恭顺地说明了,我笑着告诉他我要买哪一本的。

于是跑过去看第三册。封面很精致,也是很好的装订,内容也可不错吧。我问知了价钱,我说太贵。而且,我把那作者无缘无故地和"落伍"和"叛逆"等上下不接的术语拖到了一起。那书店伙计知道什么哩,还得惊叹我底广博。第四册、第五册,装着不耐烦的疏忽翻过了,我给予"无聊"的赞辞。我预备回到那已成交的一册。随手拿起一本毛边的薄书，见是个有些名气的作品，我告诉那伙计道："这是××底名著呢，他们就这一本了吗？"

"哦，还有哩，我去——"他还没有把他已有的焦心在恭谨的笑容里消完，我就搁着他说道："别忙，我难道还没有买吗？"他歉然地笑了。

我自先到了第二册我看过的书，再翻了一遍。那伙计忽然见我脸上起了个记忆的皱眉。他和我都呆了。我只好说："喔，我刚才记起，一个朋友已经寄给我一本过了，怪不道那么面熟地。——对不起得很，我不必要了。"店伙恭顺地答道："不要紧，先生。"我在走了，他接着说："下回您来哪。"

轻松地走出来，不想再去和别的店里玩了。心上，肚里，都在歌颂自己底聪明。我狡狯地想道："谁能知道我底穷困呢？"穷困或许实在并不是如何不体面的事，然而我，却总喜欢把它隐藏起来。为此，当人家向我借钱的时候，我是给疑心到吝啬上面去，而我去向人借钱的日子，则又给骂作虚伪或名士派了。

总之，好几个晴朗的上午或傍晚是如此挨过了，直到回到寄宿舍，再遇见厨子那个脸的时候，我是很快活的。

○ 原载《现代》，1934年第5卷第4期第572—573页

旧书礼赞
1934

—— 韵铁

在有心读书而无力买书的青年朋友的目光里，旧书较新书更有吸诱的力量吧。同时，在有心搜求古代的珍本乃至现代的绝版书的人们的视线上，旧书也往往是一种注目的对象。因此，只要我们能有一天或半天的余裕，我们往往会不惮把它利用在旧书摊上，遇到中意的书，就买下来，带回去读，不中意的，也就翻的翻，读的读，翻过就算了。这样，也好像是很可以偿我们读书的夙愿。

我们毫无愧色地可以承认，路旁的旧书摊或旧书店的揩油读书，是一种极端的幽默的读书的门路。因为走不进学校的门，便选了洋人们所说的"大学"——社会，因为新书店的铁门谢绝我们的观览，我们便只得跑跑旧书店，在那里，聊以满足满足我们的知欲的一部分。说到翻读旧书的趣味，真是比林大师所提倡的一边坐在沙发上品茗抽烟，一边读书的那种读书法还要"奇趣横生"，还更 Artistic（艺术化）。

姚鹓雏诗中云："暇日轩眉哦大句，冷摊负手对残书。"可见其对于冷摊残书的趣味，与诗趣同其浓厚。有一位买旧书的朋友因了前述的诗句，得一感想，说："近来衣食于奔走，殊无暇日，轩眉哦句之乐，已渺不可得，只有忙里偷闲，有时在马路边看见旧书店或旧书摊，倒还很高兴驻足一番。我觉得这'冷摊负手对残书'的确是怪有风味的。"（见《申报》"自由谈"）

另外，一位也是买旧书的朋友，说："你要搜集一点材料吗？那么，你可以耐性子，先在这里面翻，经过相当的时间，也许可以翻到你中意的，定价很高的，甚至访求了许多年而得不着的，自然，有时你也会花了若干时间，弄得一手脏，而毫无结果，可是你不会吃亏，在这翻的过程中，可以看到不曾见到，听到的许多闲书杂志，会像烟云过眼似的温习现代史的许多断片。翻书本已是一种乐趣，而况还有一些意料不到的收获呢。"（见《现代》）

"温习现代史的许多断片"，可以算是翻旧书工作中的第一件有价值的事情；"有一些意料不到的收获"，可以说是第二件有价值的事情。但是所谓另一种风趣，这里依然没有说到，我想在下节中说一个明白。

一日看遍长安花

你要是没有到过上海的旧书摊的话，我可以做个导游者，只须穷一日之力，大约便已看遍上海的书摊。书摊各埠皆有，其形式内容约略相仿。唐人有诗句云：春风得意马蹄疾，一日看遍长安花。现在我们试搭了电车，去看旧书，也正有此种感觉。

上海的旧书摊，大都集中在数区。南区在城内蓬莱市场即邑庙，中区三马路和四马路一带，北区在虹江路，西区在卡德路①及静安寺乃至霞飞路②一带，其他散处的书摊尚多，但如此划分，大概可以概括得了了。

旧书摊上，虽说是纷然杂陈，然而也各有各的特性，一种是卖线装旧书的，一种是卖原版旧西书（特别是教科书）的，还有一种是卖中西杂书的。不过有些书摊，还是应有尽有的，线装书，原版西书乃至一般杂书，无所不有。

你可以看到旧书摊的各种形式，有的俨然是和新书店一样的，有门面的装潢，有整齐的书架，并印有旧书目录（例如三马路的二酉书店，四马路的受古书店之类）。他们的老板，大都很精明，懂得版本的真伪，所以书价比较的贵。有的是几块门板排成的书摊，摊上放书，有些简直是地摊，乱糟糟的，他们的老板，目的只在吃一口苦饭，所以讨价虽然有时也不便宜，但结果还总是贱卖的，譬如他开价一元，你不妨还价二毛小洋等等，大约最贵也不及原书价十分

---

① 编者注：今石门二路。
② 编者注：今淮海路。

之四。

实在的,看看书摊的横七竖八的形式,看看老板的和气的乃至凶狠的面孔,听听他们与顾客间的讨价还价等等,不能不说是另有一种风趣的。

有一种风趣,就是我们在翻旧书的过程中,往往会在破纸堆中发现些名山大川,奇人怪物,从前法朗士说读书是"灵魂的壮游",我看,翻旧书才真正可说是灵魂的壮游,有时,我们在摊上捡到许多绝版书,有时会捡到一本法律书,才知道那原来是汪精卫所译的《法规大全》;或者,有时会发现广西大学校长马君武博士,曾经出版过一部很可一读的诗集,虽然他是化学工程师。诸如此类的奇事,在检翻旧书的过程中,我们确实可以看到不少,所以说,真好比是在温习断片的现代史料,如果这些史料,于你有些用处,你就不妨买下来玩味玩味。

有时你可以检到一些古代的珍本,或现代的禁书,不过,珍本颇不易觅,因为一部分的珍本,被同行中人(旧书店老板)搜罗了去,以高价售于古籍收藏夹,还有一部分则被几个与旧书店有经常关系的著作家捷足先得了去。不常跑旧书店的人,往往无缘享受。至于现代的禁书,则所在都是,最近在邑庙书摊上,还看到什么什么主义的文献,以及小说之类,又有时,在什么什么教科书的书名的掩护之下,我们还可以发现许多的市场上绝迹了的杂志之类,什么都可以搜集的到,只要你不断地去找来。

还有一种风趣,则是我们在许多旧书的外封面或内封面上,有欣赏到各书所有者的墨迹的机会,有的是题辞,有的是署名,有的是印章,更讲究些的是藏书帖(Ex Libris),例如我从前买到的一部《铁流》里面,有着如下的一段题词:

此书早曾研读,惜昨年返家途次,无意失落,今年来沪上,每见是书,辄思重购,奈因经济困人而罢,后学习俄文,见罗教授处有《铁流》原版本,爰重购之,以便对照研习。甚望能保永久,直至重返故园时与吾爱于灯下伴读,藉补当时未偿之愿云。

在这一段短短的文字中,我们看出了一个读书青年的心理和情绪,真觉得有特别的趣味。

还有，我曾在一部厚厚的《我们的世界》（房龙著）的白页上，看见一个读者的题辞："昨闲荡过市，见某书摊上还有此书，询其价，曰：一块钱，后竟以青钱九百六十文得之，想不到价廉如许，喜而志此。"

查房龙的这本书，原价大约是二元四角，此人以小洋二毛钱购得，真是便宜之至。我那时问问店主人要多少钱，他说至少要半块大洋，而且说这是"出门价钱"，减无可减了，我把这段题词指给他看，他笑了笑说，那么就便宜些，算四毛大洋吧。我终于照数给了他。

署名和印章也有形形色色的，有的挺秀，有的朴讷，有的轻软得像女学生的笔迹一样，有的歪曲得像小孩子的笔迹一样。如果我们的书法心理专家任道先生在此，倒又可预测其人的吉凶祸福了吧。

藏书帖，大都美观异常，有的用单色，有的甚至用套色，色彩富丽非凡，外国的精装旧书中，可以见到。

简直感同身受

有时，我们还可以见到一些读书朋友，把一大包旧书挟在腋下，走进旧书店来，想换几个钱的种种景况。

"老板，这几本书，你要吗？"怕羞的脸色，颤抖的声音，那显然是一个资格不老的贫士。

"打开来看看吧。"

报纸中渐渐展开出：《红楼梦》《水浒》《儒林外史》《胡适文存》第一集，及《流云》……八九种书。

"你要卖多少钱？"

"你肯出多少钱？"

"你自己讲讲看。"

"随你……"

"书是你的,怎么好随我?"

"听听你出多少钱就算了。"

"我出你一块钱,你肯卖吗!"

卖书朋友似乎气得说不出话,挺着身子溜走了。

老板跟着走出门口来:"喂!怎么了?你要多少钱才卖呢?你尽管说出来好了,怎么不说?……"

卖书朋友只装作听不见,还自加速了原来的步伐走去,连头也不回一回。

这时,老板才走入店堂来,对他的伙计说:"读书人卖旧书,老是卖不成,心太凶啦!"

不知道这究竟是谁的心凶,我们在这些地方,对于那位不忍卖书而又不能不卖书的痛苦,简直是要感同身受的吧。

突然回忆起郭沫若因为不忍将诗人(《陶渊明全集》等)拍卖给书贾的缘故,将书寄放到图书馆去的心情,实在也很可体会得出,尤其是他那最后几句的自述:"你们的生命是比我长久的,我的骨化成灰、肉化成泥时,我的魂魄是藉着你们永在。"又是何等宝贵的精神上的痛语!

旧书之所以得而礼赞者,其在者以上的各点上欤?

○ 原载《时代》,1934 年第 7 卷第 3 期第 16 页

南洋书商 1934

——海秋

说一说南洋书业的情形，是一件很有趣味的事。一般的说来，南洋在文化上是比较落后的，华侨的文化事业虽有相当的发展，但较之中国本土大城市的文化水平却仍是望尘莫及。这一点，从南洋的书业情形里反映了出来。

南洋的书大半是从上海批发去的。什么样的书在南洋最有销路的呢？——这或者是诸位读者所要问的。我们知道，南洋各地能够升大学的青年学子多半要跑回本国来，在广州、厦门、上海等地的大事里找他们的智识。大学程度的书的需要不用说几乎是等于零。中等程度的书虽较有销路，但究因买主有限，又要受当地官厅的种种限制，自然也谈不到多大的买卖。最需要、销路最好的是一种娱乐性的旧小说，看图增加兴趣的连环图书和其他的图画书，以及指导日常生活的《日用便览》《万事不求人》《珠算指授大全》等的通俗智识书。至外，四书五经和迷信的符咒书之类也有着不少的需要。这些书多半都是石印的，线装的。

上海有一种书店专门作内地和南洋各埠的批发生意。我曾因了一个偶然的机会，到这种书店去参观过一次，也曾看见过南洋的书商们向他们批发的书籍的目录。一间长的厢房，一间客堂，四壁的书架上都满满的堆着各色各样大小不同的线装石印书籍，是这个书店所给予我的最深的印象。南洋的书商们称这种线装书为"旧书"，把"各科常识问答""各科投考指南""××基础""××

百日通"……之类的洋装铅印的投机书称为"新书",那些与新文化有关系的书籍,自然也是在"新书"之列了。

这些"旧书"价钱大都是很便宜的。有三五分钱一部的,有三五角钱一部的,很少有每部超过一元的。书店批发给他们,大半是折实后再打八折。

不要看这些书不值钱,买得多了,一笔生意却也不在少数。批发书价,数百元是小数目,千把几百元也并不算多。书商们对于有销路的书,如日用的通俗书,旧小说中的《封神演义》《列国演义》《三国演义》《西游记》《水浒传》《红楼梦》《七侠五义》《济公传》《镜花缘》等,起码要批发一百部到两百部,其他销路次些的书也视其需要的多寡而批发五十部、三十部、十部、五部不等。这些书的名目多到不可胜计,这里恕我不一一列举了。

南洋书商们不仅是在上海批发书籍,也在上海批发笔墨。南洋各埠大都爱销老牌货物的,笔墨以胡开文、周虎臣等商号的出品为佳;但老牌货物价钱大都昂贵,如一枝鸡狼毫或小楷羊毫笔,在上海非一角五到两角大洋莫办,可是南洋的顾客却不愿出这数目购买的。若照这数目批发了,则不但到南洋没有销路,就是销掉了,贴了水脚,恐怕还不够本呢。于是,有些书商想出了一条锦囊妙计,他们偷偷地和上海的笔作坊里的老板约好,把每枝值价一分、二分、三分、四分、五分、六分等的笔,冒大笔店的招牌,刻上一些"大京水""金不换""净纯羊毫""小楷羊毫""鸡狼毫"等的字样,以适应南洋买主的需要。他们出的本钱轻,到南洋自然是很可以获利的。

他们也运销自来水笔的,但大都是野鸡牌子,质料次些的大致每打值价十五元,较好的约二十二元。他们购买这些货物,大都有书店跑街向他们介绍,跑街则从货价中抽取百分之几的佣金,以作酬劳。

书商向上海办货,有亲自来的,有在上海雇用"坐庄客"的,有仅用通信手续直接和书店笔店办货的。南洋书商多是长江流域一带的人,他们回家时自然也可以顺道在上海办这种事情。

书价不一定要用现款全部缴清,大都是采用"押汇"办法。比如一千元的生意,现款交二三百元就可以了,俟书笔到达南洋时,再将余款向邮局交清即可。老主顾不用说又是可以"挂账"的。

书商在南洋营业情形是这样的：有本钱的开大的或较小的书店，做门市生意；本钱小的则在马路边摆摊子，一如上海马路旁的书贩，也有将书打个包袱从这里卖到那里的。

在南洋经营书业，早年颇能获利。这不但是批发得便宜，卖得贵的缘故，南洋银元市价和中国的不同也是一个原因。例如星加坡银元一元，三四年前值上海大洋三元，现在虽低了些，但一百元星加坡钱仍合上海洋一百七十五元左右。从前，他们从星加坡汇一百元到上海就变成三百元，以三百元购买书物，到星加坡又照该地的洋价卖出，这中间是有好几倍的利息的。不过，近年来南洋为不景气笼罩着，买书的人少得多了，所以这个生意现在也是很不好做的了。

○ 原载《申报》，1934年12月2日第22版第22135期

上海的旧书店 1937

—— 胡怀琛

全中国各地的书店,不消说,是以上海为最多,而以几家规模极大的书店,一齐是在上海。但这是指新式的书店而言,若是说到旧书店,无论是"质"的方面或是"量"的方面,都是以北平为第一,以上海为第二。而这第二的位置,还是民元以后渐渐升上来的,在民元以前,还挨不到第二。今天讲的题目,是上海的旧书店。我们从上海的旧书店的发展,可以看得出文化变迁的一部分的痕迹。

讲到旧书店,又不得不先把"旧书店"三字解释一下,在上海的大规模的新书店,无不兼印旧书,例如商务的《四部丛刊》《丛书集成》、中华的《四部备要》《图书集成》、世界的《国学名著》、开明的《二十五史》,都是翻印的旧书。但他们究竟是以印新书为主,今天所讲的旧书店,和他们没有关系。

再有一类书店,如河南路的扫叶山房、文瑞楼,汉口路的千顷堂,它们都是以出售旧书为主要的营业项目,但是它们的旧书,"质"是旧的,而"形"是新的,换一句话说,就是每本书都是没有经过他人阅读过或是收藏过的,今天所讲的旧书店也不是指它们。

另有一类书店,它们所出售的书,不但"质"是旧的,连"形"也是旧的,它们所出售的书,百分之九十五以上是经过他人阅读过或收藏过的。"量"的方面说,种类极多,然而百分之九十六七每种只有一部,同时买不到两部。

这是纯粹的旧书店,今天所讲的旧书店,就是单指这一类的书店。

这一类的旧书店在民元以前,并不发达,在城里有几家,规模都极小,此外在街头巷尾设摊的也有许多,它们既没有店面,自然不能称为店,同时,可以见得它们的规模是更小了。在民元以后,直到现在(民国二十六年),便逐渐的发达起来,我们据最近的调查,可以知道旧书店逐渐发展的情形。

来青阁,在汉口路,原在苏州护龙街,创设于清同治时,上海分号为民国二年所分设,初在福州路,十九年迁至汉口路。

蟬隐庐,在汉口路,民国三年创设。

受古书店,在福州路,民国五年创设。

中国书店,在虞洽卿路大庆里,民国十五年创设。

富晋书社,在汉口路,民国十九年创设,初在九江路平乐里,二十一年迁至汉口路。

萃宝斋,邑庙香雪路,民国十九年创设。

精学书社,在汉口路,民国二十年创设。

树仁书店,在汉口路,民国二十三年创设。

再有未详者四家：

汉学斋,在邑庙内,创设年未详。

汉文渊阁,在福州路,创设年未详。

二酉堂,在汉口路,创设年未详。

傅经堂,在蓬莱市场,创设年未详。

再有现已停办者二：

博古斋,原在福州路,创设年未详,民国二十三年至二十五年间停办。

同文书店,原在汉口路,创设年未详,民国二十三年至二十五年停办。

以上两项共六家,创办年未详,但据本人记忆所及,都是在民元以后(其中汉学斋较早,也许在民国前一二年)。

统观以上所列各家创设的时期,可以略知道它们逐渐发展的情形,统观它们的所在地,可以略知道它们集中的地点。再看两家停办的时期,可以略见今已有盛极而衰的趋势。

它们所以盛衰的原因，大概可以说一说如下：因为民国以来研究学术的人一天天多起来，对于旧书的需要的程度也一天天的增高，这是一个促进旧书店增加的原因。另外还有一个原因，就是从民国十三年江浙战争以后，江浙一带内地常常不平静，内地旧有的读书的人家，家里藏的书，觉得很不容易保护而且又不是日用必需之物，往往把它拿出来卖，虽然不是直接的运到上海来卖，但是以上海为集中地点，于是便使上海的旧书店突然增多起来。

为甚么最近又有盛极而衰的趋向呢？一则因为来源的一天天减少，它们的书都是从内地搜罗来的，但是内地的旧书的数量是有限的，一天一天，一年一年，只有减少，不会增多，来源既少，生意就不能推广，这是一个由盛趋衰的

原因；二则也受了新书店翻印旧书的影响，因为翻印的旧书，价钱很便宜，譬如《元曲选》这一部书，原刻本的价钱，总是以一百元为标准，打个七折，也要七十元，但是前几年商务的影印本，只要十多元。最近世界的排印本，只须两元。彼此相差的数目，是如此之远，当然是大家要买翻的本了。虽然不是每种书都是像《元曲选》一般，彼此的价目相差得如此之多，但总是旧刻的贵。也有些人只讲"版本"好，不怕价钱贵，但这是极少数的人，不是普遍的情形，这是第二个由盛趋衰的原因。

然而旧书店终有它的特别的存在的原因，它对于文化也有相当的贡献，现在虽有由盛而衰的趋势，但现状仍是在维持之中。

○ 原载《民报》，1937 年 6 月 26 日第 9 版

抗战以来的文化街头

1937

——槐青

自"八一三"战事爆发后，上海的出版界，正和整个的市面一样，全都陷于停止状态中。直接间接所受到的损失，都非常的重大。后来人心逐渐稳定，市面渐见恢复，文化街上除了二种点缀在沉寂的街头的抗战刊物外，也慢慢的振作起来了。可是除了应运而生的抗战画报杂志和各式各种的小册子外，以整个的出版界而论，自然都只是勉力支持，以应付这非常时期！现在姑就管见所及，把抗战以来文化街上的情形，概述如下：

书局动态

全国出版界"托辣斯"的商务印书馆，当"一·二八"的时候，损失最大，宝山路的印刷总厂和东方图书馆，全部毁灭于炮火中，因是停业半年。复业后，实施科学管理，锐意革新，业务乃逐渐繁荣，去年一年，营业尤为发达，显然已超过战前状况，即以今年一月至八月十四而论，除出版大量的教科书和大部丛书之外，单以日出新书一项而论，已达七百四十五种，计一千零九册，去年全年亦只八百余种。

商务书馆自第一次炮火所得的经验，和战后所生的劳资纠纷所得的教训，使他们在行政组织上，格外的缜密了，除在香港设立总厂外，上海方面的工场，也分散设立，所以这次战事的发生，上海直接所受的损失，若与

"一·二八"比较一下，真是微乎其微。八月下半月及整个的九月，虽然停止出书，可是十月份起，就继续印行新书和各种杂志，不过质量稍微紧缩了一些。

本年宣布的每周特价书，现仍继续发售，但折扣已由七折改为八折，星期标准书则已停止，每日新书自十月一日起，暂定日出一种。杂志方面十月份恢复者为《东方杂志》《教育杂志》《儿童世界》和《英语周刊》四种，不过以纸张和人力关系，暂时规定以两期一次合刊。并悉《少年画报》和《儿童画报》也将于本月内复刊。

新近出版，以承继《小说月报》的《文学杂志》，是一个大型的文艺刊物，它具有一副新鲜的面目，抱持着一种独特的主张，门类繁多，制作严谨，与时下流行的一些文艺刊物，迥乎不同，是值得叫人凝眸注视的一个奇迹！可惜只出到四期，便给残酷的炮火，一阵子连其他的杂志都一命呜呼了！

中华书局，他们很早的出版了一部《非常时期报书》，在战事发生后，很受读者的欢迎，门市部还相当的热闹。可是三个月来没见他们出过一册新书，即如发行的七种杂志，也直到本月初头才见到复刊的消息；而复刊者还只是《少年周报》《小朋友周刊》和《中华英文周报》三种，且还是两期合并一期出版的。

听说不久以前，中华书局有大批书籍载运外埠，分装民船五艘，不幸在中途遭遇到敌机的轰炸，全部损毁，这真是一件很痛心的事！

开明与世界两书局，整个的印刷工场，全部陷于敌人的战区里，损失都很重大。开明书店的《中学生》和《新少年》等杂志，至今不能复刊，即与《文摘》分庭抗礼而最受读者欢迎的《月报》，也只得暂时停刊了。

当各书局正在纷乱的局面下，部署整顿的时候，生活书店却乘此机会，大大的活跃起来，很快底在霞飞路康健书局内分设门市部，十几种世界知识业书，都是把握着当前时代的作品，生意着实不差。

街头书摊

以画报起家，转为专刊文学作品的良友图书公司，发行部和栈房等等，都在北四川路，陷于敌人炮火中，虽曾搬出一些，大部分都牺牲了。嗣后又被小偷冒险潜入书栈，窃取大批的书籍，贱价贬卖，有一时期各处马路上，尽是些书摊子，而书摊上又尽是花花绿绿簇新的《良友文学丛书》和《良友文库》等，一般文学青年如获宝藏，无不争相购买，到处搜求，法币一二元，可以满载而归，书贩亦利市三倍，顾客卖主，两得其便，而良友公司却暗暗吃苦不小。

这些书摊的大本营有两处，一在爱文义路①卡德路口，一在霞飞路吕班路②一带，最初的一星期内，各书不论新旧与价值，一律售两折，后来知道的人多了，生意突然兴盛起来，售价也随之增至二折半至三折，且有时竟不论书的定价多少，而以书的厚薄论值。如《文学丛书》，照原定价是不论厚薄一律每本九角，书摊上最初一律售每本两角，后增至二角半，最后并有售至三角者。而比较厚些的如谢冰莹的《一个女兵的自传》、张天翼的长篇《年》等等，价值往往更要提高些。

有几家小书店内，也曾有发现这些"后门货"，可是售价要对折，塌便宜货的朋友是决不会上当的。

全部书籍以《文学丛书》和《中国新文学大系》的销路最好，而《中国新文学大系》里的两册散文集，更为读者所欢迎，每本取值三角，很快的就被争购一空。其次是《新文学大系》三部小说集，销路也相当的好，《建设理论集》《文学论争集》《史料与索引》《诗》《戏剧集》等，顾客就比较的少了，可见群众的文学趣味，胃口都是相同的。

现在书摊已经渐渐减少了，良友的书籍，大去都已安置在每个读者的案头了。我有一次和书摊上的伙计闲谈，问他这些书怎么偷出来的？他说是由"惯三"乔装小贩，挑着箩担，上面铺着水果或花生米等，里面便装满着书，就这样一次次逐渐偷出来的。最初偷的人不知这些书的价值，称着斤两当作旧货卖

---

① 编者注：今北京西路。
② 编者注：今重庆南路。

的，后来知道这些书很有销路，于是论本数或照定价一折发售。我想窃贼和小偷决不会搬出这许多书，这里面或者有其他原因的，但总之这是一件冒险的勾当。

书摊上的良友文学书的风头，已经过去，以前泰东书局出版的许多社会主义的"禁书"，乃又充塞于途。这些书的纸张都已陈旧不堪，可是售价却并不便宜，如陶伯（即已枪毙的彭怀之）所译布哈林著的《唯物史观》和《马克思传》，每部原定价三元，现在仍得要卖六折或对折，这也是时势所趋，这些书显然也有很好的销路。

定期刊物

在战事最初的两星期里，经河南路到四马路的大小书店，都紧闭着铁门，有的也仅"半开门"而已，顾客显然是没有的了，刊物杂志也都停顿着，报摊上简直找不到一本新鲜的读物。当然，在突然爆发的动乱时代，暂时的纷扰无序，是免不了的。但不久以后，出版界又渐渐挣扎起来了，《国闻周报》的《战时特刊》和韬奋主编的《抗战》，最先出现于街头，内容也都相当丰富，平素欢喜看看杂志的人们，一时如获至宝。以后新的刊物陆续产生，原有的各杂志，也都联合发生战时特刊。什么《战事画报》《抗战画刊》等等大同小异的画刊，就至少出版了五六种之多，这些刊物，无疑的都是抗战时期民众最好的精神食粮。

在各种杂志的临时特刊中，《世界知识》《中华公论》《国民周刊》和《妇女生活》的《联合旬刊》，印刷和内容，比较的优良，可惜每次脱期，销数远不及《国闻周报》；《文化战线》最初二三期，很受人欢迎，后来已不大为人注意；《抗战》现已改为《抵抗》，大概预备长期刊行，内容略见空虚了些，和以前的《大众生活》《生活星期刊》等的风头差得远了。软性刊物显然是处于没落的地位，《文学》《光明》《译文》和《中流》，虽联合刊行一种周刊（初名《呐喊》，后改为《烽火》），一张对开报纸，折成书本式，这么一个小小刊物，纵有精彩的制作，似乎也很难引人的注目；此外另有一种同一类型的《光明》，内容更不如《烽火》了，现在《文学》已单独改出一本小小特刊，质量较《烽火》充实了许多，销路应该相当的好罢。

过去文艺界大家高喊着"国防文学"等口号，现在已到了实际应用的时候了，作家们似乎应该联合起来，把握当前的伟大的非常时期，多多制作些货真价实的抗战文学出来！我相信中国如其要产生伟大的作品，那末这正是作家们应该实实在在努力创作伟大作品的时期了！

这里应该特别提出来的《宇宙风》《西风》《逸经》的《非常时期联合特刊》，在软性刊物里确是佼佼者，维持他们"言之有物"的特写风格，而且"孤崖一枝花"的《宇宙风》，不久就复刊了，并改半月刊为十日刊，质量一仍其旧，最近又增添《冯玉祥自传》和陈独秀的《实庵自传》两部巨著，无疑的又将增加许多新的读者。每期更有几篇关于抗战的绝好散文，都很值得一读的。

现在《西风》也已复刊了，并由月刊改为半月刊，这是一册最好的西洋杂志。译文《逸经》不久也将恢复。总之，《宇宙风》一系的精神，凡办杂志者都应该钦佩的。他们确实实视了"认真做去"的约言。而他们的"生意眼"也特别高明。有位朋友说："办杂志当如《宇宙风》，的确不是过誉之说。"

《文摘》缩小篇幅，改出旬刊，仍继续出版，内容依旧很精彩。《月报》停刊了，接着产生了一种《抗战半月刊》，一秉《月报》的风格。听说主编的人就是《月报》编辑的一分子，改由北新书局出版，篇幅是缩了许多。

现在生活书店的《世界知识》《国民周刊》《妇女生活》等也都恢复原状了。中山文化教育馆的《时事类编》，也发行一种《战时特刊》，可见正宗的政治外交刊物，慢慢的复兴了。正中书局的《文艺月报》，也继续出版了，这是纯文艺刊物复兴的第一个，文化街头又呈现着一股活跃气象！

○ 原载《申报》，1937 年 11 月 11 日第 7 版第 23175 期

闲话上海旧书肆

1938

—— 忆玢

在这孤岛上，成为特别畸形发展的营业要算是摆旧书摊了。租界街头巷尾，不论店门前或屋檐下，凡有空隙之处均摆满书的中西文书籍，旧的《良友》《人间世》《论语》各项杂志，吸引着堆堆的路人在那里翻阅，讨价还价地购买，据说在百业凋疲之下，旧书摊的每日收入倒也不差，因此就使我联想到那上海资本雄厚的旧书肆，其中奥妙也很多，今容我在此为之一叙。

上海的旧书肆大约均集中于汉口路一带，著名的店家有来青阁、中国书店、树仁书店等数家，而其中规模最大、资本雄厚的首推来青阁。在外表看来，只是一开间狭小的店面而不足为奇，但当你进去一瞧，真是到处是经史子集宋元明清的古版"珍籍"，而感觉到的是，琳琅满目，书香扑鼻了。

旧书肆与新书出版的店家，其生意眼完全迥异，譬如书的出版与来源，新书出版的店家是在拉些著名的作家，撰稿出版；而旧书肆的旧书来源，都在每天派人至本埠的旧书摊轮回巡视，遇有可买，则即收下，同时还要时时派人至各省各县去收买——其主要的收买地则在北平的琉璃厂一带的旧书肆，因为北平为古代文化的中心，流散在那里的古书较南方的为多，同时更因北平的旧书肆规模资本较南方的雄厚，故收藏的古书也较多。不过他们也有时派人南下收买北方罕有的书籍，其性质，犹如古董商般，有时一无所得，有时都因一转手而获利无算。

书肆主人卖书手腕，亦甚高明而圆滑。他们对于主顾，甚为奉承，主顾一到，拿烟倒茶，忙个不了，揖入躬出，一味周施，甚至主顾与他讨论研究个全天半日，他们也不露一些厌倦。而他们最高明的手段，是记忆力特别的强，对于主顾谁有何书，谁欲觅何书，谁喜何书，谁不收何书，都弄得清楚不乱，故当他们老主顾一入书肆，则不必"多挟找破帙驱车而归"。

卖书有时也攀交名流，因为这些名流——文人、闻人、绅士都与社会一般的图书馆、收藏家、中外学术机关有往来（有时为主持人，有时与主持人认识），故每凭他一言，书既可售出，而售价又可多得；处于各各名流呢，他们因为也可借此与书肆往来，可阅些好书，以长些见识，真是又何乐而不为呢？

此外旧书肆还有一个图利的最巧妙手段，那就是传钞作伪，凡是遇到罕见的书籍，不管刻本与版本，他们都能用染制好的旧样丝栏币，描绘誊写上几部，以当"传钞未刻本"的书籍卖巨价，有时，一捆烂卷残稿，他们也能描改挽补，装帧什袭，杜撰个书名，而充"稿本"去骗买。

书价中，要算"善本"是最昂贵的了，同时"善本"的书籍也不大多见。不过近年来刻版书（不论原刻与精刻）其价也飞涨，宋元版不谈，即小说戏曲之类，一部清晖阁《牡丹亭还魂记》非百元不问。"禁书"（不论淫书与因政治关系被禁之书），近来也被人视为"珍籍"，如哄传一时之《金瓶梅词话》目前是非八九百元莫办。此外县志近年因中外人士考索风土地理的关系，也为之大涨不已。总之，书价的涨落是根据经济学原理"物以稀为贵"与夫"社会之需要"或文人雅士的寻觅推举而转移——如林语堂先生表袁中郎，则《中郎集》就立刻涨价，赵景深先生研究元曲，谈到《十二律昆腔谱及京腔谱》，则该书的价值也就大涨而特涨。

每日往来于旧书肆的，大半差不多是那些考究版本的鉴卖家、爱往旧书堆里钻的大学教授、附庸风雅的收藏家、任人研究的图书馆馆主、侨居我邦研究所谓"汉学"的洋人等，但是最为书肆主人欢迎的主顾都是一般私人收藏家，因为他们私人的财产不定，可随心所欲，同时他们子弟的优劣也无定，碰到败坏的子弟时，则该项"珍籍"又可"流出"——卖出，重复辗转市场，再度收买获利。而那些研究汉学的洋人们呢？则书一到手，即漂洋远遁，从此国粹外溢，不复再回祖国，图书馆都是"一入侯门深似海"，永远不得再与"市"见，因此所谓"珍籍"，能经过书肆主人者日稀，而生意也就日稀了，故后两种主顾不为书肆主人所欢迎。

旧书肆的生意，十年前可说是它的黄金时代。可是近年因为营此业者日多，私人收藏家则又因经济不富裕，故搜罗也就没有十年前来得勇，而其最使旧书肆营业致命伤者，则因最近各大书局出版新版的影印旧书——为商务印书馆印了各省《通志》，中华书馆印了铜活字本《古今图书集成》，开明书局出版《二十五史》，试问有了这种影印精版的古书，谁还愿意出巨价去购买那些两靥纸的匾字本呢？

目前炮火毁灭了各省、各城、各镇、各乡，当然，著闻全国的收藏家聚集地南浔与苏州也免不了要遭受同样的厄运，可是那些藏之已久的版本古书，又要重复辗转市场了，因此这时也就是一般旧书肆最易活跃——收买的时机啊！

○ 原载《上海人》，1938 年第 1 卷第 13 期第 204—205 页

旧书摊巡礼 1939

—— 力永清

旧书摊在奢华的上海,虽然比不上四马路的大书局,可是它对于文化界、教育界的贡献,并不比那些大书局小。这许多摊头,大多数是处于狭仄的弄堂口、马路旁的人行道上,学校的近旁,每天总有许多学生站在摊旁,低着头寻找他们所需要的对象。

据他们自己说:"最好的时候,每天可以四五十元钱的生意。"他们摊子的设备,看上去很简单,只有几个肥皂箱子堆在一起,里面放着书籍,并没有什么旁的装饰,其他只不过有一张供自己休息时用的凳子而已,然而里面的花色倒也并不算少,课本的化学、物理、数学、电磁学、机械工程学、地理、英语读本、工学小丛书、万有文库……以及其他各级课程的教科书等,真可说应有尽有。有时候书局里买不到的,反而能够在这里找到,价钱是特别便宜,因为大多数是在旧纸头称下来的,往往几块钱一本的原版西书,撞得凑巧只要花几角钱就可以买到。

旧书摊最多的地方,在卡德路国光中学和致用大学附近,爱文义路大通路附近,也有几爿旧书店,河南路、四马路及辣斐德路[①]贝勒路[②]口等地,泥城

[①] 编者注:今复兴中路。
[②] 编者注:今黄陂南路。

桥、山东路、平济利路①、爱多亚路②要比较少一些。这许多旧书摊的老板,差不多年龄都在二十岁左右,大多数是因为战事而失学的青年,他们因为受到经济压迫,不得意而做这项生意,有一次听到一位老板,因为顾客买一本物理书,要多打一个折扣,回答说:"让我多弄几个钱,吃口饭吧!这本书还是战事发生前自己买的新书,不晓得现在要卖给人家……"这话使人听了多么的心酸呀!另一部分的老板,书店的失业者,他们也是受了战争的赐予,他们货色来源一小部分是自己的,大部分还是从清寒学生们的手中收下来的,战区的货色也不少,间或有些书摊,也有新的翻版书出售,不过是很少的。

四马路上的中小学校教科书占大多数;河南路上海旧书商店里,中西旧书很多,花色亦比较全一些;河南路救火会对面弄堂里,原本的英语读本和工程书籍很多,旧的杂志也有;卡德路书摊上,高中的教科书很多;辣斐德路上专科的西书亦不少,例如电机工程、机械工程、化学、物理之类,现在各校开学未久,所要读的参考书一定很多,不妨去试一下。

○ 原载《每日译报》,1939 年春季增刊第 4 期第 1 页

---

① 编者注:今济南路。
② 编者注:今延安东路。

淘旧书
1939

——慈云

"八一三"抗战爆发后，书本子又遭了一个大劫，不但宝贵的文化遗产遭受到"亲善"的恩惠，而且更可惜的是受到了火葬，其他整本巨册也被东一本西一册的星散开来，而因此失却了它原来的价值，这是多么的可惜！因此假设懂一点古书的人，在旧书堆里也许可以偶然发现或多或少的珍本绝版，因而集拢了一部或几部的古书，那对于保存国粹的工作上，也尽了一点国民的义务，虽然国粹有质的优劣之分，但我们不能平白地让人家私自的拿去存门面。

炮火弥漫在这上海底天空，沿苏州河底南边，在盆汤弄桥和新闻路桥底马路旁，东一堆西一堆的增加了许许多多的旧书摊，旧货担里装满了各种各样的书籍，洋装的、古装的、纸装的；书面子十六开、三十二开、六十四开的大小；英文的、中文的、图画的、文艺的、理论的、翻译的，各种类的内容，这些大多从各书店里偷出来的，所以价钱还便宜。

近年来新兴的旧书店和摊子开张了很多家，素只购买新书的文化街，自从抗战开始后，书底销路受了各种原因的影响，有几家底书店不是缩小门面，也就迁移内地求发展了，所以点缀在文化街上的，倒是新兴的旧书摊代撑了场面。有时期，文化街大有十步一摊之势，近来大约为了妨碍人行道而减少了，有几家摊主集合了资本，合力经营半间或一间店面的书铺了。

在卡德路爱文义路底，旧书摊散布在马路旁，这里自战后就成了大中小学校的集中地,所以生意着实可以做一下,尤其在开学期间,各学校学生竞相购买教科书,自从教科书因纸张昂贵而一律加三成之后,旧书摊上底教科书大有不胫而走之劳。

淘旧书底人们底胃口,随着一年年的变换了,抗战后关于社会科学方面的书籍,销路好得多了,这是应该有的好现象。年青人对于求知的选择,拣最迫切最有效的一门而努力了。

有人愿以七折的价格,购买一本《大众政治经济学》,一本封面撕破了的《政治经济学讲话》,讨价八毛钱。还价不是生意经,像这些年青人所流行爱读的书籍,是不会便宜的。其他旧版子的《铁流》《石王》,绝版的《士敏土》《战甲车》《毁灭》这些书,是照定价出售;一本鲁迅译卢拿卡而斯基著底《艺术论》,这本书据说当初是被查禁的,除了最近在《鲁迅全集》中收录之外,当初的单行本是不常见的,有人以一毛几分钱的代价买下来;一本恩格斯著底《私有财产及其国家之起源》,这本书要觅的人很多,可是市面上不容易发见。关于水沫书店底书籍,在书堆里很容易发见,水沫书店开在一九二九至三〇年之间,出版的书底质量方面是比较进步的。

有经营旧书的伙友,利用各报服务版底地位大做其不花钱底广告,登载他底书目录,这样方便了淘书的人,免得浪费时间,并且可以打电话给他送来的,价格是差不多的,有了这样的关系之后,他经常把书送上门来让你选择所爱的书本子,如果你委托他物色书籍,也可代为效劳,这样可以省力多了。

〇 原载《申报》,1939 年 1 月 20 日第 19 版第 23310 期

上海旧书卖买 1941

——甄春英

新书一次接着一次的涨着价,涂改着定价,增加着成数,本来卖几角钱的要卖到几元,一倍一倍的加上去。

开学了,少不得又要添二本新书,跑到新书店里,伙计拿出你所要的书来,薄薄的一本,但是他要你七八元钱。太贵了!想起那七八元钱你未免有些肉痛,但不买,上课时没有书,不成!

那怎么办呢?对了,去买旧书吧!这至少总可以便宜些。那么我们来谈谈旧书吧!

得"天时"的旧书生意

"八一三"以后,有一个时期,上海的街头巷尾出现了不少的旧书摊。摊上的书有的有一些水迹,有的还是很新,也有的一大叠都是盖的"××藏书"或"××图书馆"的图章,这都是劫余的东西。

这些劫余的东西很使几个旧书店的老板赚了几个钱,于是有几个振振作作开起了旧书店来了。

这样劫后孤岛,又多了不少旧书店来"繁荣"市面,而且因为新书价贵的缘故,旧书的市面也确实"繁荣"了起来。虽然这"繁荣"的里面是渗透了读者的血与汗,泪珠与叹息的。

"地利"与"书和"

这时代该是旧书扬眉吐气的时代，但是一个旧书店老板要他的事业"繁荣"，仅有"天时"是不够的，他还需要"地利"与"书和"。

凡是邻近学校区域的旧书店都是以贩卖教科书为主的，卡德路一段有近十所大中小学，那边一段的旧书摊也都以经营教科书为主要，书架一大叠一大叠的封面黯淡的书，大部不是新学制高中课本，就是现在学校中通用的三角几何、葛氏几何、泰纳的 Correct English，谈明的化学、金氏物理等等原文与翻译，原版或翻版的本子。

四马路一段是有名的文化街，聚集在那儿的大大小小的旧书店与旧书摊也是教科书与一般的小说与参考书并重，像上海旧书商店之类规模比较大的旧书店，为得"地利"起见，也不得不设在四马路的邻近。

霞飞路近亚尔培路①一段，善钟路②海格路③一段，静安寺路西摩路④以西的一段，都有一家至数家的旧书店与旧书摊，它们大抵都是只售西书与外国杂志，顾客大部是外国人与高等华人，外国人与高等华人住在这一角的最多，它们开设在这一段，当然的也还是为了得"地利"。

有了"天时"与"地利"还是不够，还有"书和"也是不可或缺的。所谓"书和"就是要有一般顾客所想买的书，也就是市面上流行的走运的书。这一点是最使旧书店老板皱眉头的了。一般的好书是很难收得到的，而脱手又是非常容易。

假使架子上没有这些"好书"撑场面，想想看吧！有一个顾客来了，他巡视着各书架，全都是陈旧的灰暗的不值得一读的书，他怏怏然走了，下次走过他还会走进来看一下子吧？不，当然不会的！"这家铺子没有什么好书"，他会得这样想或对他的想进来的同伴这样说。

做一个堂堂正正的人需要真实的本领，开旧书店也正同做人一样，要成功

---

① 编者注：今陕西南路。
② 编者注：今常熟路。
③ 编者注：今华山路。
④ 编者注：今陕西北路。

一家生意兴隆的店，它需要好的货色，人家需要的货色。

从新书到旧书

从新书店的神采焕发的新书，到旧书摊上涂满灰尘，精神不振，黯淡无生气的旧书，这中间的一番经历也是实在是曲折离奇。

大部分的书都是这样，给买客很钟爱地买去，自己看或是送人，然后把它竖立在书橱里，受长期徒刑。书的主人死了，或者他要出门远行，再或者他实在没有办法支持这昂贵的生活费用了，于是书就入了旧书商人的手——大半旧书店里的旧书都是这样来的。

旧书商人常常到拍卖行去拍卖旧西书，外国人要回国了，很多把他的书同家具一同送到拍卖行去的。

但是还有一部分是旧书商人向偷书的贼手来的，这种贼当然不一定是"读书种子"，但大部分都要衣服穿得像个"读书种子"，才能混过书店伙计的耳目。

有一次一个人向新书店买了一本书，回去的路上，遗落在电车里，拾到的人把它卖给了旧书店，旧书店伙计于是拿了那发票的价目向顾客证实他讨的价并不大，这大概是旧书店数千百本书中极少遇到的一个例子了。

买与卖的法门

一个人挟了一大叠破破烂烂的旧书，走向旧书店，把书在台子上一放："这些书卖给你们！"旧书店主人于是把袖口拉一拉，一本本的翻起来，这些都是陈年宿货，以前学校中的教本，不出名的小说。他说："不要！"随手把书向桌上一抛，转过头，理也不理那个卖书的人，自管自做他自己的事。

卖书是一门最势利的行业，他趋炎附势向热门的书走。假使他拿的是一本流行的字典，那么那老板又是一副嘴脸了："要多少钱？"

"你说，你肯出多少钱？"卖书的不大清楚市价，他说得少，怕自己吃亏，说得多，又恐怕要被旧书店老板奚落，他所以要探探旧书店老板的口气。

"你说，你卖掉书当然要你说价，你向我们买书，那么我们说价钱！"精明的老板晓得自己碰到一个不知市价的生手了，他当然不会错过这赚钱机会。于是卖书的说了一个价钱，那老板必定要回价又回价，他挑剔这字典的每一个缺点，说版子老了，封面这样旧，"喏，这里还缺掉一角！"等等，还故意做出冷淡的态度。

在这样的做作之下生意时时会成交的。一个欣欣然拿了钱走了，自以为做了一件合算的交易，但书店老板带着胜利的笑容，把书插上书架。他通常总是要加一倍，甚至于二三倍的价钱再把这书卖出。

常常有从小偷或旧货商人那儿花几角钱甚至几分钱拿来的旧书卖到几元钱的，旧书生意是利息最好的生意！

最低与最高

他们每本书都有一个最低的脱手的价钱，有时候老板出门收书去了，伙计当然不可能知道每本书的价钱的，于是老板在每本书的背后或封里，写上那个价格的暗码，通常流行在一般同行中他们是以"口、成、工、比、才、完、寸、本、金"这九个字代表一至九个数字。但是这切口是太普通了，这妨害了他们赚得比最低价钱还多一些的余利，于是又有人用别种暗码来代替那切口，我们看见那些旧书的封里写着的奇奇怪怪的字母，就是要多赚读者钱的特意想出来的暗码。

"好书"的容易脱手无形中增加了它的价钱，使它的价格逐渐与新书接近，当今旧书摊上最贵的书是翻版书，因为有翻版的大抵都是有人需要的书。有时卖得甚至比新书还贵，不比新书贵的比新书只便宜"一些些"。"只要比新书便宜一些些，这书总有人要买的，因为多少总能便宜一些些的呀！"这是旧书店老板的哲学，靠着这哲学，他能剥下穷读者的钱来使他自己变肥！

但也有在旧书店中找到便宜的时候，那时需要沙里淘金的，在一大堆旧书店老板看不起的烂书中去找，找出后，那市侩是不知道这书的价值的，他竟然会甘愿脱手，少敲你一些竹竿。

总之，旧书的买卖，正像这社会中其他的买卖一样，人在这买卖中间变成势不两立的冤家，你骗我，我也作假，互相欺骗，也互相想占对方的便宜。

只有同学们自己互相把旧书带来交换，或如女青年会里办的旧书买卖，买与卖直接交涉，或纯粹为同学服务，这中间才能减少那一层市侩的渔利，使买不起书的同学，减轻一层负担。

○ 原载《海沫》，1941年第1卷第8期第10—12页

辣斐德路上的文化
1941

—— 蔚

辣斐影戏院是附近儿童们的唯一的乐园。这戏院是仿照国泰戏院建筑的，没有楼座，相当的轩敞，座位很宽舒，也没有别家小戏院那种污浊嘈杂的现象。所映的影片，都是美国第一流片子，而以大光明映过的片子最多，偶尔也放映一二张中国影片。所以看影戏的观众，可不上大光明去购那高贵的座位，而守候着到辣斐上演的时候去看，迟看早看那有什么关系呢。虽然近来辣斐的座价也涨到五角和七角，比较大影戏院究竟还是便宜的。每当星期六的下午和星期日，戏院门前常挤满着无数的观众，而以孩子们占着最大多数，等候里面的观众散场出来，争着涌进去抢夺较好的坐位。因为每场影戏老是这样拥挤，而孩子们总是乖巧地不顾一切去争抢坐位，大人们反而不好意思和他们竞争，只得落后了。

因为成群的学童在这段马路上从早到晚不息地来来往往，辣斐影戏院的营业是这样的发达，所以附近的商店也都加倍的利市。近一年来文具商店、旧书店、小书摊等等，不断地添设出来。因为书价高涨了，一般中学生等都到这里来搜购他们所需要的旧教科书。这里的旧书摊有五六处，还有一家单开间的旧书店，常在报上登着征求看小说的基本读者的广告。它是这段马路上的旧书大本营，特别多的是各色新旧小说。旧书摊上生意最好的是教科书。这些书摊都是用肥皂箱装着书陈列在马路旁边。还有家书店独多线装石印木版的旧籍，所以它的顾客都是戴眼镜八字须的老先生。

　　有一家的书摊规模相当的大，而以学生顾客最多，每当摊主有事或遇天雨的时候，他总在摊基的墙壁上挂着一条市招，说明本书店"今天因事"或"因雨停止营业"等字样，这似乎也是招揽主顾的一法。

　　还有一个书摊，专售从前被称为一折八扣书的小说笔记，这种书现在都印上了五彩的封面，售价也高贵了许多。

　　还有一家启明书局的分号，启明是随一折八扣书兴盛的时代崛起的，它当初是编集现代的创作，为便利一般的读者，用最低的定价类乎一折八扣的价格出售的，而现在则以世界名著的译本的重译为大宗，此外也编印了不少的辞典之类，营业是很发达了。

　　此外还有一片书报杂志摊，我最初是这报摊上的老主顾，和这青年的摊主混得很熟，也曾为他而写个一篇特写。他最初的规模很小，仅有几种大小各报，现在是五花八门各种报纸杂志，如《旅行杂志》《天下事》《西风》《良友》，以及各种电影画报歌曲之类都有。年青的摊主是战后失业而自力更生的人，我天天看到他的报摊逐渐地扩充兴盛起来，我常暗暗地为他欣喜而祝福他。

〇 原载《申报》，1941 年 3 月 30 日第 8 版第 24086 期

---

① 刊载于《时代漫画》，1936 年第 26 期。

环龙桥畔旧书摊
1941
—— 西漠

过去旧书摊和旧书店的集中地计有二处：一处是小西门蓬莱路一带，还有一处是城内邑庙的环龙桥附近。前一处我是不大去的，那原因一则是因了书的价钱比较贵，摊主和店主对于书业的情况大都颇为熟悉，要塌便宜货是塌不到的，二则虽然价钱贵，却也很少有我所需要的书陈列着，以一般情形说，那里大都是做学生的生意的，所出售的以大中学的教科书居多数。

我时常跑去翻淘旧书的最后一处，即城内邑庙环龙桥附近的旧书摊和旧书店，每届夕阳西下的黄昏时分，我总是不惮路远地徒步到邑庙去"觅宝"，回家时总是满载而归，有时甚至手里拿不下，雇了车子回来。那些书都是灰尘满渍，破损不堪的，必须加以整理和装订后才能够阅读。然而价钱却便宜之至。我曾经以四分钱买到王国维的《宋元戏曲史》，六毛钱买到一大批在目前已甚罕见的《语丝》。听说有人曾在那里花了极便宜的价钱买到一批元刊本的诗文集而发了财，我也想碰到这种巧遇而赚几个钱，因而研究了一个时期的宋元版本的格式，结果明

白是有一点明白了,但那种巧遇是终于没有碰到。我想,那原因大致是店主和摊主不一定都是糊涂的"洋盘",几次被人塌了便宜货后,他们也渐渐地在开始学乖了。

环龙桥的旧书市场,其形式约可分二类:第一类是旧书店,店主做生意门槛比较精,对于外间各种新书的售价颇为熟悉,讨价还价时,他们会滔滔不绝地说出一批"大道理",以宣扬此间的书价是极度的便宜了,买新书至少还得加上二倍或至三倍,那结论是绝对不能跌价,因为已经便宜到无可再便宜的地步,所以你要在那里塌便宜也是塌不到的;第二类是以环龙桥作为摊基的旧书摊,书本大都杂乱地堆置在桥畔,任凭顾客翻阅拣择,其间有《千家诗》《女孝经》《百家姓》,但也有《唯物史观》《中国新文学运动史》之类的书,而蝴蝶鸳鸯派所刊行的《红玫瑰》《紫罗兰》等花花绿绿的也杂凑其间。书的来源听说大都是以几个铜子一斤的贱价收买得来的,卖出者固然是对书本无好感的妇孺之流,但此辈收买此类书籍的摊主也是不学无识之徒,廉进廉出,不加甄别,惟虽仅以几个铜子一本出售,但与成本通扯下来,还是有着比较大的赚头的。笔者过去时常留连于此类书摊之前,怀着满腔的热忱在其中翻掏,惟泥沙中绝少金砂,欲期其发现"奇迹",亦殊不易也。

战兴后,邑庙亦遭浩劫,各处破损不堪,盛况早成过去,环龙桥已栏断,不能通行,桥畔的房屋也都坍毁,一般较有力的旧书店已移至法租界爱文义路一带重起炉灶,至于设于桥畔的旧书摊,恐怕早已自动收歇了吧?笔者目前重临旧地,时正夕阳西下,天壁昏黄,纵目四顾,荒凉萧条,人迹罕至,殊令人起不胜沧桑之感也。

住在南市的时候,除了逛逛文庙公园,跑跑民众图书馆之外,唯一的消遣就是淘旧书。而淘旧书却总喜欢跑到邑庙环龙桥附近去淘,这倒不是因为环龙桥附近的书摊和旧书店有一些特别便宜的好书,而是因为在环龙桥淘旧书有一种令人神往的特殊的风味,但实在也说不出其所以然,不过它确有一种神秘的魔力,一到那里就不想跑开。

环龙桥附近的书铺约分三等:第一等的形式是够得上"铺"的名称的,它跟一些比较高贵的测字摊一样,搭起一个布棚,新书各书分门别类的摆设得很整齐、端正，顾客跑进去不能跟书摊那样的随便，翻乱了他们要说话，因了规模比较完备，顾客需要什么书，只须开上一个名目，他们都可以跟你想法捡出来，倘若一时没有，你如果拜托他代为购置，过几天他们也会跟你去收罗得来；第二等是有着书铺的内容而无书铺的形式，他们的书也许也摆设得很整齐、端正，但却是露天的，没有布棚的设置；第三等就是所谓名副其实的书摊了，它们大都设置在环龙桥畔，考究一点的，垫一块木板，随便一点的，就把书杂乱无章地堆在地上，顾客要淘书，就得蹲下身子，把长衫撩起来。

但使我感到有一种令人神往的特殊的风味的，却并不是头等的书铺，这大约是我的性情喜欢随便，而不喜欢严肃的缘故吧。而另一个主要的原因是书摊的主人像是特别和蔼可亲，他们对于顾客并没有什么令人不快的限制，只要你有兴趣，有时间，不怕脚酸，你可以从中午蹲到傍晚，他们也不会来干涉，假使翻掏了好久，没有什么你需要的书，那么，你可以扑一扑衣角上的灰尘，站起来就走，那时，环龙桥下的潺潺的绿水和桥对面"内园"门口的盛开的花草会消除你的倦意。

在那里的书摊上，碰到巧，有时是会逢到一些令人惊喜的"奇遇"的，我曾经花了十二个铜子买到一本初版本的王国维的《宋元戏曲史》，二十个铜子买到一本鲁迅的《中国小说史略》，翻掏了好久而不可得的《小说旧闻钞》（此书前曾绝版，后复印）也在那里花了一角钱购到，摊主好像很随便，并不怎么斤斤于售价的高低，他们收来时也许还要便宜呢。

事变后，环龙桥畔的书摊也许早已收歇了，日前在大世界附近碰到一位相识的摊主，偶然和他谈起环龙桥畔书摊的迭次变动，抚今追昔，他现出很怅惘的样子。

○ 原载《中国商报》，1941 年 8 月 15 日第 8 版

谈旧书店 1942

——《申报》记者

上旧书店淘旧书,这在体面的人看来似乎是寒酸的行径,因为书之为物,除了宋元精椠,性质近于古董,可以存而不论外,其余总是新的比旧的好。一本书既和"旧"有关,外形至少不大漂亮,内容也颇可怀疑。在西洋出版业发达的国家,一本书一年一版以至几版几十版,乃是极寻常之事,一般著作家态度,又是那么认真,每一次再版总得把内容修正一下,要是都像梁启超一样"今日之我,同昨日之我宣战",不待几年,同一著作,同一著作人,内容会改得全然不同。可是旧书店仍旧有它独特的支撑点:一则,旧书售价比较便宜;二则,有类一经绝版的书,舍此更无法他求。

过去繁荣

考上海旧书市场,在战前后可分为四大中心区。北四川路横浜桥一带,约十余家,原本教科书,搜罗最富;四马路三马路的几家,较侧重于中国古籍,原版旧书之类,仅是附带营业而已;开设在城隍庙环龙桥一带的,规模甚大,搜罗亦最杂博,旧书之外,碑帖字画都有;老西门中华路蓬莱路,战前是被誉为旧书第二大市场,那里不仅旧书店林立,还有一个特色为他处所不及,即独多旧书摊是。东一堆,西一摊,都是席地而设,你缓缓地走过去,像闯进了诸葛武侯八阵图,想在那里得到珍奇的收获大约不可能,因陈列的仅是些本版教科书旧杂志之类，不过，售价是顶便宜的。

一度衰落

沪战既起，旧书市场大部在战区，当然没有立足的余地，于是迁移的迁移，收歇的收歇。其中一部分原是店的，也紧缩为摊。曾碰到一位旧书摊主，他原先在横浜桥开设旧书店的，跟我很熟，如今变了守着几十本破旧的书，盘坐在地上，像是白头宫女，显出不胜沧桑的样子。他唠叨地诉说着：从前生意怎样好做，资本厚，利润大，《大英百科全书》，一年中也得经手十多部。

中兴之局

最近一二年来，因了白报纸价格的激涨，与印刷条件的异常困难，许多大书店出版的书，售价增上十倍，且除了教科书之外，一般重要的参考书及文艺书，都不再重印，卖完就算数。这样一来，出了钱买不到新书，和许多经济困难买不起新书的读者，便不得不问津于旧书店，虽然目前旧书的价格，未必见得如何便宜，但较之新书总要上算得多了。

新辟市场

由于上述几种原因，旧书店一时颇有由衰落转变到中兴的趋势。原有四马路一区特别繁荣不必说，新辟的市场，当推爱文义路卡德路一带，那里在过去，原也设着三四爿旧书店，不过情况冷落萧条，决非环龙桥中华路热闹情况所可比拟。现在物以类聚，以前开设虹口南市的，一窝蜂迁移过来，又因该区周绕学校栉比，一班学生无疑是旧书店的好主顾，因此，一片繁荣景象，形成和四马路区对垒之局，此外，爱多亚路①的和辣斐德路（马浪路②口左右一带）市场，也是战后新兴的，可惜摊多店少，和当年蓬莱路情形彷佛。

---

① 编者注：今延安东路。
② 编者注：今马当路。

淘金心理

记者爱逛旧书店,爱逛旧书店的动机,不单单是贪便宜一点。春秋佳日,闲着无事,在店内摊畔随便翻翻旧书,实在也是一种乐趣,要是偶然以极便宜的价格,买到几本在外间访求了很久而尚未见到的书,那种愉快高兴,直是非言语所能形容。十年前,记者有一癖好,喜欢集藏杂志里古今名画及摄影的插图,引朋友翁六雄君为同志,工作之暇,老是一搭一挡蹲在南市旧书店里,我们的切口叫"淘金法",在许多零乱的书堆中,细心地挑剔,怀着淘沙得金般热烈心理,往往满载而归。如是者五六年,记者一人约摸集得三千多帧,翁君所得还不止此,我们没有花很多的钱,兴趣却是极浓郁的。后来寄放在南市朋友家里,"八一三"战役,竟成灰烬,至今想起,犹觉心痛。

瞻望前途

据记者观察,在目前非常环境之下,旧书店此后只有一天天的兴旺下去,主要的原因,自然是为了出版业不景气和新书售价太高,使读者不得不降格以求;另一方面,战争劫,把数量极多的私人藏书或公家藏书,像废纸般流通到市场上来,这是促进旧书店繁荣的大动力。

一幕奇迹

有一位朋友花两块钱买得《李长吉集》四册,自己不在意,给版本家一看,说是宋刻,从此惊动了旧书店伙计,此去彼来,缠住不放,结果,朋友以六千元脱手,隔了几天,原价两元的《李长吉集》已珍藏于南浔某富翁书斋中,所花代价据说是二万二千元。

○ 原载《申报》,1942 年 7 月 23 日第 5 版第 24549 期

《谈旧书店》补遗

1942

—— 慕霞

鄙人生平工余之暇,除看看书外几乎没有别的嗜好,所以在旧书摊边也可以算是一个淘金者。七月二十三日在申报看到《谈旧书店》一文,读后非常愉快,不过觉得被遗忘的尚多,兹特就闻见所及,略为补充几点。

四马路上可买的书

捕鱼的人要知道哪里有鱼,淘金的人要知道哪里有金沙,否则劳而无获,这是起码的智识。同样,想向旧书堆里披沙拣金,首先要知道什么地方有什么样的旧书,也是必然的道理。四马路是旧书市场之一,已经说过,但据我所知,自中华书局这边起,到世界书局那边止,这一带的旧书店和旧书摊实在没有什么可观,特别可以注意的,倒是河南路四马路东的一个弄堂口,这个弄堂口本来只有一家旧书店的,也很不像个样子,现在却生意兴隆起来,中间用书架隔开,小小的区域之内,居然有了三个老板,一家叫泉记,一家叫合记,另外一家不知叫什么记了。这个地方,中英德文都有,德文的大部分是医书,中英文的全是参考书和辞典之类。如果你是弄文学和史学的,这里常常碰见可买的书,我买过一本泰戈尔(R. Tagore)的《颂神诗集》[①](*Gitanjali*),和一本

---

① 编者注:即《吉檀迦利》。

现代英国诗人爱略特（T. S. Eliot）的论文集。其他如《现代丛书》和十八九世纪英国作家的东西也常常可以碰见。两个月前，我看见有一本英译梅特林（Maeterlinck）的《贫者之宝》（*The Treasure of the Humble*），是李初梨在日本读书时赠给一个朋友的，在扉页上还写着一大段论德国文学的高见。这本书我因为已经有了，所以没有买，后来不知给什么人买去了。据一个老板说，他还有下卷的《海上述林》（绒面精装）要卖七十元。

西区书摊珍版小说

　　如果你在爱文义路卡德路一带逛完旧书店，再乘西行的电车，我请你在爱文义路赫德路转角的地方下来，你向静安寺那边走几步，便可以望见有一家近知书店，老板是一位年近三十的汉子，风度比别的旧书店老板显得文雅，听说他还会画几笔墨梅，想来该是一位读书人，目前因环境关系才来做这种生意。这间书店，中文的，而且是新文学的书很不少，如果你是喜欢看看新文学书的话，担保不会令你空手出门。这里的书都很干净，还经过分类，所以要找哪一类的书也方便。我的一个朋友，听了我的介绍，去跑了一次，非常满意，他告

---

① 刊载于《申报》，1942 年 9 月 14 日。

诉我，那里有一本再版的《呐喊》，书上还有"周作人编"四个字，与后来北新版的不同，令人怅然沉思。不过我要告诉你一句，这里的书索价略为高一些，有时老板不在，在老板娘的手里也许会便宜一点。

从近知书店出来，向左转到爱文义路，然后朝西一直跑，不远便是极司非而路①，这边也有三间旧书店二个旧书摊，这里的书很杂，书也许多是破旧得很的，但不时或会遇见可买的书。我买过一本初版的《雨天的书》，价只二元，因为老板并不和我计较"版本"。若是我开旧书店，这本书要卖十元。大半年前，一个老板对我说，知名的作家唐某和钱某也总是三天两天来一次，有机会他还可以替我介绍认识，可惜终于无缘，未能留下一段佳话，诚是错过良机。

中文旧书选购处所

此外，西摩路②（近威海卫路）有两家，拉都路③西爱咸斯路④北有一家东方书社，都是卖中文旧书的。在西摩路我买过一本绒面的《海上述林》，价只五元，而辣斐德路的一家也有一本，却索价四十元，可谓快事。至于卖线装书的，汉口路有蟫隐庐，云南路三马路⑤有来青阁、抱经堂等，都是顶顶有名的，喜欢线装书的朋友可以去这几家淘金，不过他们的门坎很紧，碰到好东西恐怕不会便宜出卖的。

原版西书琳琅满目

中文旧书说过，且说西文旧书。目前西文书来源困难，价钱也贵，而翻版西书大部分纸墨实在看不过眼，因此对于喜读西书的朋友，亦唯有跑旧书店是上策。静安寺路慕尔鸣路⑥口有一家，主要的是德文书，英文的也有一点。德文书中文学方面的占多数，据说在全世界出版界中，德国的翻译工作做得最好，

---

① 编者注：今万航渡路。
② 编者注：今陕西北路。
③ 编者注：今襄阳南路。
④ 编者注：今永嘉路。
⑤ 编者注：今汉口路。
⑥ 编者注：今茂名路。

从这间书店看来，想是可靠，因为非德国作家的作品触目皆是。愚园路靠静安商场的地方也有一家西文旧书店，叫 Book Mart，里面英文书占大部分，德文法文也有一点，老板是外国人，索价很贵，如《现代丛书》，在善钟路①的大同索价不过四元，在极司非而路索价不过二元，这边便非八元不可了。

从 Book Mart 出来，走回静安寺，于是向海格路朝南一直跑，差不多到善钟路的地方，这里有两家很小的旧书店，一家本是大同的分店，现已关闭；另一家叫智良，老板是一很有风趣的中年人，常见其口含烟斗，怡然自得。据说他是替人家收房租的，开旧书店不过是副业而已。他自己也喜欢藏书，遇到好的就自己藏起来，特别是关于中国方面的，所以他的亭子间据说是琳琅满目。前些日子，我去走一趟，老板不在，小开拿出一本书给我看，是在法国出版的英文书，书名似乎是 *Chinese My Sticism and Modern Painter*，真令人垂涎欲滴，可是不肯卖。这边书很少，但如果老板偶然拿藏书出来割爱，就会碰见好东西。从智良出来，朝善钟路走，就在七路电车站旁边，有一家大同旧书店，一因为地方好，二因为书还多，三因为价钱不十分贵，有这三个优点，故其营业蒸蒸日上，在西文旧书店中可说是首屈一指。这里英文书占百分之九十，而其中英文小说又占大部分，近日则见有许多萧伯纳的剧本，喜欢萧伯纳的人不妨去跑一趟。

霞飞路上亦可搜求

除了这几家之外，新近在霞飞路善钟路东又多了两家，一家是专卖德文书的，价钱贵得惊人，大约一个月前，我去问有无现代德国诗人里尔克的东西，一个小姑娘说"有的"，可是薄薄不过二十多页的小诗集，要卖到近三十元，真令人兴叹。另外一家，书虽不多，却很干净，大部分是英文的，一部分是德文的，老板大约是俄国人，对人很客气，我问他有无里尔克的诗集，"里尔克吗？"他一边说，一边跑到里面去找东西，拿出他的珍藏给我看，原来他也非常爱里尔克，亦在收集里尔克的作品，偶然发现这样的同好，有说不出的欣喜。他说

---

① 编者注：今常熟路。

英译里尔克的诗集非常难得，如果有就留着给我，当我离店时还很客气和我点头说再会。在霞飞路卖旧书的还有几家，一在拉都路[①]东，一在亚尔培路[②]霞飞路口，一在汾晋坊口，但都无甚可述，故从略。

○ 原载《申报》，1942 年 9 月 15 日第 5 版第 24603 期

---

① 编者注：今襄阳南路。
② 编者注：今陕西南路。

记蔚蓝书店
1942

——朱朴

我在本刊创刊号的《四十自述》一文中，曾经约略地提及"蔚蓝书店"。大概战后侨居香港的文化人，几乎没有一个不知道蔚蓝书店这个名字的。可是蔚蓝书店之所以名为蔚蓝书店，恐怕就是蔚蓝书店中的一班同志，也有大多数不会知道的吧！

民国十九年我同故曾仲鸣先生随汪先生北上，公余之暇，从事文艺以消遣。那年九月十五日，我与曾先生两人共同主编的一本画报，在北平出版，那本画报取名《蔚蓝》，是曾先生所题的，这就是"蔚蓝"二字之由来。

二十一年在上海河南路三〇三号中华日报馆隔壁开设一书店，复名"蔚蓝"，这就是蔚蓝书店之由来。

二十六年"八一三"事变发生后我即于八月三十日离沪赴港，后来林柏生兄也离沪到港，二十七年新正樊仲云兄也由沪到港，随即在皇后大道"华人行"七楼租房两间，开办"蔚蓝书店"。

这个蔚蓝书店实际上并不是一所书店，乃是"国际编译社"的外幕。国际编译社直属于"艺文研究会"，网罗全国文化界知名之士，规模甚大。国际编译社事实上乃是艺文研究会的香港分会，负责者即为林柏生兄，后来梅思平兄亦奉命到港参加，于是外界遂称柏生、思平、仲云及我为蔚蓝书店的"四大金刚"。

国际编译社的组织大致是如此的：柏生主持一切总务，思平主编《国际丛书》，仲云主编《国际周报》，我则主编《国际通讯》。助编者有张百高、胡兰成、薛典曾（已故）、龙大均、连士升、杜衡、林一新、刘石克等诸兄；古泳今

兄为秘书；此外尚有办事员若干人。这许多人猬集于两间小房之中，跻跻跄跄，极为热闹。国际编译社遍定各国时事杂志，每星期出版《国际周报》一期，《国际通讯》两期，选材谨严，为研究国际问题一时之权威。《国际丛书》由商务印书馆承印，预定一年出六十种，编辑委员除思平为主编外，尚有周鲠生、李圣五、林柏生、高宗武、程沧波、樊仲云、朱朴之等，在数月之间，已出《共产主义与法西斯主义》《日本史》《世界的资源》《最近英国外交的分析》《日本战时经济》《苏联的远东红军》等书，颇有相当成就。

那时候的蔚蓝书店几乎成为香港文化人的心脏区域，友朋往来，川流不息。因为所谓"四大金刚"，除了本店的职务外，尚兼有其他职务。如柏生为国民政府立法院委员，《南华报》社长；思平为中央政治委员会法制专门委员；仲云为《星岛日报》总主笔；我为中央政治委员会经济专门委员。凡是侨居香港或者路过该地的一班所谓"知名之士"，几乎没有一个不相识的，辱承过访，则至少"告老司打"加饮茶一番，似乎已义不容辞。

在蔚蓝书店的诸同事中，我与仲云认识的时间最早。远在民国十一年，我们两人同在上海商务印书馆东方杂志社做编辑。这次又再同事，并且面对面相坐，可谓奇遇。不但如此，我和仲云的面貌大同小异，颇为相似，友朋来访者往往弄错，就是极熟的朋友，如郑振铎及已故的王礼锡等来店相访，也竟会错认，真是笑话。蔚蓝书店的隔壁房间是中国实业银行驻港办事处，该行总经理付沐波（汝霖），是思平、柏生和我三人的老朋友。他的写字楼与柏生的写字楼仅隔一层极薄的板壁，每于下午五时公毕后，彼此将板壁轻轻的敲两下，如有

回声，即心照不宣的同往金龙酒家吃点心。至今思之，犹有余味。

那时候关于这类的轶事，纪不胜纪，上述二端，仅略窥一斑而已。

二十七年十二月廿九日，我首先被派离港返沪筹办《时代文选》，其后柏生被狙，思平、仲云等也先后离港，于是盛极一时的蔚蓝书店，就告结束。当日店中诸同志，除了我一人因迭遭家难，灰心一切，绝意进取，依然故我外，其余的现在大多在京沪等处任职，像思平、柏生诸兄，荣任中枢要职，且夕为国宣劳，回想当年情况，实不胜今昔之感了。

〇 原载《古今》，1942年第13期第19—20页

西书铺之今昔
1942
—— 依

书铺子好像花店一样，没有新鲜货色上市时，顾主们便会伸长着头颈盼望着的。

上海西文的阅读者，对于西洋杂志报章和读物的供应，向来和等待远地亲友的书信一般，只要有外洋的船只进口，书铺子里的电话，职员和送货的老司务们便要忙起来了。

一、从航空寄递

两个半月以前的情形如此，现在环境变迁，情形自然大不相同了。喜欢看美国出版的杂志书报者——上海西书铺子经售美国出版物者要占最多数——最好所有的定期刊物都从泛美线航空寄递，这真和嗜电影的群众们一样，最好好莱坞的新片子能在一星期中来一部呢。

普遍性的杂志像《读者文摘》《星六晚邮》《妇女家庭》杂志，以及《老爷》《生活》和各色的电影、侦探等杂志，销数都很可观。

英美新出版的书籍，在上海市面如火如荼的当儿，我们只要看书店铺窗里和柜上陈列着的，花色繁多正和他们在报纸上所刊载的名目一般。

① 书报摊上陈列的英美杂志。

二、没有新鲜货

自从太平洋中炮声响后，沪上西书营业未免大受打击。

第一，没有新鲜货上市。你要是跑上书铺子里去"巡视"一番，在一九四一年十一月以后的报章杂志完全避不见面了。所剩着的几种刊物，六月、七月、八、九……奄奄无生气地被搁置在柜上，好像芳华虚度，尚没有出阁的老处女，尽是守住空闺，不知何时才能转变她们枯寂的生活呢。

第二，受到一般人生活压迫的影响，西书和杂志的销售对象，无疑地外人要占到最多数，这班人的生活现在转变了，经济上的周转迥不及以前了，购书买报本来是悠闲生活上的点缀之一，目下自然谈不到。至于价格飞涨，薄薄的一本书就要好几十块钱，当然也不是普通人所能顾问的了。

三、灯下且读书

那么西书店怎样维持呢？好像其他出售来路货的铺子一般，一言以蔽之，出售剩货而已。

出售比较没有时间性的书籍，关于时事、政治等问题者在外，一部分的专门书籍、参考书籍、消闲性的读物，以及画片文具玩物之流，这是他们暂时的出路。学习诸言的书本子，倒颇为顾客所需要。

你要是问他们："有新的东西么？""尽在于此了。"这是回答。

实际上，欢喜读书的人目下要比以前为多，这也是环境使然。上海的夜生活已成强弩之末，电影舞场只限于少数人的享乐。识些字的人还是一灯相伴静下来看看书罢。

四、名著在抬头

据工部局公共图书馆的统计，目下会员借书的人要比往昔为多，最为读者所喜的第一推传记，次之有关于旅行、美艺、文学、社会科学和哲学的书籍。当然稗官小说的去路，永远勿衰，可是非小说类的受人欢迎，倒比两个半月之前为甚呢。图书馆的常年会员现有一千五百七十户。

著名作家的文艺读物，像莎士比亚、迭更司、莫里哀等文集，从前大家都嚷着，"没有余暇读书呀！"未免视为份量太重为搁置一旁的，现在却在抬头了。公共图书馆一天之中，在借出的三百六十二部书中，小说书只有一百三十部，其他却多是上面所说的艺文、社会、哲学之类。

在苦闷中想从书籍上获得一些安慰，"万书之书"的《圣经》，读者格外多，销数也格外畅。天地可变，此书不灭，际此人生动荡之秋，谁多要从其中获得最有价值的启示呢！

○ 原载《申报》，1942年3月3日第4版第24407期

旧书铺营业蒸蒸日上

1942

——《申报》记者

原版书籍价格飞涨

从前论斤计值，现在纸贵如金，丛书及善本书售价令人咋舌。

沪市出版界在战时畸形景气中，获利虽亦可观，究不能与其他洋货业相比，更不及纸商万分之一。迨至最近，因印刷教科书关系，遭受检查，营业一落千丈，遭受巨大损失，元气已难恢复，惟旧书铺则营业依然发达，大有可观。

今昔比较

"八一三"战事初了时，书本等于烂东西，不论木版铅印，按斤计值，每斤数分至一二角不等，售价之廉，无出其右，其后逐渐增价。及至今日，则一反过去情形，旧书亦已如其他日常用品日日涨价，薄薄数页之无聊唱本，亦须一元以上，方肯出售，其价之贵，可谓登峰造极，所以初以十余元资本摆设书摊者，亦已获利不赀。

书铺帮别

旧书铺多在公共租界汉口路福州路之间，战后由书摊而成为书铺者，则在卡德路、愚园路、辣斐德路一带，西摩路书铺亦为战后新设。旧书铺店主有苏州帮、扬州帮、杭绍帮以及北平、福建等帮之别。战后本地人因失业而改作旧书生意者亦有之。平时各帮按照所熟悉地段搜书，例如扬州帮多从宁沪路一带收货，北平帮则从北方贩货来沪，其中资本较大者，在各地亦设有分店，或在北平，或在苏州，或在南京，或在杭州，而以本埠为中心。

贱进贵出

旧书铺搜购书籍，虽穷乡僻壤，亦无遗漏，一闻某处有书出售，争往购买。战时旧家藏书，散佚至多，沪上书贾多派人搜罗。近来为省事便利起见，有即向各地同行购进者，学者出卖旧书，十元购进之书，售于书铺，不到一元，书贾平时所赚之钱，全在进货低廉，且有于破书之中获得宋元明版，不啻发掘金窖。破书原若一文不值，一经书作装修衬订，便觉古色古香，顿成佳本。江浙多书香世家，劫后大都散尽，其集中地均为上海旧书铺。

资力雄厚

汉口路福州路间之旧书铺，资本雄厚，年代较久，书籍众多，故每为读书家所爱顾，如汉文渊、来青阁等，营业极发达。中国书店虽隐居虞洽卿路之侧，亦为人所熟悉。然近来书籍有减无增，且店主亦已易姓，扬州帮中固有奇货可居者，但亦有售价甚公道者。

书价一般

搜购旧书，本为知识分子之一种嗜好，如能购得其所欲之书籍，常若获一秘宝，得一知己，书贾能得顾客心理，投其所好。例如某人研究金钢铁，即以记载宝石书籍相示，无有不得善价者。战前铅印本之旧书，本不值钱，远较木版本为贱，今日木版书反不甚贵，除志书及珍本而外，至多二三倍，而铅印本则飞涨。如中央研究院故宫营造学会之书籍，照原价倍增；如中央研究院王静如所著《西夏研究》三辑，索价竟至二百元，定价不过九元耳，此系专门书，故涨价愈甚。工具书如《索引字典》等价亦大涨，开明《十三经索引》，近售六十元左右，《中华丙种辞海》亦如此。大部丛书如开明《二十五史》，报纸本须四百余元，而圣经纸本须千数百元，尚难购得。商务、中华之丛书，讨价至令人咋舌，寒素书生虽无力购买，然仍有巨富购进。

志书销路

志书已成为奇货，甚至无一定价目，是因志书不仅为工具书地方史，亦因有人搜求之故，木刻画书以及故宫所出之美术书，则全成为骨董，其价之贵，亦匪寻常人所能负担。即如故宫之旧历本，每本亦须五六元，此则因美术书籍原来成本甚贵，印刷不多，战后又无新出版者耳。

〇 原载《申报》，1942 年 4 月 9 日第 4 版第 24444 期

记创造社 1943

—— 史蝉

不久以前，日文《大陆新报》上曾刊出一篇关于创造社的回忆文字，是内山完造与陶晶孙二人的对谈。内山完造虽是日本人，但旅居中国多年，和中国文化界过从甚密，并且还是鲁迅的老友，陶晶孙则是创造社的一分子，由他们二人来谈创造社的情形，想来该有餍饫我们见的地方。可是失望得很，那篇关于创造社回忆的谈话，舛误和疏漏的地方竟然随在可见，不俱对创造社时成立、发展、消灭的过程不能原原本本的做系统的叙述，甚至对几个重要的问题（《大陆新报》问的），都回答不出所以然来。

例如《大陆新报》问："左联成立时，已有创造社了吗？"陶说"已有了。"内山说："已有了吗？田汉被拉入……好像是入了那里的嗳啦儿。"事实上，左联的成立还在民国十九年，左联成立时，创造社不但早已有了，而且已经过了它的黄金时代遭到被查封的命运了。

又如《大陆新报》问："当初创造社与鲁迅的关系不是很坏吗？不知和左联的结合又是怎样的经纬呢？"内山的回答却是："并没有理由的。"实际上，和创造社笔战过的鲁迅，一变而成左联的盟主，这其间确实有很大的经纬，在两方面互相斡旋，使得本来如冰炭不相容的两方，终于释嫌修好的结合起来的，完全是冯雪峰（画室）一人的功劳。倘若内山氏对这还不大清楚，那么陶晶孙一定更不清楚了。因为陶晶孙虽是创造社的一分子，创造社丛书中也列有他的

《木犀》和《音乐会小曲》两部创作，但他在创造社中，不论是前期和后期，都未居过重要地位，他比较活跃的时期倒是在创造社被封和左联成立以后，由他来回忆创造社，其语焉不详，正是无怪其然的。

作者和创造社虽然没有什么渊源，但寝馈新文学已有十余年历史，旁观者清，对于创造社的始末情由倒比较熟稔，同时觉得创造社这文学团体在新文学运动中所建立的功绩的伟大，及其在青年群中影响的雄厚，都有较详细地把它的历史录载下来的价值，所以遂作这篇《记创造社》，目的倒并不在于补正内山完造和陶晶孙二人对谈的舛漏，而是想为中国的新文学运动保留一部分珍贵的史料。

创造社的成立，大约是在民国十年，成立的地点并不在中国，而是在日本东京，原来发起组织创造社的几个人如郁达夫、张资平、郭沫若、成仿吾、王独清、穆木天、郑伯奇等，差不多全是当时的留东学生，他们所学的虽然并不完全是文学，但因个性多半喜欢和文学接近，课余也常常有作品寄到国内各大刊物上去发表，彼此的兴趣相同，大家都集合在一起，遂有组织文学团体和出版刊物的计划。至于把社名定为"创造"，则是出于郭沫若的提议。

创造社虽然成立于东京，但是刊物却不能不到国内来出版，于是大家便公推郭沫若和郁达夫二人回国主持刊物出版事宜。当时国内新文化的空气虽然非常厚，但出版新文化书籍的书局却还寥寥无几，许多新文化团体所出的刊物，不是自己集资印刷，就是附在报纸里面发行，唯一的大出版机关只有一家商务印书馆。

创造社初时也曾和商务接洽，想由商务来出版他们的刊物，但商务自己也早已出有一种文艺刊物，就是把出过十卷的《小说月报》加以革新，派请沈雁冰主持辑务，并且还设立了一个文学研究会的团体，商务当局对郭沫若和郁达夫二人虽很重视，却无意另出新刊。郭沫若等无法可施，不得已而求其次，只好改和泰东书局主人赵南公接洽。泰东书局虽是一家小书局，但泰东主人赵南公的眼光却很远大，当上海许多小书局都还在竞出鸳鸯蝴蝶派的书籍刊物时，他早已改变方针，在出新文化的书籍刊物了，不过因为找不到人才，所以出的东西多半没有销路，这时见郭沫若等肯来和他合作，正是求之不得，连忙一口答应，不过因为经济比较困难，不肯出月刊，要出三个月一次的季刊。郭、郁二人也同意了，因为这在集稿方面可以比较从容一些，并且他们同时还在《中华日报》附出一个《创造日记》，时间方面也忙不过来。

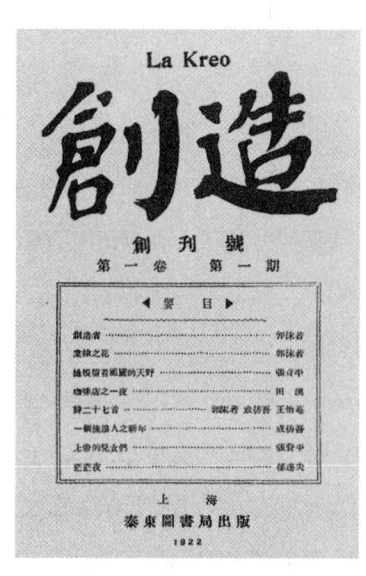

《创造季刊》是采取的轮流编辑制，第一期由郁达夫编，第二期由郭沫若编，第三期出版时，成仿吾恰好也回国了，便由成仿吾主编。创刊号出版于民国十一年八月，内容有郭沫若、王怡庵、何畏、成仿吾等的诗，张资平的短篇小说《她怅望着祖国的天野》和长篇小说《上帝的女儿们》，田汉的独幕剧《咖啡店之一夜》，郭沫若的诗剧《棠棣花》第二幕，郁达夫的短篇小说《茫茫夜》，这些作品虽还不能说是成功之作，但比较起初期《小说月报》里面的作品来，水准却要高得多了，所以出版后销路很好，不多几天便销售一空。

泰东方面没有料到会有这样好的销路，反而懊悔季刊出版日期相距过远，于是便自动降格相求，请郭沫若等代他另编一份周刊，这便是继《创造季刊》而出的《创造周报》。

《创造周报》创刊于民国十四年五月十三日，版式是十六开本，较《创造季刊》为大篇幅却薄得很，每期只有八页，至多只能刊四、五篇文章，文字却短小精悍，引人入胜，例如创刊号中成仿吾的《诗的防御战》，第三期中灵光的《致青年的一封信》，都曾引起青年莫大的同情。创造社的声誉，也由此蒸蒸日上了。

创造社最初是主张"为艺术而艺术"的，其实他们本来没有什么立场，郭沫若在动身回国办杂志前对陶晶孙说："我们握住新浪漫主义而做吧。"这话也许可信，因为《创造季》创刊号中就有郁达夫译唯美派（即新浪漫主义）作家王尔德的《杜连格雷画像》的序文，同时因为文学研究会派提倡写实主义，主张"为人生而艺术"，有心想和他们对垒遂以浪漫主义相标榜，也正是情理之中的事。恰好当时的青年们刚从旧礼教的旗帜下解放出来,正都深刻地感觉性的苦闷,对于郁达夫、张资平等充满浪漫气息的恋爱小说,可谓投其所好,遂都表示热烈的欢迎,同时他们也欢迎郭沫若、王独清的热情横溢的诗歌,成仿吾的大胆泼辣的批评,创造社拥有这许多受青年欢迎的作家,所以他们的声势凌驾同时的各种文学团体以上,实在也是无怪其然的。

可是创造社所出的几种刊物寿命却都很短,《创造季刊》出至二卷二期停刊,共六期,历时一年有半;《创造周报》则出满一年五十二期后终刊;《创造日》仅出百期,只有三个月零十天的寿命。这几种刊物,除了《创造日》是附在《中华日报》内发行,不得不受报馆方面的支配外,其他两种刊物的停刊,都是由于泰东书局方面借口经济上的原因。其实泰东出版创造社的东西不但没有亏本,而且大获其利,他所以要这样藉口,乃是发行创造社的刊物利息反不如发行创造社的丛书来得优厚,商人只知道牟利,哪里顾什么文化不文化,因此便宁愿发行丛书而不愿再出刊物了。

说到创造社丛书,可谓自有新文学运动以来以作家被书价剥削得最厉害的一次,同时也是创造社和泰东书局的关系破裂的因素。原来泰东书局主人赵南公,是个工于心计的商人,他见创造社所出的刊物深受读者欢迎,便把郭沫若、郁达夫请入哈同路民厚里泰东书局编译所,要求他们代他另编一套创造社丛书,郭沫若等因为这工作非常容易,只要把刊物上已发表过的作品搜集起来出单行本,另外把几部未发表的长稿凑进去充数就可以,所以也就慨然的答应了。

这一套创造社丛书包罗很广,先后共计出有十余册,创作方面计有郁达夫的短篇小说集《沉沦》、郭沫若的诗集《女神》和《星空》、张资平的长篇小说《爱之焦点》、周全平的童话集《烦恼之网》、倪贻德的短篇小说集《玄武湖之秋》等。翻译方面著名的是郭沫若译的德国歌德的《少年维特的烦恼》和德国施托姆的《茵梦湖》,曾经风魔了不少青年男女的心,此外还有郑伯奇译法国古尔蒙的长篇小说《鲁森堡的一夜》,穆木天译英国《王尔德的童话》;及法国法朗士的童话集《蜜蜂》,印度诗人泰戈尔的诗集《新月集》等多种。此外还出有一种创造社小丛书,内有郁达夫的短篇小说《茑萝集》,郭沫若的诗经今译《卷耳集》等。

　　这一套丛书,因为发行方面不像刊物那样的具有时间性,所以销数非常之广。可是销数虽广,利益却全入泰东主人赵南公的囊橐,郭沫若、郁达夫等一批作者的版税竟然毫无着落,每次在赵南公面前提起版税来,他总是笑嘻嘻的说:"你我自己朋友,何必计较,要多少钱用只管向我拿就是了,版税可以等将来再算。"郭沫若等毕竟都是文人,没有应付市侩的经验,加之赵南公在表面上对他们优礼有加,隔几天给他们一些零用钱,他们也就不好意思再开口了。这样久而久之,创造社丛书的版税竟成了一笔滥污账。无如他们虽肯让步,其他作家却不愿使自己的心血化成虚牝,屡次来信催索版税,郭沫若等无法可施,只好去和赵南公商量,赵南公却仍一味推诿,不肯拿出钱来。郭沫若等这时也看出赵南公意在剥削他们,也不免有些愤愤不平,便严厉地向他提出最后交涉,要他把创造社丛书的版税结算清楚,否则不辞和他决裂。赵南公这时已把郭沫若等利用了个足够,靠着这几本丛书刊物的纸版,也已够他享用这一辈子,没有再利用创造的必要,并且估量郭沫若等几个无拳无勇的文人,也没奈他何,对于他们的最后交涉,居然竟显出一种爱理不理神气。郭沫若等见交涉无效,一怒之下,便相率脱离了泰东书局,准备自己来成立创造社出版部。

　　不过他们毕竟都是些文人,短少资财,赤手空拳的要想成立起一个出版部来,确实不是容易的事。便是赵南公也估量他们不会成功,有恃无恐。谁知到了民国十五年,创造社出版部居然宣告成立,继续发行起书籍刊物来了,而且完全是自力更生,并未凭借什么大腹贾的资助。这一番功绩,要归之于创造社的一位小伙计周全平的身上。周全平和创造社本来并无什么渊源,不过因为他性喜文艺,当他在南翔做事的时候,间或也写一些作品,向创造社各刊物投稿,这样便受知于郭沫若,把他援引到创造社中来。其实周全平的文章写得并不很好,他最擅长的还是做生意,当郭沫若和他谈起成立创造社出版部的事情时,他竟力承担下来,原来他早知道创造社业已在一般青年群众中留下很好的印象,正不妨加以利用。他的计划是先把创造出版部的名义揭出来,然后再用这名义去向青年们募股,股额定得很低,每股只要五元,入股后的利益却很大,凡是创造社的股东,定创造社出版的刊物都可以得半价优待,购买创造社出版的书籍则可得六折或七折的优待，这就是利用青年们的金钱来印自己的书籍刊物，再从中获取利润。这办法确实很巧妙，当时醉心于创造社那一班人的作品的青年为数很多，所以创造社在很短的时期内就已募足了股份，正式进行起他们的事业来了。

当创造社业已和泰东书局决裂、创造社出版部却还没有成立的中间一段过渡时期里，恰好有一个新书业商人乘机崛起，这便是前光华书局主人后来又开上海杂志公司的张静庐，他本来也曾在泰东书局任过事，亲眼看见创造社的书籍刊物受一般青年读者的欢迎，等到创造社和泰东书局决裂以后，他便乘机集资创办光华书局，接受创造社各作者的稿件，先后出版的计有郭沫若的《文艺论集》、戏剧《三个叛逆的女性》，张资平的短篇小说集《蔻拉棱》与《梅岭之春》，王独清的诗集《圣母像前》，周全平的短篇小说集《梦里的微笑》和《苦笑》，成仿吾的文艺批评集《使命》和短篇小说集《流浪》，以及《创造日百期汇刊》，另外还出有一种半月刊，名叫《洪水》，由周全平主编，直到创造社出版部正式成立后，《洪水》和其他几种书籍才移归创造社去出版。

创造社出版部成立后所出的几本书籍，确实非常精彩，尤其是张资平的长篇小说《飞絮》，和郭沫若的长篇小说《落叶》，几乎成为青年们的枕畔珍宝，人手一编，行销巨万。这不但由于内容的动人，就是形式方面，也非常美观。封面和装帧的图案，统出于叶灵凤的手笔，可说有出版物以来，装潢没有如此精美过的，自然更使青年们爱好了。可惜以前交泰东书局出版的几本丛书，行销已久，读者众多，没有更大的销路，不值得收回版权来重排，不过《少年维特的烦恼》一书，因受青年们欢迎的关系，曾重印过一次，和泰东的那一本闹成了个双包案。

创造社出版部最初的出版计划，虽偏重于出版丛书，但也没有忘记继续《创造季刊》和《创造周报》的未竟之业，所以在成立后不久，就出版《创造

月刊》这同人杂志,以继续过去的精神。《创造月刊》创刊号出版于民国十五年三月一日,内容有成仿吾的《文艺批评杂论》,郭沫若的《论节奏》,王独清、穆木天、冯乃超的诗,张资平的短篇小说《密约》,郁达夫的短篇小说《寒宵》《街灯》。篇幅虽较《创造季刊》略薄,文字却更为精彩。发刊词是由郁达夫写的,内有"创造社脱离各资本家的淫威而独立"和"在这个弱者处处被摧残的社会里,我们若能坚持到底,保持我们弱者的人格,或者也为天下的无能力者被压迫吐一口气"等语,足以表示他们付泰东书局的积怨未消,以及终于获"自力更生的欣喜"。

可是这时正是北伐的前夜,创造社的作家,除了一部分留日未归的以外,其余的几个,在这国内政治形势日益紧张的时期,都纷纷各奔前程。郁达夫、成仿吾受广州中山大学之聘,前往担任教职,郭沫若则更飞黄腾达,在当时总司令部政治部主任邓演达的手下当起科长,对于创造社出版部的事务,都无暇兼顾,只好交给一群小伙计去干。

这一群小伙计,便是周全平、叶灵凤、潘汉年、周毓英四人,而以周全平为其中最主要的人物,叶灵凤和潘汉年二人另外代光华书局编有《幻洲》半月刊,对创造社的事情也很少过问,所以周全平遂得上下其手,从中舞弊。创造社各作家风闻周全平有揩油中饱的事情,遂公推郁达夫回沪查账。周全平得知郁达夫来沪的消息,索性先下手为强,悄悄地卷了社里的一笔钱,不辞而别,到关外办农场去了。等到郁达夫来沪,早已人去楼空。幸亏本外埠的存账还多,加以关心创造社的青年日增月盛,所以稍加整顿,便恢复原状,不过《创造月刊》已因此脱期了五个月,《洪水》半月刊竟告停刊了。

《洪水》停刊以后,郁达夫的意思颇想复活《创造周报》,已经在报上登出了预告,征求订户,不料这时国内形势又复转变,清党事起,郭沫若从武汉铩羽归来,匿居于北四川路附近,除了翻译歌德的名著《浮士德》第一部外,复想利用创造社来做政治性文化宣传的策源地，这在郁达夫是很表反对的，由于双方主张的不同，于是在这两个多年的好朋友之间，竟发生了龃龉，郁达夫开始登报声明脱离创造社，不久郭沫若亦亡命赴日本，嗾使京都派河上肇博士幕下的一群门生回国接收创造社，而创造社也就从这时候起，开始由前期转入后期，提倡起革命的普罗列塔里亚文学来了。

后期创造社的人物，除了化名麦克昂的郭沫若，和成仿吾、王独清等人外，郑伯奇、陶晶孙、穆木天等也都在这时回国了，这些都是由前期转入后期的，另外还有一批新的人马，则是冯乃超、黄药眠、龚冰庐、洪灵菲、沈起予、段可情、邱韵铎、华汉、林伯修、李初梨、彭康、朱镜我、李铁声。尤其是华汉以下的这几个人，不但有高深的文艺理论的修养，而且还有丰富的社会科学的知识，后期创造社得有这样一批新的生力军加入，声势之盛，远过往日，当时他们的计划，是把已经登报预告过的《创造周报》停止出版，改出《文化批判》月刊，后来又嫌仅有这两种刊物还不足以发挥所长，续出专载哲学社会科学文字的《思想》月刊和小型的一般性读物《流沙》半月刊两种，色彩也一天比一天明显了。

不过他们事先也曾顾虑到这样大举宣传三民主义不兼容的主义，说不定会遭受当局的干涉，所以特地聘了位刘世芳律师做他们的法律顾问，以资保护，然后开始来进行他们的出版计划，内部改采编辑委员会制，负责较多的人物是王独清、成仿吾、李初梨三人。为吸引青年的兴趣起见，还举办了一次创造社文艺奖金，以一千元的代价征求一部长篇创作小说，获得这笔文艺奖金的人名叫汪锡鹏，他的得奖小说的名称叫做《结局》。

现在要说到创造社与鲁迅的笔战了。本来创造社在上海，鲁迅在北方，两下如风马牛之不相及，谁知事有凑巧，鲁迅所主持的《语丝》，因为在北方备受奉系军阀的压迫，南迁来沪，鲁迅人也到厦门、广州去教了几个月书，回到上海，就在上海住将下来。恰好创造社内部发生分裂，脱离了创造社的郁达夫，无所归属，竟到北新书局去，和鲁迅一同编起《奔流》月刊来。两人在文坛上享名都很盛，如今合在一起，自然很有号召青年的力量，这使后期创造社的一班人很觉看不过去，他们都是"初生之犊不畏虎"，同时又自恃立场正确，便开始联合起来,在文章中对鲁迅极尽冷嘲热讽的能事。鲁迅这时还充满了个人主义的思想,把自己的声名看得很重,并且素来经人趋奉惯了,那里容忍得住,于是便在《语丝》上写了一篇文章,题名《"醉眼"中的蒙胧》,痛斥创造社提革命文学的不当,这一来,便引起了一场轰轰烈烈如火如荼的大笔战。

首先是成仿吾化名做石厚生,在《创造月刊》上发表了一篇《毕竟是醉眼陶然罢了》,以为反攻,接着创造社的姊妹刊物《太阳月刊》,也发表了钱杏邨的一篇《死去了的阿Q时代》,批评鲁迅所著《呐喊》中的《阿Q正传》小说,他说阿Q的时代业已成为过去。还有其他大大小小的许多刊物,一致向鲁迅取着攻击的态度。在这大举围剿之下,鲁迅却不慌不忙的从容应付,他先根据当时报纸上所载的一件和《阿Q正传》中的社会背景人物意识差不多的新闻,以证明阿Q的时代实在还没有过去,接着又把其余的攻击一一驳斥倒了,他的杂感随笔素来以笔锋犀利著称,不消三言两语,已使当之者啼笑皆非。创造社见不能以偏锋取胜,便想从理论上攻倒鲁迅,于是便由成仿吾出马,写了一篇《从文学革命到革命文学》,把"五四"到一九二七为止中国新文艺界随时代的进展而递进转变的必然趋势,说得头头是道,无懈可击。成仿吾本来擅长写文艺理论,这篇文章更写得出色当行,可是篇末无意间加上了一行"一九二八年某月某日于修善寺"的小字,却被鲁迅据以为反攻的借口。原来这修善寺乃是东京有名的避暑胜地,以革命文学家自居的人,不和大众同甘共苦,却独自逍遥自在地蹲在有名的避暑胜地修善寺里,写他提倡革命文学的大文,岂非太觉言不顾行?鲁迅当然不肯放过这良好的口实,便在《语丝》的《随感录》里写了篇《革命文学家于修善寺》,虽只轻描淡写,却已挖苦尽至。另外又写了一篇《匾》,引他故乡绍兴一则有名的故事以为比喻,大意是说有两个秀才到某庙去看匾,这两个秀才都是近视眼,到了庙门前,甲秀才大赞匾上的字写得如何龙蛇飞舞,乙秀才则大赞匾的形式如何富丽堂皇,正在一搭一挡大吹大擂得意非常的当儿,不料旁边却有一人冷冷的提醒他们说:"匾还没有挂上呢!"两秀才大惭而退。这一比喻,言外之意,等于说创造社那一班人尽管大吹大擂的提倡革命文学,实际上却好像近视眼看匾样,匾还没有挂上,换一句话说,也就是提倡革命文学还没有到时候。这两篇文章发表后,创造社那一班人分外恼怒,索性在某期的《文化批判》出了个"堂·鲁迅"专号，比鲁迅为"六世纪西班牙小说家塞迈提斯笔下的堂·吉诃德"，说他是个顽固不化、愚而好自用的人物，这不但不能攻倒鲁迅，反而显出他们这一班人业已成为强弩之末，势不能穿鲁缟了。

这一场大笔战，直到民国十七年年底才告结束，鲁迅当时不肯甘服，不过创造社对他的攻击，也并非全无益处的，便是他自己后来也说，当初要是没有创造社那班人挤逼他，使他发奋去读社会科学的书籍，恐怕思想的转变也未必会有这样快呢。

民国十八年春天，创造社正想重整旗鼓，刚把二卷六期的《创造月》新年号送将出来，不料已遭当局注意，把设立在北四川路麦拿里四十一号的创造社出版部查封，从此这在新文学运动中曾起过巨大影响和作用的文学团体创造社，便成为历史上的名词。

创造社被封以后，创造社那一班作家，虽如陶晶孙所说那样，在左联里面，仍以创造社而凝结着，但声势已远不如往日之盛，因为创造社的几个主要作家如李初梨、彭康、朱镜我、华汉、林伯修等均已被捕，成仿吾出国赴欧，郭沫若在日本不能回来，在左联里而比较活跃的，仅有陶晶孙、郑伯奇等有限的几个人物，到了民国十九年下半年，艺术剧社被封，民族文艺抬头，创造社才真的烟消火灭了。至于创造社那一班作家现在的下落，据我所知，除了王独清病死，洪灵菲殉国，彭康、朱镜我、周全平等不知去向外，成仿吾、潘汉年在延安，郭沫若、冯乃超、黄药眠、李初梨、华汉、沈起予、林伯修等在重庆和桂林，张资平、陶晶孙、周毓英、龚冰庐、邱韵铎均已参加和运，郁达夫远走南洋，叶灵凤羁旅香港，郑伯奇在西安，穆木天在昆明，云散风流，提起来也足以使人生沧桑之感哩！

〇 原载《华文每日》，1943 年第 11 卷第 3 期第 12—13 页

怀内山书店
1944

—— 史蟫

战后，我一直没有去过北四川路，不知道北四川路底的内山书店，现在还依然存在否？

但在战前，我却时常在这条充满了异国情调的北四川路上散步，而内山书店也是我常去的所在，当时驻足翻书的光景还依然如昨，可是时日的骎骎，一转瞬间，又是七八年过去了，回首前尘，使人不胜致慨于流光的迅速。

内山书店是一家日本书店而为战前中国一般文化界人士所津津乐道，其原因当然是由于它和鲁迅先生的关系。内山书店的老板内山完造是鲁迅生前的挚友，他和鲁迅交谊之笃是众所共知的事实，用不着我再来多饶舌。据说当民国二十年柔石、冯铿、胡也频等七人被捕时，鲁迅也很有遭受缧绁之灾的可能，他的终于得脱罗网，而写下了那首"惯于长夜过春时，挈妇将雏鬓有丝……"的名诗，就完全得力于内山完造通风报信的力量，后来事情虽已过去，但鲁迅的行踪还是相当秘密，外间投寄给他的信件，就有大部分是由内山书店转的，信封上的名字，当然不是用的"鲁迅"，而是用的"周豫才"。

内山书店当时不但代鲁迅转信，还兼代售一部分中国作家的违禁书籍，如由鲁迅出资印刷的《奴隶丛书》，叶紫的《丰收》，萧军的《八月的乡村》，萧红的《生死场》等，就都是由内山书店代为发行的。内山书店虽然位居偏僻的北四川路底，并不在号称文化区的四马路上，但它的发行力却也不弱于四马路上各书店，因为正有不少思想进步的青年愿意自动找上门去做成内山书店的生意。

民国廿四五年间，木刻艺术在中国各地风起云涌，盛极一时，当时木刻最好的范本，是《引玉集》，也是由内山书店代售的，此外各种木刻工具在内山书店也都有得出售，木刻作家更都纷纷把他们手拓的版画集委托内山书店发售，情感的亲密，无以复加。

我的喜欢在内山书店里盘桓，不仅是为了那里面有我所需要的书籍，同时也为了里面的店员特别和气。和气原是日本店员所特有的美德，凡是曾到日本商店里去购物的人，大概都有这种感觉，不论买与不买，店员们对你总是一团和气，恭送如仪，不像中国旧式商店里的店员们那样，始终是一副冷冰冰的裴斯开登面孔，要用你的热气去换他的冷气。这种和气的态度，在中国一般新书店里也是很难见到的，因为店里卖的虽是新书，用的却仍是旧式店员，跑进这种新书店里去，最使你生气的是首先就有一个小伙计站到你的旁来监视，好像怕你偷了他的书去似的；要是你翻了好一会子书，还没有买的意思，那一副嘴脸更是够你瞧的了。这种情形在内山书店却是完全没有的，店员们任你去翻阅架上的书籍，不拘多少时候，都没有人来干涉你，甚至你就是想趁他们不防，"万引"一下子，也未必便会为他们所觉察。自然，到这里来购书的人都是十分高尚的智识阶级，没有人会存"万引"之念的，我这样说，也不过显示内山书店里对顾客的自由和放任而已。

我那时除了买书以外，还常常到内山书店去买原稿纸，内山书店里发售一种OS原稿纸，颜色分淡红、粉黄和白色三种，纸质很坚韧，仅比布纹纸略差一些，每百张用玻璃纸封成一袋，装潢得很美丽，售价却又非常便宜，每三袋仅售一元。我起初用的原稿纸都是在开明、北新等新书店买的，纸质虽是桃林，但写时墨水却往往会渗化开来，一旦发现了这种价廉物美的OS原稿纸，不禁喜出望外，由此到内山书店去也就更勤了，甚至还把这原稿纸介绍了许多朋友。

　　战后一切都起了不小的变化，朋辈星散，生活的圈子也逐渐变得狭小起来，自从住到了沪西，和北四川路距离更远，连涉足的机会都没有了，更不必说去散步了。只是有时偶然在报章杂志上见到内山完造的照片，却仍是过去那样圆圆的面孔，胖胖的身躯，穿着和服在店堂内踥蹀的姿态，不禁引起我几分沧桑之感。正是：昔日文坛，而今安在？回首前尘，想想内山完造氏的心境也必和我同其寂寞罢！

○ 原载《文友》，1944 年第 3 卷第 7 期第 23 页

① 图为 1937 年内山书店被炸毁情形。

申市过去的西书店摊

—— 周越然

本篇简述三十余年来上海一地销售西书的店铺与摊头。其中有外国人开设者,也有本国人自设者。他们的"历史"既然这样长,他们的故事必定丰富。我在过去固然与他们有许许多多不断的交接,但是因为我脑力不强,记忆不强——我所见到的,听到的,并不甚多。现在我把我所知道的,在本篇中写出来。我写这个题目,有下面的动机:

半月以前,我代替友人到一个大书摊上去淘一册商务出版的某种大学丛书。我一找就找到了。我问价,他们答道:"千二百元。倘然你先生要,可打七折。"我道:"这样贵!买不起。"他们道:"你要买便宜书么?你把我们的西书统统买去罢,随你多少钱……"语时,他们用手在书脊上用力打了几打,自言自语,带骂带笑道:"真触霉头!这许多货色,这许多时候,一个人都不来问信。先生,是什么道理?"那个书摊,相当的大,成立于"一·二八"的前后。最初他们以销售旧西书为目的。我几乎每天经过他们的摊,每星期总进去"参观",或者购买一二次。在这十余年中,他们经手的西书,真的不少;他们赚得的法币,想也不少。何以现在这样恨西书呀?其原因全在——不及时。商人图利,不销的货,就是劣货,非独资本虚掷,并且占据空间。所以他们早已改售汉文旧书,深恨西文书籍。现在他们依旧很得意,很发达。因销售旧西书而发达的摊头,不止上述者。

"八一三"前，邑庙中有个摆摊者，其全数财产不过四只肥皂箱子（摆西书摊者估计财产，不称几册几册，而称几箱几箱。箱就是肥皂箱）。"八一三"后，他在河南路摆摊，箱数还是四只。后来他的箱数一天一天地增加，街上无法安置，遂与他人合租一屋，居然开设似是而非的店铺来了。再后来——十二月八日之后——他渐渐弃除西书，改售文具。听说他现在已经是一个数百万（或者数千万）家产的富豪了，不知确不确。不过无论如何，他总是一个知道利用时机的人，他的发达，是应该的。

但是因为摆摊而倒霉的也有。我有个熟人前在虬江路摆摊。战事发生，他只逃出一个人，货色带不出来。"一·二八"后，他勉勉强强在嘉定路摆摊，摆了三个多月，只销去十余册书。他流泪流涕地将全摊卸售（趸售）与人，在上海荡了数天，找不到生意，只得回乡。

大概摆书摊的人，失意者甚少，得意者较多。你看福州路、嘉定路、常熟路、泰山路那许多摆书摊者，岂不是人人都有衣穿，人人都有笑容么？我上面所讲的书摊情形，虽不详尽，但是已经够了。

我继述上海过去的西书店。发售西书资格最老的店铺，恐怕是别发洋行。清末民初，他们还在外滩。他们的屋子很低，前面无楼。华人（尤其是学生）购书，不可进外滩的前门。华人购书，应入边弄，进后门，上小楼。我的那本高依氏《拉丁初步》，就在小楼上买的。小楼上所陈列者，都是教科书。到了民国四五年的春季——那时我穿西装——我看见一个穿中装肥胖华人大步走入别发的大门。我自言自语道："华人可以进大门么？他可以进去，我为什么不进去？让我跟他进去看他们前门售的是什么。"我想了一想，决意进门，果然买到几本好书。只要你会讲英国话，他们待中国顾客并不十分苛刻。后来他们迁至南京路，我除了通信购货外，常常进去参观。他们那位"老太太"（售货员），最能与我表同情，我所要的新书，她总为我细找，我所要的古书，她总为我代定。除了别发之外，恐怕要算伊文思书馆的资格最老。他们最初在北四川路，后来移至九江路，最后来移至南京路。他们与别发不同，为美国几爿书坊的代理人，并且喜欢做中国人的生意。别发专销英国出版的书籍，几乎完全没有与中国人做交易的意思。我向伊文思购的西书，约在二千种以上，向别发购的至多三百种。

伊文思在北四川路的时代，有一位华经理，名字叫做陈辛恒者，广东人，最能与顾客表同情。他为我选书，为我定书——既能设计，又不耗费，真是一个好人。某年（约民六七年）夏季，他往普陀避暑，假期已满，仍不归来。派人去查，毫无影响……后来才知道他已经投海自尽了。大家都不知他为的是什么。伊文思书馆目下尚安然开设在南京路，不过他们早已易主了。老东家伊文思（人名）年老，儿子不愿意继续，将全馆售与华籍店员。那边我还有几个熟人，关顺君是其中之一。他们现在似乎不注重西书。

资格比较新的西书铺，是中美图书公司。最初到上海来的时候，他们的经理叫做桑格鲁，专以推销法律书为目的。后来改组，迁至南京路，不专推销法律书。但经理的人常常说"开销大，销路小！"不知是什么缘故。难道美国人不知推销术么？或者他们所经售的书，不及别发、伊文思呀？中美经售之书，以亚波尔注销版者为最多。此外还有老资格的美华书馆、美生书馆。他们也推销过西书，不过早已停止了。

真的推销西书，还有商务的西书柜。它的资格，也算不得不老。它曾经经过三四个重要时代，如黄秉修的效学时代，周锡三的乱放时代，谢福生的成功时代等等。效学时代，模仿别人，自己没有宗旨，别人卖什么我也卖什么，结果，步步落后；乱放时代，瞎兜生意，大量赠送样本，只要有人上门，不顾老板血本，结果，大大亏本；成功时代，专重灵感，不重他类书本，文科理科全不注意，马滕（人名）的"屁"也是香的，结果，顾客绝迹。卖西书的人应该客观，不可主观。卖西书的人，哪里可以专进自己所好者而强售与人呀？卖西书的人，不可不圆通文学、科学、算学、医学……统统都要选择些，采办些。现在西书已经不时髦了，我何必多讲呢？就此为止罢。

三十四年二月一日

○ 原载《大众》，1945 年第 28 期第 92—93 页

上海的书摊 1946

—— 陈镜谷

上海在战后虽冷落了许多,但一般人说它在世界各大都市之中,还得算在五名之内,因为商业的发达,文化事业的推展,也必得以此地为中心。四马路是全国妇孺皆知的,这就是一条文化街,大的书店如商务、中华、世界、开明、黎明、光明、中国文化服务社都开在这条街上。凑巧的是几个大报馆,也跟这条文化街气息相关脉络相依地在一块,如申报、新闻报、中央日报、正言报、立报、大英晚报、前线日报、大公报、和平日报(扫荡报),从黄埔滩走进四马路纵横三百步内,差不多所见的都是书店报馆。

这一块地可称为中国文化的枢机,也可以说是全中国精神食粮的总供应站,就我们所知,每个书店都有他们的复兴计划,每月出新书若干,重版书若干,新出杂志或如何恢复旧业,各个报馆则拼命拉拢些评论的,编副刊的,计划改进内容,增加篇幅,使得销路增加。

在内地不容易见到书摊,在上海则转弯抹角都是,我常说在上海的人生活力真强,只要在马路口或者弄堂口占有一寸方地,他的收入就够他的开销,据说摆书摊的是向书店或报馆以六折至九折批发来的书报,卖给读者则以实码售出,积少成多,一日所得也很可观。

书摊有的日夜摆着,有的单摆夜场的,每个书摊里摆的总可分四大类:一、当日的报纸;二、新出的刊物;三、新出的书籍;四、时下流行的歌曲剧词之类。

要报纸发行广、销路大，似乎非与上海结成姻缘不可，这当然是因为它交通发达拥着多量人口的缘故。比如说，现在上海人口三百五十万左右，就说三百五十人看一张报纸，也可日销一万份，在中国各省会若不是具有历史或者阵容坚强、经济基础稳定的，就很难销行到一、二万份，这就是上海比别处条件优越的地方。目前上海究竟日报有几家，我还没有给它统计过，不过日常可见的，总不外乎《大公报》《申报》《新闻报》《立报》《前线日报》《文汇报》《中美日报》《正言报》《时事新报》《神州日报》《和平日报》《民国日报》《中央日报》等十来种，还有《辛报》《铁报》《晶报》日出四开一小张，除第一版稍登新闻外，其余二、三、四叁版或登些政局花边新闻，或登些球赛艺闻等消息，其出现面目，与《大公报》等十几家面目有别。

在《大公报》等十几家大小报型中，销路据说以《新闻报》最多，大概日销九万份至十万份之间，《新闻报》现在由钱新之任发行人，版面内容与战前一般无二，战前《新闻报》是以商业新闻内容充实著称，因为上海是个商业社会，所以《新闻报》销数随之加多，加以严独鹤编的《新园林》，满纸鸳鸯蝴蝶气味，也颇合一般中下级社会人士的口胃，因此之故，在战前就交了鸿运。时代经过这一次战事向前跃进了几十年，但是《新闻报》依然故我，且它所特长的商业新闻，现在为《正言报》另印八开一小张，说战败也可以说，《新闻报》若不改变编辑方针，目前虽似是销路广大，也不过是回光返照而已。

《大公报》的立论在战前就已博得中外朝野的重视，目前它的社论仍拥有多数读者，也可以说无论中央政府地方政府都重视《大公报》的立论，说一句夸大的话，或有几分左右政局的力量吧！

《申报》资格最老，复刊之初，也很想振作，可是内容版式都没有精彩，销路跟《大公报》差不多，大概占第二、三位。

《前线日报》本来在江西出版，胜利后首先一口气赶到上海出版，它是以小型姿态出现，所以内容风格都有独到的地方。半年以来，许多青年都对它有好感。它除社评之外，还有《编余随笔》，副刊最多，差不多有八九种，而且各方面各种趣味都有，这也是它所以走红的地方。

《民国日报》在国民革命军北伐以前，原是内容精辟颇具战斗精神的报纸，现在则显见老大。这里附带提一笔，有一家苏联人办的《时代日报》，它完全是共产党立场，对政府也抨击得最凶。苏联《真理报》、延安《解放日报》的社论，它时常有转载，副刊《星空》里面载的无论是诗是散文小说，都是针对现实，就它们理论的根据加以褒贬，它当然也拥有它的读者。

冬去春来，助长万物滋长，上海近来新出刊物，用"雨后春笋"一句俗语来比喻，真是最恰当也没有。而新出刊物之中，若是态度严肃，编辑先生拘谨一点，销路就不会好。现在书摊上摆着最多、最吸引行人注目的，都是些"海派"的刊物。说起"海派"，就联想到一大串的"海"字，《海风》《海光》《海涛》《海星》《海潮》，以及《大光明》《大观园》《吉普》《新上海》《周播》《生活》《辛报周刊》等，总数不下十来种。它们或以猜测未来的政局动态，吸引一般失意政场的人阅读；或以大腿脂粉，引诱"小开"阶级的人购阅。比如说政协会开会了，它就介绍国民党、共产党、民族同盟各方面的出席代表的简史逸事，说某人以先做过的什么事，不得宠于上司，被踢一脚，却踢红了；某人有大小妻妾，争风吃醋。又如言慧珠从北平飞上海了，因为她在北平伪政府时代与丁默邨有一段热恋的故事，自杀不遂，至沪为梅兰芳所捧，在皇后大戏院演出的前后，差不多每个海派刊物，都登载有关她的文字，说她怎么长，怎么短。上海热衷于色情的人多，这种刊物销路也特别大。我们试想，一个专载国际政治国内政治经济或者文化有关的论文，上海虽说是文化程度高的地方，感觉需要、感觉兴趣的究属少数，况且一篇论文，起码几千字万把字，非得个把钟头，静静地看，不能看懂，或者看完。至于海派文字，最多三百五百，只消五分钟十分钟就够，这些材料都是茶余酒后的谈资。我常暗地观看马路上来去的人，不论搭电车或乘人力车，总是以看当日的报纸或者看海派刊物的人居多，挟着较有意义的刊物或书籍的人很少，这说明了上海的"思想界"的危机。

当然，上面说的情形并不能概括整个上海，书摊上面除摆的"海派"刊物多着外，还有几种刊物，也有它广大的销路，也拥有广大的读者：《民主》是郑振铎编的，提起郑振铎，人尽知他是当年"文学研究会"的主干，却不料战后他竟在思想界揭起大纛，现在俨然是上海左派作家权威了。《民主》的写作人以马叙伦、周建人、许景宋为中心。马曾任大学院副院长，多年不入政治舞台，对现阶段的政治最表不满，比如上海市府编整保甲，他认为保甲是法西斯县治人民的工具，所以跟沈钧儒他们大声反对，又如上海要成立临时参议会，他说临时参议员是钦定议员，他不愿做钦定议员，为要呼吁成立真正的民意机构，所以他反对。周建人是鲁迅的弟弟，许广平（景宋）是鲁迅的妻子，所以他们的理论，自有他们的立场。青年人最不满的是现实，现在言论解放了，出版自由了，对这样敢说真话的刊物，自表其欢迎。

《周报》是柯灵、唐弢主编的，郑振铎、马叙伦经常为之写稿，立场内容与《民主》如出一辙。还有《文萃》，它专门搜集重庆、广州、昆明等地针对现实褒贬的文章，排印出版，用意在使读者减少经济负担及阅读的功夫，不过它所集纳的文章，也跟《民主》《周报》一样有它的立场，所以每期读来，都有它的中心思想在。熊佛西是戏剧家，也编起一般性的刊物来了，他的《人民世纪》，并不为人所重视。商务印书馆的《东方杂志》，书摊没有出现；中华书局的《新中华》，书摊有出现而销路不见广，这也许是本子太厚，文章较长，内容不够刺激的缘故；重庆民主同盟主办的《民主生活》间有出现，因为印刷纸张的关系，内容立场，均与《民主》《周报》并无二致，不见得发光发彩。

说到纯文学的刊物，若与战前比较起来，质量既少，出版家也不感兴趣。抗战胜利后，重庆桂林各地文化人东下的已不少，有的参加其他文化工作，有的或在报纸上编文艺副刊，目下纯文艺刊物寥寥可数，只有《文艺复兴》《文章》《文坛》等几种，除《文艺复兴》是继续战前《文季》遗业（郑振铎、李健吾编），内容还见充实；《文章》则是永祥印书馆范泉他们支撑，将以茅盾为号召，或者有所成就；其余的纯文艺刊物，都是奄奄一息，毫无生气。

有人说抗战期中，文人吃尽了苦，胜利后文人为生活压迫，更透不过气，

也许文人命穷，自古已然，中国的政治环境不加改良，中国文艺的幼苗，就此要摧阻萎缩了吧。

上海的书摊本不以售"书"为重，所以一个"摊"中，"书"的成分占得少，"报""刊"的成分占得多。要找相当的书，当然很难。书摊上摆的，以白底红字、红底白字之类的书为多，其他则夹杂一些文艺书，书禁开放了，这种现象一定难免的，我因此又回想民国二十六年廿七年的一段时间，每个书店里差不多都有《朱德自传》《二万五千里长征记》的书。人类是好奇的，《新民报》名记者赵超构未到延安之前，也说没有见过朱德、毛泽东，设想他们是个粗犷不羁的人，一般人没有新闻记者的识见，难怪对这些书籍好奇。因此，目前书摊，除了自传之类，还有《论联合政府》《光荣归于民主》《延安印象记》之类。黄炎培以参政员身份访延安，写了《延安归来》，也有些捧的意味。有些书摊成本较厚，批有较有价值的文艺戏剧的书出售，比如曹禺的《雷雨》《家》《蜕变》，林语堂的《京华烟云》，老舍的《四世同堂》，冬心等十数人合写的《结婚进行曲》，但有售这样多的文艺书的书摊，已经算是难得了。

有些书摊也带售画报，其中以《生活》《联合周报》为最好，售价在千元左右一本；《影剧》报导一些影人剧人的生活，并介绍许多剧照，书摊之中并点缀着许多《爵士歌选》与《萝蔓歌选》，大都是周璇、李丽华、李香兰、龚秋霞她们唱的一些曲子。可是周璇她们，却因了抗战胜利，为了与"华影"的关系，不得不销声匿迹了。

浙江、福建两省，在抗战期中，与敌伪文化的斗争，成绩昭然，然而目前的上海，要找浙闽省的出版物，也很不容易，慢说要在书摊上求它了。或许因了这种关系，文化人都涌到上海来，愈显得别的地方文化种子的枯竭。如何发展内地的文化事业，并使之与上海交流，这是在内地的努力文化工作同志们应该努力的事。

看了上海书摊的畸形情况，不由得微微的有所感喟，"海派"刊物的愈盛行，说明一般人的思想愈趋下流，红底白字或白底红字的书风行，那是因为水遭土掩的结果，或者说这种书刊愈走愈劲，一般青年，思想必流于偏激，上海的十几家大报中，差不多都有它的政治背景，有时一桩事情的发生，甲报报导是这般，乙报报导又那般，每每令人何处觅真正舆论之感！爵士乐、萝蔓歌，南风吹来春水皱，"色情"二字诱迷在上海一切的人。国事如此，书摊如彼，在小小的书摊上，也可以看出我们整个国家隐伏的危机。

○ 原载《胜流》，1946年第3卷第7期第10—12页

开旧书店 1946

—— 寸言

去年十月中和二个友人偶然谈起了近来书籍的价格问题，都感到了近来书价的高昂，真有不敢使我们问津之慨。于是，发了一下蛮劲，在辣斐德路的一角，我们也开起了一家书社来。

我们的书社，与别家不同，就是注重收买旧书，不重于卖出，把收买来的较好的书籍，自己收藏起来，再也不愿卖出了。并且还约定好，我们不要太市侩化，为文化略尽微力。

书社的店面，是利用了一位友人家的客堂和天井，还借用了他家中的文具，我们又整理出不需要的书籍来，和凑集了些资本，从各处借来几只书架，营业就开始了。

大概因新成立的缘故，每天卖出的书很少，收进的更少，整整的忙了十多天，与我们预定的目标离得太远，只得在星期日的晚上，我们——店员兼经理——开了一个"怎样使店务发展"的讨论会，结果却想出了一个新的方法来，就是除了买卖旧书外，还买卖新出的杂志期刊和书籍，并决定从下星期开始。

这样决定后，书社中添设了一个新书部，由一位友人负责管理，但问题又来了，因为新版的期刊的新书，价目都非常昂贵，仅仅配了一部分，已把书社中的资本花去大半，和预定的资本额，相去甚远，再要来一次大的增资，我们几个人，都觉得有点困难了。

天下没有做不了的事，我们书店的难局竟持续了三月之久，终于方法来了，就是向其他的友人招股，每股一万元法币，在友情的温暖下，迅速地集齐了股资，使新书部重又复活，虽不能把所有新书完全配齐，但也能得到大部了。

在书店兼卖新书，上海恐怕只有我们一家，可以说是我们意外地想出来的。卖新书还有几点愉快的地方，本来要向外面买新书来看，现在都可以从自己店中借来看，即使要买，也有一个折扣可以便宜。其二，为了我们书局新成立，乏人知道，可以借助新书期刊的封面新颖美观，容易吸引读者，使旧书的买卖得到较佳的收获。

新书部设了不久，旧书的营业也兴起来了，但我们并不完全市侩化，可是不幸的事情来了，大约在十二月开始吧，一位也做买卖旧书生意的顾客，把我们店中较佳的书籍完全买去，起初时候，还非常兴奋，以为社中生意兴隆，销路快速，岂知因我们卖价便宜，被老做生意者利用，大大的吃了亏。因此，我担任了专为社中探听市价的人，经几次四马路及静安寺一带的探听旧书市价后，知道一班旧书商的利润在一倍至五倍左右，例如一本可卖五百元的书，在他们收进的时候，仅只一百元二百元间，同时又发现了我们社中书籍的卖价。有一部分真便宜得令人不能相信，像一本英文版的《新中国》，外面书店中已卖到七百余元，我们还只卖三百元，怪不得有内行人要来大量买了。

一气之下，把所有书籍的定价一律提高数倍，完全符合了当时的市价，同时也忽略了"不要太市侩化"的那句约言。

有一次，来了一位脸容憔悴的女人，手中的网线袋中，装满了各种书本。

"你们旧书要吗？"她有点怕羞地说。

我轻轻地点了下头，就把她袋中的书取了出来，仔细地翻阅一下，完全是大学高中部的参考书和读本，和一部王云五大字典，都是很好的所谓"热门书"，但我当时却发出了随便的样子，问她："你预备卖多少钱？"她似乎说不出这些书的价目，思索了一下，说："你说罢！"

"你的书都觉得陈旧了，现在学校中都不采用，只能作为废纸，就算五百元吧！"其实她的旧书中仅一本字典也可卖一千元，何况内中的三角平面几何等书，都是许多学校采用着，但我却这样说。

"怎么，这许多书只有十万元！"

"不少了，这些书称起来最多是六七斤重，现在旧纸每斤五十元，算算看，五百元还少吗？"我抹煞良心又说。

她看看很高的一堆书，似乎有点不舍，终于整起了书本，缓缓地出去了，但不多时却又回来了，轻轻地说："卖给你们吧，我实在有急用！"

自从这次以后，我们的内心永远有着不安，渐渐地对于旧书的买卖感到了厌倦，以前说旧书商人有点"黑心"，但现在我们竟也变得与他们一样。

○ 原载《读者》，1946 年第 4 期第 29—30 页

记沪上旧版书肆 1947

—— 涛

上海之旧版书肆多萃集于汉口路西段，其中以来薰阁隐然为之首。而来薰阁实设于广西路，主人陈杭，字济川，河北冀县人，年五十以上，经验极富，幼时犹及见藏书老辈，余偶至其肆小坐，聆其所谈版本渊源收藏嬗递，真不啻一部藏书纪事诗也。陈君乡音未改，谈话既哑且快，而豪爽不类商人，余之东雅堂《韩昌黎集》，独山莫氏所藏嘉靖刊《元白氏长庆集》，皆陈君以贱价值相让者。总店设于北平琉璃厂，亦为故都书业之巨擘。书目已出至第六期，每期一巨册。第一期印于十八年，第六期上编印于三十年，下编印于三十二年，其中多为普通书籍，绝无宋元刊本，即嘉靖佳刻亦少，盖善本书籍，转易脱手，且能得善价，固不必待印成书目，若执此而谓其中乏善本精刊，则非事实矣。

出来薰阁往南为一小弄，弄内第一家为文海书店，主事者名韩士保，原为来薰阁之学徒，近年始独自经营者也。韩君年二十余，颇有心胸，常往来于徐森玉、郑西谛二先生之门，于书亦颇具门径，且人缘甚佳，所讨虚头不大，余之嘉靖翻宋《相台左传》及世德堂《六子》即购于此。

于此往南即至汉口路，路北为抱经堂、来青阁、忠厚、富晋四家。抱经堂主人姓朱，杭州人，二十八年始由杭迁沪，初设于愚园路静安商场内，后迁于此。余存有当时该肆书目一本，定价且较战前为便宜，但若按生活指数计算，则现在较彼时为尤廉价。现在其肆明刻则甚昂。然余曾购得董其昌阅刊《王文恪公集》，价亦颇廉。近来亦印行书目，系以报纸油印，每周出二张（二张之合等于本刊），已至第七期矣。

来青阁主人杨寿祺，苏州人，即曾以购进南宋书棚本《群贤小集》而轰动一时者。据闻此书原藏长沙某氏，先致函北平某肆求售，久未得复，乃再函来青阁，遂以廉价购进，而转售于中央图书馆，颇得善价云。然其架上实乏善本，可购之普通书籍亦少。

忠厚书店为北人所开，讨价颇不依常轨，闻其伙友云，有一老主顾，专收清出精刊本，而不问内容，且购得后即存于肆中，亦不携去，此亦藏书家之怪癖也。

富晋书社为河北深县人所设，余初以为其价最昂，故曾往阅览数次，皆未购书，顷许玉成兄在此购得数种，价亦不甚贵，然则余前此所疑，殆有非然者矣。

路南一家为汉学书店，主人郭姓，松江人，伙友曹姓，苏州人，学徒某冀县人，别家书肆，主人伙计，类皆同乡，则此三人三地，此一奇也。据闻郭君精于版本（此君不常在肆中，故未见过），而架上甚少善本，且普通书之书品亦不甚佳，此二奇也。价目之廉，出于意外，此三奇也。夏间余曾以六万五千元购得万历刻《苏长公合作》十册，其他清初精刊本多种，皆以廉值购得。又曾见万历刊周密《云眼过眼录》二册，只讨三万元，当时未收，翌日再往，已为捷足者所得，至今思之，颇用怅惘。闻此店之前身为中国书店，以前颇多海日楼沈氏之书，现已无存者矣。

四马路有二家皆在东段路北，中华书局斜对面为传薪书店，主人徐姓，扬州人，架上书极多，而颇杂乱。此肆距我行甚近，沦陷时期，余常去闲看，偶一问价，则为之心惊面赤，默尔而退。虽亦曾选购数种，皆系托来薰阁韩君（即文海主事者，当时尚未脱离）转来，而非直接议价者。近半月来，又曾至该店，则印象为之一变，例如原装汲古阁刊《宣和书画谱》，绿君亭刊《五家宫词》，万历吴氏刊《唐诗纪》，皆以极贱之价购得也。

近石路处为汉文渊，不知其主人为谁某，亦不知其乡里，有言为闽人者，亦有谓为常熟人者。其肆前半营文具，后边置旧书，极多极乱，灰尘极厚，烟熏极黄，价亦极贵，且无商量余地，而对客亦不甚殷勤，据云其书皆以米价折算，则亦无怪其然。

尚有受古书店，亦属扬州帮，现已完全改营文具，闻获利甚丰，其书存于楼上，余春间至南京，于状元境某书坊中，得遇其少主，闻其沪肆有原刊定山堂（此书同行者为光绪刊本，不全），回沪后即托陈济川君议价，月余无消息，疑其已忘，再问之，则谓别家皆可商量，即汉文渊亦有办法，惟有受古，实为难办。果难办耶？闻该肆主在三马路已找得店面，将再营业，俟其开张。当往试之。惟定山堂余已觅得，当试购他种耳。此店近汉文渊，尚有一家传薪者，名国粹书店，亦扬帮，现架上已无旧书。

西摩路之秀州书店亦中国书店之分枝，主人朱姓，杭州人，好书不多，定价划一不二。朱姓喜收抄本，尝见一部稿本《文选补注》，撰者为绩溪胡氏（已忘其名），朱姓居为奇货，余嘱其俟胡适之先生来沪时可往兜售，不知已售得善价否也。余在此店购得旧抄本《斜川集》二册，小楷颇近文衡山，衬纸用东雅堂韩集，有陈抱之印记，又有珊瑚阁藏书印，陈抱之名经，清嘉庆时吴兴人，撰有《求古精舍金石图录》。珊瑚阁先不知为何人，嗣阅群碧楼善本书目（五卷）云，"珊瑚阁相传纳兰侍御藏印，尤可珍已"，不甚狂喜。价只三万，可谓廉之又廉矣。其隔壁一家，亦有旧书，极少，无佳者。

愚园路静安商场内有三家，曰文都、国学、抱经堂。前二家相连，营业合作。文都金姓，绍兴人，前习业于抱经堂，虽于版本不甚高明，但极会做生意，架上无好书，而能奔走寻觅。余之《定山堂集》即金姓向北平找来者。余寓所距此较近，故诸书购自其肆者亦较多，嘉靖徐氏刊《唐文粹》，明易山人刊《杜氏集》为较佳者。国学张姓，冀县人，以前为来薰阁之学徒，数年前已北返，由金姓代为经营。

商场内之抱经堂，主人姓顾，为汉口路抱经堂之姻亲。此人不懂版本，且于装订修理等技术皆甚外行，营业亦无起色，二三年来未进新货，近且另做其他生意矣。余之嘉靖南监本《史记》及覆宋本《锦绣万花谷》，皆以廉价购于此，然二者均有残缺，则亦不足贵矣。现在架上只一部《李沧溟集》尚好，又有一部《松风余韵》，为清初写刻之精者，惟此书颇为紊杂，《四库提要》讥之甚切，故亦无可收之价值也。

善钟路之萃古斋，开设较晚，而营业甚为发达，主人姓于，河北深县人，由富晋分出。余曾于此见元刊《白虎通德论》，未敢作收藏之想也。其清代精刊本，价不甚贵，绝不讨虚头，无讨价还价之烦。最近曾见一部成化黑口本《陆宣公奏议》，因余已有年刻者，故未购，同好诸君可往收之。最近该肆在平设立分号，故常有北方书籍寄来。

霞飞路上吕班路对面弄堂内为修文堂，主人孙实君，亦冀县人，为人温文儒雅，与人语，讷讷似不能出于口，余每向其议价，辄作为难状，微笑曰："这不算贵了"，而终于略为让价。其肆为二间，外间架上皆普通书，内室则多宋元及明嘉靖以前刊本，曾见一宋刊小字本《通鉴纪事本末》，中有元代补版，索三千万，价实不贵，而余则惟有望书兴叹耳。余在此购得嘉靖刊《两汉博闻》，闵刻套印《楚词》及《花间集》等，皆价以廉值。《花间集》书套上有沈尹默先生题端，孙君谓或系沈宅北平仆役盗卖者。余购后原拟物归原主，及询之沈令年兄，则谓平寓之书，皆已装箱，并无盗卖之事，且其尊翁常代人题端，未可据此定为其家所藏也。其北平总店设于隆福寺，年代甚久，近年营业以上海为重，老板常住此间，凡此皆与来薰阁相类，陈孙二人年龄亦相若，于版本之知识，亦皆精审。或足当章实斋所谓之横通者耶。按章氏笔下刻薄，"精通"二字本非善解，惟近日书业中难求通品，故尤觉此二人为难得也。昔胡适之先生劝北大学生多逛逛隆福寺，谓常与书店主人谈谈，较听教授讲书，得益为多。章胡二氏，学术时代皆不相同，优劣无从比较，第只就此种议论而言，一则口吻尖刻，一则转益多师，其气象迥不相侔矣。然胡氏此言发于民国初年，若目前上海，除此二人外，盖不多见，汉学郭姓，据闻甚好，因未得接谈，究不知如何也。

辣斐德路近萨波赛路[①]，有一家名春秋书店，主人某，绍兴人，前为秀州之学徒，店小书少，余只去过一次，自架下尘封中抽得毛刻《国秀集》一

---

① 编者注：今淡水路。

册,及《敬业堂续集》二册,恰与余之《敬业堂集》相配,遂成完书,亦可谓书缘也已。徐玉成兄之明天顺刊《欧阳文忠集》即购于此,书缘之佳,令人羡慕。

沪上旧版书肆略尽于此,愧余不文,所记遂多芜杂,未逮李南涧、叶奂彬之万一也。

○ 原载《金声》,1947年第21—22期第3页

上海的书市 1947

——赵景深

我在上海已经住了将近二十年,可算得老上海了。洋毛子的《上海——冒险家之乐园》我不曾拜读过,对于拖进抛出的投机家,我是根本莫名其妙。上舞场我连摆拆字摊的资格都没有,因为近视眼,红红绿绿的幽暗的灯看了就难过,简直要打瞌睡。

我留在上海,这所谓万恶的都市,还是舍不得离开,说老实话,我是江湾国立复旦大学十多年的老教授,虽然吃不饱,我还要靠它吃饭,还有北新书局,与我关系深切,我也不能走。

书呆子只知道说买书,上海买书就比别处便当,例如,最近一星期,我努力编译了二十篇长长短短的《海外文坛消息》,这是我从前在《小说月报》做的老行当,现在替《申报》撰写。在别发西书公司买到 *Life and Letters*, *Theatre To-day*, *Theatre*, *Books To-day* 等刊物,又 *Prose Liteafheese Since 1939*;他们那儿英国出版物较多,又在中美图书公司买到两本书:*Columbia Dictionary of Modern European Literature* 和 *Literary Prizes and Their Winners*,还有几种刊物:*Saturday Review of Literature*, *Theatre Arts*, *O-Morrow*,真是琳琅满目,美不胜收。要不是住在上海,哪里买得到这些新刊的书报呢?

再说,文坛上的朋友们也都聚集在上海,我可以向他们讨教。买旧书也是上海方便,可惜旧书店也逐渐地少了。例如,辣斐大戏院对过的一家和耿济之等所开的蕴华阁等都早已关门。新近逛了两次城隍庙，连内园桥畔仅有的一家旧书店也不开了。回想阿英常在该处掏寻晚清的杂志和小说，不禁为之低徊数四，不忍遽去。现在似乎只有爱文义路和极司菲尔路是旧书的大本营。以前我常去的西摩路大华旧书商店现在也不大有出色的戏曲书了（我以前在那儿买到《六十种曲》的定本三种，又曾介绍周贻白买到一部抄本沈璟的《桃符记传奇》）。不过我近来较忙，淘旧书的机会不多，三马路一带平均每两三月方去一次。

对一位新来上海的人，大约有许多惊奇。张太太向我说，上海的三轮车、红绿灯以及大新公司的电梯，她都不曾见过。有一次她从石城路喊黄包车到河南路，其实不过是很短的路程，那车夫向她讨很大的价钱，结果总算不曾替她兜圈子，让她很快地知道她自己上了当。

我永远记得我从轮船上下来，挑夫尊敬我，喊我"老板"，这就是上海。田汉在他的长篇自传《上海》中说到我"面团团如富家翁，然而却是没有钱"，大约这就是我被称为老板的之故了。

○ 原载《自由谈》，1947 年第 1 卷第 4/5 期第 90—91 页

旧书摊 1948

—— 张心如

住在上海,买书是很方便的了。不幸的是我和书店之间,始终隔着一道无形的墙。偶一进书店,除了垂涎三尺以外,只有对着那些买书的人大生其嫉妒之心。心灰之余,退而求其次;于是将所有的空闲,都拿去跑旧书摊。

所谓旧书摊,并不是一般所谓的旧书店旧书铺之类——那里的书,虽然也旧,但是收拾得较为整齐,订价也并不太低,有的反而高得怕人,那许是书店老板太识货了的缘故。而这旧书摊的呢,或者都是些收买破烂东西的家伙吧,他们又没有门面,只不过临时搭个木架,或者就利用店家的窗户台阶,而最多的倒只是一堆一堆摊在水门汀地上,每堆书用纸牌标上一个共同的价目,任凭你挑选,只要你能够挑得出心爱的东西来,你总会十分惊喜,因为那价钱是和买故纸差不了许多的,比较起书店里摸摸就是十几万的本子,实在便宜得使人没有话说。

依照我的经济状况来说,则使这样低廉的货色,也仍然可以算作奢侈品的,然而只要手上有几张钞票,总会身不由己的走向福州路去。那里路两旁,小书摊可真多极了,我经常是从马路的右边跑过去,再从左边跑回来,挨着次序一堆一堆的搜索。我把这事叫做"开矿"。真的,要从那乱糟糟的破本子堆里,找出合意的东西,实在也不容易。那货色又是那么五花八门,古怪离奇;有老古董,也有新玩意;有江湖秘诀、魔术大全,也有原子弹研究;有京剧唱本、白香词谱，也有流行歌曲、三角恋爱；有五四时代的《新青年》，也有战时后方用土纸印刷的名著……你要挑一本，至少也得翻它个几十本，说不定你翻上半天，会连一本也挑不上。

这就需要耐心了。只要没有事情，我常常可以在那里流连半天，这种沙里淘金的发掘，反而给了我以浓厚的趣味，我觉得偶然的成功有一种引诱的力量，一旦发现一本难得的小书，那高兴是不可以言喻的。而且这种旧书摊还有一种好处，他们差不多每天都有新的货色添进，活像是一个穷苦读书人的流通图书馆。大概是有许多生活艰窘的朋友，经常在利用这种"卖了旧书买新书"的方法去补给他们的精神食粮吧，我觉得我大大地沾了他们的光了。

今天收拾箱子，顺便检视一下几个月来用两条腿跑来的一大堆旧书，心上禁不住扬起了喜悦的漪涟，然而，立即也就有一片沉重的阴影袭来，我在想：暂时这些褴褛而可爱的宝贝们是安静而舒适的躺在这儿，但是不知道哪一天，也许它们又会像落叶一样再度飘泊到街头上去了。

①

○ 原载《申报》，1948 年 2 月 3 日第 9 版第 25132 期

---

① 图为上海街头的书报摊。

上海与旧文化 1948

——凌霄汉阁

昨于琉璃厂书摊买得诒晋斋巾箱帖一套，装潢精雅，末册尾注"光绪庚辰上海点石斋印，申报馆申昌书画室发行。嘉丰丁卯金匮钱泳上石"。又见旧小说两部，后注"申报馆本"。友人曰，北人但知申报为老报馆，刊行日报，孰知还有许多出版品。庚辰是清光绪六年，至民国二十九年为次庚辰，今为三七年又阅八载，合计七十年前已有申昌书画室之组织，其继续出版之数量，若加统计，当已蔚为大观。

因思上海一隅，夙称经济中心，繁华世界，誉者比之以东方之伦敦纽约，毁者指为洋场恶习，污垢所丛，此皆不须深论。独关于文化方面，上海实有甚大之特殊贡献，而为一般所忽略。此事不可不一为记。

上海之出版界，可分为"温故"与"宜时"两大显。"宜时"者，适应现代及当前之实用，而随时展布，例如各大书局之针对新教育之教科仪器，供应各级学校之用品，以及社会各方面之"精神的食粮"。各大报馆之编撰、印刷、营业，规模阔大，一切比内地早几步。无论南京、北京，文化人等孰不以上海为取给之渊泉，此为百年来共见之事实，无待申叙。至于"温故"一方面，即是以新法拓印旧有之图书碑帖版本字画等，印制精而产量富，光辉国故，表彰前哲，嘉惠后学，其丰功实效，非全国任何处所能及，即谓文化之重镇，亦无不可。

昔贤有言，著书立说，固是学人所应有事，然著作不易，亦不能信其可传，则莫如"刻书"，着意前人之佳作，广其流传，功在儒林，而己之名字亦附骥以彰。此论自极平实。但旧法刻书亦非轻而易举，不若新法石印、铅印、影印、珂罗版及新仿宋、聚珍各版之便利敏捷，而又精确美妙。是乃科学之赐，时代的恩惠，断非旧时老先生们所能想象。

文化之发展，与印刷术之进步有密切而必要的关系。上海为中西交通第一门户，文明利器，自然有接受之优先权，江南人士举事敏捷，多数有"干"的精神，凡事见到便做，具此数优点（地理的、时代的、人事的），故旧有之线装书、老法刻本，或陈腐笨重，或秘密稀少者，被上海印刷界书业界一批一批的救活起来。点石斋、国光社、有正书局之碑帖字画，扫叶山房之各家笔记小说，印刷整齐清楚，比旧木刻醒目，篇幅匀适，便于观览，亦胜于旧本之"软黯散漫"，参差不齐。其他各书馆书局报社之具有甚好印刷者，无不精印旧书，或搜求秘本孤本，使重见天日，公之于世人，或将习见之书而笨重费多者，加以整理，变为物美价廉，皆是旧文化之功臣。

古老的旧京，从三四十年前起，书市货品即以上海出版占极大多数，新书固是多数，旧书（改印）亦是多数。如老"同文"、老"鸿文"、"广百宋"之带图的旧小说，其字体之精致清整，纸张之洁白纯雅，图绘之雅秀工丽，皆可当"心精力果"四字，在中国美术史上可占甚大之价值，而实得力于西法之印刷。前清光宣时间，老"同文"绣像各小说，在北京市上已视同珍本，照古玩行市。近十年间虽新正厂甸大会，亦不见同文小说，偶有一二残缺者亦索价奇昂，盖已希世之珍矣。

近来大部木刻的线装书被论斤当废纸买卖（有的做包货用，有的做造新纸原料），论者以为可惜，甚至代旧文化悲观。虽有相当理由，但从实际勘察一番，则优胜劣败，天然淘汰，亦属无可逃避。以予自身所体验者言之，家藏旧书，堆垛殷架，满目尘封，多年不动。因凡物贵乎得用，欲阅此等旧书，须用双手捧取，放在桌上占去甚大面积，看了一面，并没有多少内容，即须再翻一面，费时间又费手续，不及上海出版新式翻印之品（当然是"同文""扫叶"一类之本，而非一般薄纸小字密抄之劣制品），清楚便利，事半功倍。故当敌伪时期，因需款易米，将架上旧书卖出甚多。友人有劝阻或叹惜者，予笑曰："搁在架上亦是废物。"所检存者十分之二，则有宋明版各一部，清代大字版两部，及少许精刻，重加整理，仍存架上，然亦只当古玩高拱，与文化并无何等关系。前读《老残游记》到东昌庙想观杨府藏书不得（书中改"扬"为"柳"姓，乃小说例举），作诗有"深锁琅琊饱蠹鱼"之叹。然藏书之富如清代内府，殿开大库，图书充栋，长年封锁，不但蠹鱼蛛网，而且相传为狐仙蛇精之洞穴，即为贵大臣欲启现一二，守者亦动色相告，几与《水浒传》首张天师山上镇压之妖魔一般。试问即使周秦汉魏，字大如斗，本大如船，与文化有何关系？我读《老残游记》，设身处地，假使我为官府，亦必拒绝老残参观，并告以并非居奇自私，实因费半天劲，惹一身尘土，你也看不了几篇几页，长不了多大学问，结果不过在游记上多几句虚好看的门面话。

又如清代《四库全书》，徐世昌在总统任曾下明令派朱启钤专办交某大书馆承印，而未成事实。后来张学良亦有此议，亦算仰慕风雅，然而工类费事，印亦难，卖也难，这都是瞎操心，无事自扰，还不如上海各书局、各报社、各印刷所，于不张皇不标榜中，把许多旧书印行全国，那却是实际有功于文化的做法。

○ 原载《申报》，1948 年 3 月 12 日第 9 版第 25167 期

PART 2
故地书肆

旧时书肆

一二三书店
1929
—— 夏斧心

近来穷极了，从"废止朝食"，又有停止晚膳的趋势。所以无论动静起风，总在想发财。发财之选，固然以绑票为最妙，但其奈没有手铐何？古人说过"逐什一之利"，在赚钱的事业当中，要算是最合法而且清高的，那么我何不来做点买卖。然则又做啥买卖呢？自顾一介书生，不如来开个小小书店，眼看着那些同老婆在房门口摆书摊儿的，现在都成了大资本家了。我何不也"试它一试"？

要开书店，第一是要取个好名儿。那些"利顺""德和"……的字眼是不妥当的，因为开书店是"办文化事业"，哪能带那些"市侩习气"呢？这店名是非典雅别致不可，仔细一想，有了，就叫"一二三书店"罢。

用数目字来做招牌是个很时髦而且俏皮的办法，既易惹人注意，又能令人牢记，可算是两全其美了。大凡好的办法，决难让一个人专利，所以这个办法也是不出例外地时运亨通，风行于东西两半球，先是发明于外洋，后来也传入中土。所以随处可以遇到，我面前放着的香烟便是五五五，北京首次雇用女店员的商店便是一五一，此外再如八零八鞋店，四五六咖啡店，六零六、九一四等圣药，数不胜数。凡此等等，其中虽有幸与不幸，发财倒霉的，均不算例外，要之都曾极一时之红，所以如今取这"一二三"的名儿，都不算很坏。

书店取名"一二三"，还有许多别的道理，其中一个是取其数量是选进的，希望将来生意兴隆，利市百倍。又一个理由是我这个书店打算仿照一五一百货店初开张的办法，即是打算固定书的价目。一五一者本来是指每件货价非一毛，则五毛，非五毛，则一块。我现在也想出版书籍，每本价钱，非一毛，则两毛，非两毛，则三毛。古语说得好，"识时势者为俊杰"，大凡干一件事业，一定要看清时代潮流，当今之世，在我们贵国要想开书店，非照我的主张不可。因为在这国家多难、四方困穷的年头，一般少爷小姐，看电影上馆子尚称困难，哪里还有闲钱来买书。一本书定价到一元之多，真是荒谬绝伦，而岂有此理。倘使定价不出三毛，倒还勉强过得去，因为买糖果脂粉的余资，还可以来得及买一两本消遣。至于除了少爷小姐是读书人，此外还有谁要买书呢？就此奉告海内外诸大著述家，切不可做长而太专的文章，没有人有精力来看那些东西。

定价在三毛以下，以近来外国纸价钱之高，书本则难免小而且薄，其实这也是无妨于事的。因为轻巧便于携带，可以养成手不释卷的精神，好学之士，多买几本，谈起来，是藏书若干册，大可以表白他之学问渊博，岂不妙哉。

我这书店的第二个出色之点，是书籍装订之改良。装订是近代的一个大问题，有许多博学多闻之士，曾痛加讨论过。比如说线装书都应该一把火烧了，或拿去"塞茅坑"，所以现在的书都作洋装了，夫然后我们的思想才不落在西洋之后。再如切边与不切边的问题，也闹了很久，正如妇女的头发之变为鸟巢，不切边似乎也打倒了切边。然而这都已成了过去，我所侧重的是封面问题，我现在的朋友直心太郎（非东洋人）常向我赞叹近来新书封面之进步，你若走过书店的门口且看那五颜六色的花纹，由不得你不注意，国内有很多画家，就是替人画封面出名的。本来著作家和画家都是艺术家，是应该彼此帮忙的。封面画家和广告画家常可一人兼任，因为这两种才真本是二而一，一而二者也。近年来这种画家的身价比一般画家超出许多倍，他们是有用的人才，就看普通学校里要请图画教员，多半是愿意出高价请这种人，那是自然的道理。不过以后书来得多了，恐怕这些人有些供不应求，为保全我这书店不知坍台计，我想出一条妙策，我想与其请他们去涂些红红绿绿，不如去取买旧织布，包在书上，下面一样的可以署着某某作封面。一来是废物利用，二来是准可将得"藏书家"

的欢迎。这又是个一举两得的策略。

再则每书有几个封面，可以随时佩更，书名亦不妨多取几个，可以任凭购者随其爱好而择那中意的，好在封面既可挪动，他不妨同时买许多不同名儿不同图案的封面去。

〇 原载《天津益世报副刊》，1929 年第 29 期第 3 页

在北平六小时——津沽巡礼追记

1931

——《文艺新闻》记者

　　为着家务，记者在上月七日回了一次天津，顺便到北平接洽本刊发行和通讯的事情，这一次行期很短促，尤其在北平仅耽搁了六小时，当然，在这样短的时间中，所看到文化的表现。只是些简略的大概了。

　　天津出版界的沉寂情形，诚出乎记者意料之外，大小新旧书店二十余家，自己出版书的仅一家没有门市的百城书店，出了《今日之国际问题》和《中国社会问题之理论与实际》二本书，此外都是代售性质。文艺和社会科学的书籍，在天津销路很不好，代售的只有天津书局等七八家书店。此外那些书店橱窗内所陈列的大都尽是些什么"剑"，什么"侠"。尽登些姑娘照片的画报，和低级趣味的"冰糖""密丝"，都有很好的销路。除大公报有个《小公园》外，其余的报都没有副刊。销数近二万份的小报——《新天津报》的抓住读者的唯一力量是凭着每天都载的《雍正剑侠图》《五女七贞》《明英烈》《三侠剑》四篇长篇小说。于此可见天津新文化的力量是多薄弱啊！合众周刊社的《合众周刊》，女子师范的《朝华月刊》，白云书店（晨光中学）的《探病及其他》诗集，新北方月刊社的《新北方月刊》，及各校校刊，算是这广大沙漠中几匹骆驼，对这几匹骆驼，我们除深切同情他们的勇气外，似乎不应再有什么苛严的批评吧？

　　剧团在天津，现在仅存的只法商学院的新剧研究社、艺术研究社和南开的新剧团。在记者抵津次日，正值新剧研究社公演《父归》《可怜的裴迦》《获虎之夜》;艺术研究社公演《山河泪》;南开在游艺会里男生演了本《死网》,女生演了本《我俩》。话剧在天津常时依附在游艺会里,观众所欢迎的不是话剧,而是相声、魔术和京剧等。这次他们公演的成绩虽并不好,但他们在这种漆黑环境中,不顾一切的干的精神,是值得钦佩的。

在北平六小时中,记者曾走了几家书店,这里有个很好的现象,新的出版物并不多,而新书的承销力很大(二百份《文艺新闻》在卿云书局只一天就销售净尽,当记者和卿云执事接谈此后发行问题的一小时中间,亲见购买《文艺新闻》者达卅人之多),这证明文化之在北平,是有着一般的基础的。

另外有二点是南方读者们所享受不到特殊情形:一、有许多关于思想的在上海所没有见到过,或禁售的书籍,在北平是无阻碍地流行着;二、凡一本有价值而销路极好的书,北平都有翻版,购买时可照原价打四折或三折,这在百物昂贵的时候,于一般穷读者不无少补。但希望做翻版生意的朋友,对校对要认真些,免得贻误一般穷读者。

中国文化最初是五四运动自北京开展出来的,现在虽然许多文人学者都集在上海,但记者此次在短促的印象中知道在那尘飞之下,是有着多数的实际努力的人,他们埋头在书案前,在准备着未来的动跃。待记者又从轮船下来踏上上海的土地时,这商场逐臭的一切又涌上眼前了。且草留这一瞥的足迹吧。

○ 原载《文艺新闻》,1931 年第 13 期第 2 页

南京的书肆之街
1932

——若虹

在南京秦淮河的冷寂的一角,几列简陋的屋子里,住下了五百个从各个不同的环境里来的年青人,这冷寂的一角就被年青人点缀得热闹起来。天还没有发白,尖锐的号声就在晨风中飘荡着,这是附近散落着的居民引为陌生的,随着是一列一列的年青人,全穿着同样草绿色的军服,跑着步,挺直着胸脯,步伐落着像是响着一种有节奏的音乐,庞大的影子反映在将要消失的晨星的天幕下,远近都笼罩在蒙蒙的晨雾之中。这五百个年青人就在公共体育场开始了活动。他们整队回来的时候,在他们熟透了的那个桥上,仍是只有一两个挑着满篮菜蔬而赶早市的贩卖者,下午这一些年青人又走向操场去的时候,这桥上有几个男女倚着门口观望着这些赳赳远去了的影子,每天是这样有次序的生活着的五百个年青人,我也就在这个场合中把日子打发过去了。有时这群年青人也会在附近的第一公园消磨了可爱的黄昏。

只有星期日这里是最热闹的一天,对面几家为我们开起来的杂货店子,聚集着很多买零碎吃的年青人,虽然没有大学生们那样阔绰,把每天所需的食粮取在零碎上面。星期日是如何的值得宝贵,年青人都爱惜着光阴,找朋友去,找爱人去,上街去买一些应用的对象去。寝室的走道上,教室旁边的广场上,这时是看不见几个人影,只要时间有便,大家埋着头的教室,这时也只有寥落的几个写信的同学们,那是在南京很陌生的失了故乡的那些东北人。在星期日，我也同样的不能把这时间放过，有朋友打电话来请我去吃午饭，有的朋友写信约我去游燕子矶或是栖霞山，这些我全不感兴趣，而我最欢喜留恋的就是那花牌楼，多么美丽的名字呵！因为在那花牌楼中有一段有很多的书店，我就叫它做书肆之街吧！有人说这是南京最繁华的一条马路呢（太平路）。这并没有夸大，这里是具有了都市街头的典型，我逗留着，依次的在每家书店安闲的翻着，我像饿极了的一样，对于这些食粮恨不得一口咽下去。为了划算经济的限度，我在许多诱惑我的书肆之中留恋着，身上的钱常是在这些书肆之中离开了我，有时想把身上的钱买一些应用的物品，但是，到了这书肆之街，钱是受不住的会跳到书贾的手上去。

我不愿看大公司橱窗下的奢侈品，我不愿听那播音机送出来的音乐，还有那安乐酒店的小吃，世界饭店、大华饭店、国民大戏院，在今天这些场所会找出许多消磨光阴的公务人员们，还有那个魔窟似的夫子庙，在今晚是会疯狂起来。

我是喜欢在这太平路上的书肆之街留恋着，在今天的晚上，红绿电灯挟着眼睛，汽车、公共汽车、歪戴帽子的新绅士与小姐、卖夜报的孩子，我在一家书店里安闲的翻着书，这情景我好像在上海，在上海四马路的一家书店里。

十五日于秦淮河

○ 原载《循环》，1932 年第 2 卷第 10 期第 9—10 页

长沙的旧书店
1934

—— 谢钧

长沙的旧书店，真是发达，一条九十多个铺店的玉泉街，它们就占去了二十三家。数年以来，有增无减，现在，有几家已延到长康路，生意之盛，可思而知。

这里学校之多，在本省看来，实足自豪，就中学校便有四五十所，自然教科书也跟着需要的多。不幸得很，长沙一面受了世界不景气的狂潮打击，一面围着它的农村又时闹穷荒，尤其在今年旱灾降临之后，人民的购买力日弱一日，在这种情况下，试问从农村出来读书的人，连学校应缴的费用都有些照顾不来，又有几个能购得起动需十角半元一本的教科书呢？旧书店发达的原因，或基于此。

店里的书籍，倒也琳琅满目，应有尽有。比较的说，线装书占多数，几乎家家都是如此，上自经史，下至什么百法，无不包罗，《古文辞类纂》《经史百家杂钞》……这一类的书籍更不少，《史记》《汉书》的版子，有的也不坏，我疑心这些书多少总有些是店主们娘屋里搬来的；洋装书多半为教科书，这，也就是他们的饭碗。杂志在此地，没有一点踪迹，有之，无不过是几本五六年前的《东方杂志》和《少年杂志》，现在的新月刊，如《论语》《十日谈》《华年》……那全不必问及，恐怕连这些名字他们都不知道的也有之。

旧书店大半是夫妻两口经营，这一点，倒有些像上海的纸烟店，实在，料理几本烂书,这种简单的事务,根本也用不着邀伙计。所以到那里去买书时,随便问一个就够了,无论被问者是男、女、老人或小孩子,货的有无,价的多少,他或她们都弄得清清楚楚。有时我们因急需某本书,一个妇孺答声"没有"时,我们一定不相信,而要她去找一找,其实这是多事。

  书价的高下,以新旧为转移,然同一种书,各家的价格大都相差不远。由此我们可以推想到,他们同行中是有联络的,不然,二三十家铺店,你也烂价,我也烂价,在彼此的资本都不雄厚之下,那不是徒然损失了咱家,便宜了别人吗?

  从这些书店里买来的书,自然要占些便宜,但是一本书至低也要四五折,有时,甚至七八折难逆料,然而我们时常看见有些人,拿着一堆书卖把他们,结果,所得代价却不过几角钱。照此说来,他们每年似乎要赚一笔大财了。事实却并不如此,原来,他们收售旧书籍,都以需要者的多寡及货的新旧为标准,如果你拿一件旧的过时货给他们,不受拒绝已是很讲面子了。

  店员除交易外,擦图章印,去铅笔字,钉书和磨边,也是他们经常的工作,因此,即使是本破旧的书,经过这番手续,拿出来也并不讨厌,虽说赶不上新书的姿势,这,也许多是学生们乐于光顾的一个原因吧。

  因为他们买卖兼营,最占便宜的,当首推偷书贼,旧书店没出现时,没失了,还可寻找,现在可无须费心了,因店员把书从贼手里接到后,便弄得很好,只等待第二个所有主的降临了。这一来,穷学生们存书的方法,不出二途:假定某本书要长久保留,无论正文或空白,都盖满着许多红红绿绿的私章,"谨防扒手",此其一;不十分重要的,索性留心保藏着,铅笔固然不乱涂,即印子也不盖一个,好待读完后,拿到书店里去,多换几个钱,此而二。也有些学校当局,雕一颗"某某学校学生用书,各旧书店不得收买"的木印,藉图镇压。

  事实告诉我们,春初秋中,两届开课时,是这些书店"运走鸿钧"的时节,此际此时,我们可以看到三五成群的男女学生,或挟着书,或空着手,从这个铺店踱到那个铺店,如游鱼穿梭,真是大块文章难以描述,尤其在各种不同的制服和制帽上,来湘参察教育的大人先生,千万不要忘记了这玉泉街,玉泉街上的旧书店。

在长沙读书数年，有些学校的名字，不知道者有之，但是没有一个学生不知道玉泉街。

是的，长沙的旧书店，集中在这里。

○ 原载《十日谈》，1934 年第 2 卷第 10 期第 9—10 页

南京书摊访问记 1934

—— 罗以

书摊是真正民众读物的最普遍最活动的推销处。每当夜晚时分，在每一条街上，你总可以看到一个半老的贩子守着七尺高的一具书架，灰黄的煤油灯光下面，站着几个翻书的人。这架子通常是用篾片编的，也有木板做的材料，左右两爿，放开来靠在墙上是摊子，收起来两爿对合可以背着行走，每一爿上下分五六格，每格都用绳子横拦着，就在这上面整齐的排着出卖的书和单页的唱本。

书和唱本都是用最起码的纸张和最下劣的印刷方法印的，可是卖价也低廉，普通七八页的册子，四个铜子就可以买到了。这是现行民众读物销行关键之一，印书者为适应读者的购买力，不得不取最低的价格，售价既须低廉，自唯有减轻成本一途了。其实一本售价四枚的小书，自原出版者起，曾经二三转手，最初的批价，至多怕只有二大枚。印书者如果要在书上赚钱，只有多印多卖。我们看这类书籍出版家以及出版种类之多，便可想见它销路之大。

在南京所见到的摊贩书（包括单页唱片），约有下列数种：七字书、鼓词、淮戏、演义小说、时调（有单页与集子二种）、旧时启蒙课本及应用文（尺牍、杂字、楹联、三字经等）、皮黄戏本，此外还有《房中宝》一类性智识书，推背图一类鬼话书，也有附售碑帖及廉价版本的笔记小说之类的，并有连环图画一种，大概都是租着看的，听说因为当局禁租的缘故，不肯公开放出来，只藏在摊后。各种书籍当中，据我询问所得，以七字书与时调单页销路较佳，购买者多半是小商人。

我曾打听南京城里城外这样的摊贩共有多少，据一位姓潘的摊贩告诉我，说总有一百二三十人。自然这不见得是可靠的数目，但就我所见而论，确也可信其为数不少。他们设摊的地点，大概有一定，好像各各划了界限似的，但每个摊子白天和晚上所在地点常不相同，这大概是为市场情形所限（如早上在有菜市的地方不能设摊），或朝晚行人集中点转移之故，摊贩大概因为年老力衰或无甚特技，多半专靠这一行吃饭。我问他们每天能卖多少钱，他们答的都是"少则一吊多些，多则二三吊"，对生人报告本身经济进益，以多报少自是一般现象，并且所得的数目中，有一部分是租金，不是卖价。租书在摊贩中可称是好生意，虽然每次所入，仅有数枚铜子，但原本甚轻，算来利息极大。不过无论怎样，书摊生意交易不旺，利子又薄，摊贩生活之清苦，可想而见。天下做"小生意"的人，原都是因为不能筹大资本，没有旁的道路可以发展，才弄个摊贩或担子糊糊口的。街上有的是标着"收买旧书，出租小说"的野鸡书店，如果有力量而又爱在这方面干干的话，哪个摊贩不愿意照样开一家啊。

另一方面我却想到每摊每天一吊两吊的货物的卖出，平均称六十钱一本，一吊是十七本，两吊是三十四本，合全市一百余家算来，这每天的销数也就不少了。他们卖的书，百分之九十九是上海闸北几家小印书局出版的，如椿荫书庄、槐荫山房等出有许多七字书，昌文书局、尚古山房出有许多鼓词，此外，这类书的出版者为大达、大通、刘德记、美术、章福记、茂记等，南京本地，我所见者仅有廉美一家（地点不详）。我曾采问他们向上批发的办法，据说都是现钱对现货的，但问到他们怎样从上海批来，每个都含糊其辞，不肯实说。我相信这些书得到南京分销，必在南京有代为批发的人家，要他们摊贩直接向出版者这一家那一家去批货，事实上决计做不到。现有代批的地方，那地方我想也该是个书坊，要买这种书，到那里去成批的买，一定会便宜些，所以竭力向摊贩打听这批书处，可是他们总不肯实说。我忽而从自己采问的动机想到他们不肯实说的原因，原来他们为保障自身营业的防御策！但正当我认为向他们打听乃"此路不通"的时候，有一位摊贩竟因感我多做成生意而从实回答了我，说是叫"借珍"的一家。我记住了名称地点，到第二天就亲自去找，找了半天，非但那地方没有称"借珍"的书坊，旁的店铺也没有牌号称"借珍"的。再采问，知道听错了，应是"聚珍"。但那地方也没有叫"聚珍"的店，问了好几次，好容易在一条巷子里找到了。原来是一家住家，不是什么书店，不过门上有块漆水斑驳的白铁牌，墨底子上可以看到"聚珍书局"四个字，但是那样的模糊不显，平常过往的时候决计不会留意，门开着，我就直闯进来，院子里有一个上身着的军服下身是扎脚裤的汉子在踱着，我就打个招呼，问什么地方买书。"这里没有书买！"我不觉一惊。自想不会摸错门路，而且问话时又不曾带丝毫火气，那位朋友准是和谁呕了气了。又想这样的人物，眼高手低，最会看风，也许因我穿着平常问话幼稚而瞧不起我，于是郑重声明我打算和他们做一批不小的交易。但他回答的还是"没有！这里卖的，都是大批货，起码每本二十本！"说罢，掉头回走。我看他那种无可挽回的神气，觉得即使二十本一种买他几十种，只怕也有问题，只得暗暗叫声倒霉走了。

　　走后在路上想想，那位朋友以决然的态度回绝我，实在很有道理。批发店原不做零卖生意，而贩卖这种书籍，在批发者与零卖者之间，更有深一层关系。批发者必赖有一定的零卖者去广销，零卖者则需批发者不随便零卖出货才会有生意，如果批发者兼做零售（即使价格不廉），结果便致两败俱伤；其次，这种书籍当中，常难免有诲淫诲盗为官厅所禁止的书，贩卖者怕吃官司，所以"严密关防"，不肯和陌生人做交易。同时我又想到摊贩们含糊其辞的原因，并不如我所猜的那末简单。

○ 原载《民众教育》，1934年第2卷第3期第118—120页

广州的旧书坊
1934
—— 澄江

无意中从杂志知道了外国也有不少旧书店,而且去逛旧书店多是上流人物,他们在那里可以发见古本书籍,可以买到最精美最廉价的书,所以他们在旧书店中像猎犬寻求野兽,像矿工发掘宝藏。

可惜我没有机会去逛外国的旧书店,但是广州文德路的旧书店我是常常去逛的。在初去旧书店并非有逛的意思,不过在一个很忙的下午和一个朋友去搜求一本旧书罢了,所以这不能算逛,因为"逛"是要有"闲情"的。后来因为自己需要一本书,那时用款又不大充实,唯一的方法只有去文德路去搜一搜,并非有必得的存心,不过有一种很大的希望,这是真的。真造化,费了一块小洋,便把那本书买回来了。当时起了一种感激心,对旧书店发生好感,此后便常常去逛。

文德路的书店实情是怎样呢?先说文德路罢,这条路除了几间学校外,其余的通常都是古董店和旧书店,过去的人常常说"双门底卖古董"的古董店,就是现在文德路的古董店,这样看来文德路是一个收藏旧东西的所在。

因为这个原故,所以这条路含有一个颓唐的景象。若是对于旧书本和古董不能发生兴趣的人,他是断断不能去逛的,因为那些陈旧书籍发泄出来的气味已足够他闷慌了。

总算起来,文德路的旧书店大约有三十间,有七八间是较为完备,其余多是有名无实的。在初,旧书店只有十几间,后来因为旧书籍的需要增加,和卖旧书可以得厚利钱的缘故,又增加十几家。旧书铺多是中外兼有,经济书籍、文学书籍、机械书籍,种种不一。总之,价钱是较新的来得便宜,比方一本历史,新的要十二三块钱,在这里用二三块钱便可买得了,这是极合一般想买书而购买力薄弱的人们。

旧书的来历是怎样呢?一方面是穷困的文人拿去卖,卖了一本希望可以买回别本;一方面是有些学生读完了一本书后,觉得那书再没有大用,所以把它卖了,得回一些钱来作使用;有一方面是由跑街的收买佬买得旧书后,再把它转卖到旧书店;还有一条来路是盗窃而来的,你不要觉得惊奇,不长进的人们,是会盗窃书本来卖的。

我现在再来陈述一点买旧书的经验。倘若你去买旧书,最好不要穿美的衣服,脏一点也不要紧,这处的地方是不大清洁,泥尘水湿,如果你穿一件美好的衣服去,常常会被弄污。而且老板们看见穿美好衣服的人,他们会开大价钱,有便宜书买不着,要买贵书,这又何苦呢!所以我去买旧书,多是穿着陈旧的中服。

第二,买旧书的人,一定要有耐心,不要性急,一性急便买不到书或是买了贵书。你不要利用看完戏余下来的半小时,或是想用十分钟,买完书便去吃午饭,因为这里的书没有图书馆分列得这样整齐,中西古今,各类书籍混在一起,若是不用心神,不用眼力去发掘,你便寻不着你想买的书。其实那本书明明在你的眼前也不定。倘若你已经发见你想买的书,你不要性急,做非买不可的情态,若是这种情态一表现,老板便会把你利用,开大价钱了。所以你一定要有耐心,发见了想买的书时,要慢慢地和老板论价,添值不要快。记着,这时不是做阔少,这些旧书若是便宜方值得买,不便宜只可忍痛离开书店,待别时有机会再去过。

还有一点要注意的,就是你想买的旧书可以在小的旧书店发见时,你就不宜去大的旧书店去发掘,因为小书店的书常比大书店来得便宜。大书店会请一个有学识的人做顾问,在书上定下名称和价钱,比方一本 Economic,他会把"经济学"几个字写在书页上,和定下一个三元或五元的价钱,买这种书是不能得多大便宜的,我记得我在中学的时候,我去一间小书店买了一本外版物理,不过用了六毫钱吧。

文德路的书店确令我发生一种兴趣,想买平书的人们不妨去走走。

○ 原载《南风》,1934 年第 10 卷第 2 期第 1—3 页

北平旧书肆 1935

—— 商鸿逵

我记得在《人间世》某期上读过一篇《书店》，觉得写的很好，很在行，只是所写多偏于上海新式书店，这截止到现在还不失为中国旧文化中心的北平城里那些"旧书肆"，却也蕴藏有不少"奥妙"，趁今日闲暇也写它一写。

北平的旧书肆区，在老年，就我所知，有一厂二寺，厂即琉璃厂，它是具有几百年历史的，迄今未衰，"厂肆"二字在中国藏书史上至少是免不了要提提的一个名词吧。二寺即慈仁寺与隆福寺，慈仁寺（今名报国寺，在宣武门外）在清初颇兴旺，顺康间人笔记中常见述及，如今却是连一些书影儿也没有的了；隆福寺起初只是些书摊，每逢会期，赶来摊卖，现在发展的也不下二十家店肆了，其中还有几家规模够大的。记得去年南方某书店来北平采购旧书，先到隆福寺，进入一家，骤睹琳琅满目，便拣选了些。又进一家，又买了些，顷刻用去数千元，后来又到琉璃厂，见藏书之多且十倍于隆福寺，未见大买，**囊资已尽**，遂赞叹叫绝而返。

过去书中谈及厂肆等地方的很多，专记的有李文藻《琉璃厂书肆记》、缪荃孙《后记》、叶德辉《买书行》等，以繁不引，只叶氏《书林清话》书店轶事上有几句话："吾官京曹时，士大夫犹有乾嘉余韵，每于退值或休务日，群集于厂肆，至日斜多挟数破帙驱车而归。"这种余韵，今日犹有，什么考究版本的鉴赏家，爱往旧书堆里钻的大学教授，附庸风雅的买书者，侨居我邦研究所谓"汉学"的洋人等等，都算是厂肆的长期主顾。

书肆主人，以往都是江西金溪籍，兼有江浙籍，盖皆南人也。到现在却多换了别地方人了。这里面怎样一个衍递，不甚了了，或谓，在先之南人，多为进京会试、名落孙山的举子，赧颜归里，便思做生意，旁的生意不会作，只好卖书，念书人卖书算最接近的一行了。可是，虽然做生意，究系"由儒而贾"，难免要带点"酸狂气"，对于奉承，自然差忒。偏巧一般买书的达官贵人又好"奉承"这个调调，纯生意人于是便大得手了，主顾一到，装烟倒茶，躬出揖入，一味周旋，再加上他们的"负苦耐劳"精神，渐渐便夺去江西人之席。就我所知，某书肆主人背包袱时，每串大宅第，常当人面从袋中取食黄粱窝，询以故，则诉曰："卖书能有多大赚头？不得不吃这个。"如是，人怜其苦，便不与他争值了。这套把戏，酸狂举子，怎么能扮得来！

说到做生意方法，旧书肆与新书出版家又大不相同。新书是要拉些有名作家作后台，旧书却全靠采访所得。大一些的书肆，差不多常年要派人到各省各县去收买，性质颇近古董商，有时虽一无所得，有时可获利无算，像那部哄传一时的《金瓶梅词话》，在山西买来时才数十元，一转手便卖了数百元，再转到购主便千数百元了。

近年的刻版书价总都算涨，原刻或刻得精一点的都贵的了不得，宋元版不谈，即小说戏曲之类，一部《贯华堂水浒》就要五六十元，清晖阁《牡丹亭还魂记》非百元莫办。去冬我见着一部《十二律昆腔谱及京腔谱》想买，开口便索价四百，近年更有人搜罗淫词小说，两本《旧刊肉蒲团》也值二十元了。

书价的涨落也看风头，胡适之先生谈了谈"传记文学"，谈到汪辉祖的《病榻梦痕录》，《梦痕录》立刻涨价，林语堂先生表表袁中郎，《中郎集》又涨起。

县志近年价也大涨，大概是先有某国欲考索中国风土地理而采买，随着我们也感觉这个重要而争买，一部偏僻不经见的县志，论本头也须一二十元。前天一书贾向我说，要有一部《香河县志》（属河北）能卖八十元。

"禁书"也了不得，载在禁书目录的书，不消说是卖大价了，即现在还在禁的那部《清史稿》，原定价百元，现售至四五百元，书是不管好坏，一禁便贵。

传钞作假，更是旧书肆的拿手活，遇到罕见的书，不管刻本抄本，他们能用染制好了的旧样丝栏纸誊写上几部，有时会当"传抄未刻本"卖，一捆子烂卷残稿，他们能描改挖补，装帧什袭，杜撰个名目，充"稿本"去骗卖。前年有书贾持一旧纸影印《玉台新咏》，冒称明刊到某图书馆求售，结果，居然被欺，用重价收下。

卖书还须有一种手腕，是攀交名流。要名流作甚呢，名流能替介绍主顾，凭他一言，书既可留，价且多给，名流也乐得接近他们，一来能借着多见些好书，长长见识；二来，高明些的书贾，他那点"横通"工夫，却真也"颇有可以补博雅名流所不及者"（章实斋语）。原来旧书主顾，尤其好讲究点"版片"的，常离不开这些；规模大些的图书馆，中或外，或中外组织的学术团体，少数有力的收藏家，这些，非是名流在那儿主持，也和他有关联有友谊。

这般书贾的记忆力也特好，谁已有何书，谁尚阙何书，谁欲觅何书，谁不收何书，胸中都有个大概，他在收买时固早在留意，拿来时你也定会十九中肯。

截至今日止，旧书肆生意，总算不恶，不过，今而后，便不敢说了。图书馆以连续的收买，普通些的都有了；外邦人因金价跌落，搜罗之勇，也大不似从前；私人收藏家又越来越少。最欢迎的自然是私人收藏，因私人资财的持久无把握，子弟的优劣无把握，无论到哪个无把握时，书便会"流通"出来。图书馆藏书却是"一入侯门深似海"，永远不得再与"市"见，图书馆拍卖藏书，机会总少吧！这么一来，所谓"珍籍"，能经过书肆人之手者日稀，生意也便日稀了。

一般新出版家的影印旧书，也给打击非小，有了影印精版的，谁还肯买劣刻的，商务印书馆印了各省通志，通志只好落价，中华书局印了铜活字本《古今图书集成》，谁还肯花五百元买那集成局两羼纸的匾字本？

以我看来，旧书肆今后若想发展，还须另寻途径。

○ 原载《人间世》，1935 年第 29 期第 30—32 页

北平的文化街 1935

—— 月山

有人把北平叫做"文化城",其实近代文化的物质基础,北平的好像不如上海的来得稳靠。就拿几个名气大一点的书局来说吧,商务、中华,总厂都在上海;等而下之,开明、现代等书局,在北平的只是支店而已。发行上、印刷上,各书局好像都以为上海较北平为便利,实际上上海也是来得比北平便利,那么文化城一名,好像应交给上海才对,为什么北平反倒是文化城呢?

细想起来,北平既不是商业城、政治城,或工业城,而照人口说又是全国第二大城,这样坐第二把交椅的大城,不给它一个漂亮一点的名字,像是总不合适的。于是在比较上说,北平还是文化城的,反正北平教授学生够多,诗人文人也够多,名为文化城也不至于太过分,太名不符实的。我想,这就是"文化城"的来源吧。

我们且看看文化城里的文化街。

且不要误会,说是北平真有这样的一条街叫做文化街。没有,文化街就是琉璃厂,俗名叫厂甸。琉璃厂其实也并没有真的制琉璃的厂,只是那么叫,这就像松树街不一定有松树,羊肉胡同不一定便有羊肉什么的一样,只是那么叫。至于为什么,就是更老的老北平也是弄不清楚的,不用说我。

至于琉璃厂为什么叫文化街,这个我却知道。原因是书店多,纸笔店多,卖画卖帖的店多,卖古玩古物的店也多。我且说句趣语:文化街里的文化店(这么叫吧）的招牌，个个都写得够神气，绝没有难看的、丑的，由这一点也可看出文化街的一点风味来。

说得更实际些，文化街不应只是琉璃厂，琉璃厂东口外的杨梅竹斜街也应叫文化街的，世界、开明等书局就在那斜街上，其他古玩纸笔店，也不在少数。不过比起琉璃厂来，好像总是逊一筹的。文化街与斜街都东西向的，中间隔着一条名字来得有趣的街：一尺大街。一尺大街并不长也不大，只是略形弯曲，生生把文化街与斜街分开，要不然斜街是满可以名为琉璃厂而同享文化街之名的。

无论怎么说吧，琉璃厂至杨梅竹斜街这一带总是有些文化色彩的。这一带的"文化店"大部分还是卖旧书的多，其次就得说是字画店（裱糊拓帖等店属此类），最少的是寥寥可数的几家卖新书的店。于此也可见文化街的大概的。北平究竟是多少年的文人出没地，旧书旧帖这类东西，自然要来得多些的。阳历年和阴历年的正月头半月，是厂甸开放的时期，所谓开放，也不过是临时加个市场，凑凑热闹而已。开放期中，由和平门过师范大学以至南新华街南端，足有二里长的一条街，满是卖旧书旧帖的摊子，文人者流连其间者，自然不在少数，这总可见旧书在北平的势力了。

新书业中，只有商务印书馆的门面来得漂亮。有楼，这是文化街里的唯一的一座楼，想来和上海高楼栉毗的文化街一定是两样的。文化街就正像文化城，古老，简陋。旧书旧帖把文化街支撑起来，新书籍的势力，在文化街是并不大的。至于新杂志等书，销售地已不是文化街了，东安市场和西单市场是它们的本营，买杂志而上文化街，多半是会失望的。

〇 原载《申报》，1935年7月31日第18版第22365期

书店 1935

—— 蒲絮

书店，有人认为是推行文化的先锋，也有人以为只是牟利的奸商的一种。平心而论，虽是两极端的批评，却都可以算得中肯。孔云亭《桃花扇传奇》第廿九出借书商蔡益所口里唱的曲子道：堂名二酉，万卷牙签求售。何物充栋汗牛？混了书香、铜臭、贾儒、商秀。怕遇着秦皇大搜。(《凤凰阁》)

书和铜，香和臭，贾和儒，商和秀，把这几种不能混合的成分，混合在一起，这就是所谓书店。

然而，在许多旧式的书店里面，上自老板，下至擦水烟筒、倒尿瓶的学生，简直有辨不出书之为香、铜之为臭的，他们对于书，只知道哪种好销，可以赚钱，哪种不销，不能赚钱，和绸缎店倌的对于绸缎，咸鲞店倌的对于咸鲞，毫无异致。在新式书店里面，这一类的人也还不少。我曾听得某书店老板说："书无所谓好坏，好销的便是好书，不好销的便是坏书。"还有一位大名鼎鼎的书店老板曾对他的伙计们说："只要在白纸上印了黑字，我都有方法推销出去。"在他的鼻孔里，当然更无所谓香臭了。

今年是"不景气"的年头，什么事都到了"尖锐化"。书店"尖锐化"的表现，无过于一折书的大倾销。定价一元的书，只卖一角，硬绷一点的买客，还可再打一个九折或八折。据说，批发价已经跌到一折六扣了。倘使你从腰包里掏出一张五元的钞票，就可以得到这么一大捆，非雇了黄包车不能带回家去。

"便宜呀，便宜呀！"买书的人都这样嚷着。有人想，书价这样便宜，几乎连买纸张还不够，做老板的岂不蚀杀老本？然而听熟于此道的人说起，虽然卖的这样便宜，书店老板还可以得到三分钱的厚利。所以现在有一位大老板，已经预备二十万资本，专门做这项一折书的生意。在闸北买了大块地皮，造起不少房子，再添上许多印书机，预备打倒一切的旧书店。

更有许多人想，一折书卖的这样便宜，还可以赚钱，大家都竞争着做，那些实价发售的书店，岂不是要大发其财么？为什么还有许多书店天天喊着亏本，甚至于要接二连三的关门呢？这叫做"戏法人人会变，各有巧妙不同"。否则，卖五香豆为什么也要内行呢？

从前中国的书店，卖的都是木版书。书的来源，有些是宋元明旧椠，有些相互向人家租了家藏版来印。资本较大的，自己也刻几幅小说戏曲一类的木版，互相交换贩卖。到了石印法和洋纸输入中国，印刷便利，成本减轻，许多书店，都利用了新法来印，于是时文课艺、医卜星相、小说戏曲、经史子集，多变成了石印的本子。起初还注意到校对的仔细，字迹的清楚，纸墨的精良，定价也比较的贵。到后来为的专门注重在"铜臭"，便"江河日下"，把成本竭力的减轻。到了现在，一提起石印书，在我们的观念中，好像只是一些黄黄的油光纸，错误讹夺连篇的文字，模糊细小的字迹，松松的一捏就散的装订那种册子。无论哪一个人都觉得要头痛的。

但是，成本虽然减低，定价却还是照旧。一部六本或八本的《三国演义》，不过角数钱的成本，他的定价可以八九角或一块多。有些自以为懂得一点的买客，问他有多少折扣，他可以告诉你九折或八折。再三的论价，用七折或六折，买定了，以为是大大的便宜。其实还不止对折转弯的赚头。如果这些书统从印的店家门口卖出去，钱固然赚的很多，生意却不会很大。生意的推广，完全靠一班客帮，就是内地各处的贩卖商人。因为内地很少印刷机关，所以这些书都要到上海来批发。所以旧式书店老板的唯一本领，就是熟悉客帮。客帮的走水先生到了上海，大概都住有一定的客栈。你要贩书，用不着跑上书店的门去，只要一落客栈，就会被许多书店的跑街伙计攒住，或者从茶会上找到你。那时这位走水先生便非常之忙，今天某家请你吃饭，明天某家请你听戏，后天又是某家请你上堂子，弄的你花天酒地，应接不暇。等到你吃也吃腻了，玩也玩厌了才问起你这回要配些什么货。你如果觉得吃的他太多，把配货单送给他，他就如获至宝般带回去，明天便整大捆整大包送上门来。里边有你所要的书，也有你所不要的书。问他折扣，四折三折随你去做，说明钱带的不多，要挂一点账，节边年底也随你的便。只要你肯把书带回去便是"婆婆万福"了。

这种石印的旧书，都是无所谓版权的，无论哪一家都可以印。但在同业里面，也有一种不成文的行规，就是这一家印了这部书，别家便不作行再印，要印也须得到人家的允许，否则就要受同业的排挤。所以各家所印的书，大多数是各不相同。倘使需要别家的书的时候，也不必用钱去买，可以用同价值的书互相交换。书店的大小，就是用版子的多少来分别。

书店里面，用不着什么编辑员，只有几个缮写员和贩卖的伙计，薪水也都很小。但里面却有一种极好的调剂法。就是几个小伙计，可以拼起股子来印一两本旧书。本钱挂在账上，赚来的钱大家分派。所以旧式书店的伙计，正薪虽少，外快却是很多。

从废科举兴学校之后，才有新式的书店发生。买了新的书稿，或聘请了专员编成新书，别家不准翻印，这是比较新近的事情。到了版权法颁布，新书店有了一重法律的保障，便一天一天的加。新书店的成本当然不及从前的低，定价却也不能过高，但折扣却不像旧式书店的滥。因为只有独门出入，所以对于客帮，也不必像旧式书店那样的迁就。可是，一本新书的销售，决不会从出版的书店直接便到读者的手里，不能不经过那贩卖人的手。一般的读者，便从这里吃了大大的亏。

普通新书的定价，大体为成本的四倍；就是成本二角五分的一本书，那定价总在一元左右。倘使每本书都从书店直接卖给读者，书店的赢利，当然很可观。但因为有贩卖人的存在，便发生了问题。普通对于贩卖人的折扣，大约从八折到六折，也有对折以下的，完全依了书店做生意手腕和看了贩卖人生意的大小而定。倘使平均作七折计算，定价一元的书，出版家所得到的还有七角。可是中国的幅员太阔了，一家上海书店的书，可以北至蒙古东三省，西至新疆西藏，南至南洋诸岛，无论哪一家大书店，都不能在这样广大的区域内，于各城市镇遍设分店，势不得不靠贩卖人给你去推销。贩卖人除了从折扣里取的利益外，最重要的条件是赊账。因为他们决没有这么大的资本，用现钞向你买了书去，搁在店中，再一本一本的卖出去。现在书的种类又多，销行不销行全不一定，万一用现钞买了来卖不出去，岂不大蚀其本？所以书店的放账，是不能避免的。一年做五十万元生意的书店，大概总有三十万元以上的放账。最好的年岁，这放账至多到年底可以收回一半，像近一两年能够收起两三成，已经算是很好，甚至于不到一成的也有。因此放了账几乎等于送脱，不放账便没有生意可做。现在，让我们把新书店的利益来计算一下：

假定有定价一元的书一千本，成本为贰百五十元，其中一成，直接卖给读者，收回一百元。还有九成，用七折批发出去，本来可收得六百三十元，如果作为对折收进，可得三百十五元，共收回四百十五元。除著作人版税一百五十元，净得二百六十五元。那么，本店对于这部书的纯利，便只有十五元。这一千本书全数达到读者的手里，那读者所出的钱，总数却是一千元。如果一部书只销一版，书店怕只有蚀本的份儿。

有人想，这样看来，贩卖人的赚钱，不是比出版家的来得大吗？其实也不尽然。他们虽然享有了三成或四成的折扣，但里面有水脚运费，有汇水，有利息，有开销，有时也须打一点折扣卖出甚至也仍然有放账，所赚的纯利，也不过和出版家相仿。至于欠账，也不一定卖出了不还，实实在在也还有许多存货卖不出去，叫他们怎么还起？何况也有放账呢？

新书店最大的生产，要算教科书。别的书买不买随读者的自由，教科书却是由学校强迫着读者去买的。所以，教科书生意，为一般新书店竞争的目标。但是，在近来，教育衰颓，学生减少，生意已经不及从前，竞争却反比从前剧烈。小学书六折，中学书八折，已成为公开的折扣。批发价再是五折六折，另加回佣，这样，利益不会再厚。放账方面，却比普通书更大。这欠账的人，不一定是直接的贩卖人，却往往是采用教科书的学校。近来几乎无论哪一省的教育官厅，没有不欠官立学校的教育经费。内地有许多官立学校，往往要靠了书店才能开学。就是学校对于学生，在学费中带收教科图书费，而一面却向书店欠账。书店为贪图生意，不能不放。有时候校长撤换了，书店便放了倒账。

教科书最怕的，便是教育部变更新学制。学制一变，从前印成几千万几百万本的旧书，立刻变成废纸，只能切碎去包花生米。听说去年有某大书店，受了这学制变更的影响，几乎弄得关门。所以非有大资本的书店，都不敢冒这编印教科书的危险。

照目前的情势，书店几乎已经到了末路。旧式书店，在从前固然很赚钱。但一到折扣日低，放账日多，便也没有办法。从这里想谋出路的，便是一折书。但这种生意，非有大资本不可。他们的纸张，一定便是一两千吨，每种书的印数，起码总是几万。一方面凭籍市面不景气的赐予，排版印刷装订的工价都减到了极度，所以虽只一折，还可赚钱。而且因为折扣太低的缘故，可以少放账。然而油光纸石印的旧式书店，却因此受了极大的影响，因为这些一折书比起那些旧式石印书来，便印刷清楚，纸张好看，定价又是低廉，脱手来得容易，贩卖商人自然趋之若鹜。

一折书的盛行，对于从前那些油光纸石印的读者，是很有利益的。倘使某大老板的计划成功，把那些石印书店完全打倒，而一折的成例，可以永久维持下去，并且使买书的人个个都知道这一类的书都是照定价一折，不上那些贩卖的人高抬折扣的当，未始不是中国读书界的一大革命。然而，谁也不敢这样乐观。

一折书不但影响全部的石印旧式书店，连新书店也受了大大的打击。新书的定价实在太贵，虽是爱读新书的人，因为"囊中少有钱"，随便买一本一折书，也不妨过一过瘾。而且那势力也会逐渐侵入到新书里去。侵入的路大约也有三条：第一是完全的翻版。不管你的著作权有没有注册，他们翻印了再说。好在中国的法律，是不会有极重大的威严的，无论怎样打官司，被翻印的花了许多钱，费了许多事，结果翻印人也不至于吃怎么大亏。所以翻印的自然乐得翻印。第二是变相的翻版。对于新出的集子，可以来一个选集，近来什么短篇小说选、小品文选、日记文选等等，已经非常流行，将来都会变成一折书。这样，在读者方面固然得到便宜，著作人方面却未免要吃大亏。第三就是印售一折书的店家，从一些倒闭的新书店收买了若干种陈旧或低级的新书版权，也一样作一折书来卖。

在现在，新书业的挣扎，不出两条路：一条便是极力吸收函购客户，使读书的人直接向出版家购买，这只要看近来各书店函购广告的竞登，就可以参透那里面的消息。倘使读者都养成了函购的习惯，将来也许会使书价减低。但这事也所谓有利必有弊。最重大的，就是许多滑头的书店，把一本毫无价值的书，取一个漂亮的书名再登一个天花乱坠的广告，一买到手里，却是一个大大的失望。甚至于收到了钱，不把书寄给你，一封信两封信去催，永远如石沉大海，也是常有的事情。所以各书店的吸收函购政策，近来虽然比较发展，却决不能因此消灭中间贩卖人。

新近交通部举办各地邮局免汇购书法，也可以算得一个进步。但此举也不见得会十分发达。第一，因为邮局经手的折扣还要八折，而买客却须十足付出还要加邮汇费，比直接函购更贵。第二，邮局里只备一本书目，不能把书目里所有的书都备一本在邮局里任人翻阅。如果能把这两点改良，我想贩卖书店或者会被邮局打倒，减轻书价便利读者的希望也不难达到。

新书业的还有一条出路，便是发售预约。这也是直接买卖的一种，而且在书店方面预先收到钱，不会有欠账的危险，在读者方面也可以得到便宜，可说是两利。但这事必须有信用的大书店才可做，而且只限于价值较大的书。

向来没有知名度的书店，发售预约，老练一点的人，决不会理他，否则也往往会使你上当。至于一二元或数角的书，既不能登广告，送样书，使读者先明白书里面的内容，自然不会有人来预约。

这几年来，各大书店都有几部几百元或数十元的预约书，往往第一部的预约才截止，接着便来第二部的预约。表面上看起来，好像中国的文化大大的发展，骨子里却实在只是暴露着书业的不景气，竭力在吸收现款。有些大书店，听说欠出的预约书款，有一百几十万元之多，要把第一次的预约书印出去，还清欠款，势不能不再发售第二种预约。所以起初是为了吸收现款而发售预约，现在却为了要还清欠款而发售预约，欠款永没有还清的日子，预约便也永没有断绝的日子。把大书店建筑在预约上，这是何等的可怕！

然而，预约却是决不能永远发售下去的。第一是大部书会得有出完的日子。大部的旧书只是有数的几种，大部的新书又不是一年半载可以杂凑而成。

所以有的只能把印过的书，变换了方式一印再印，有的把出版了十年的零星旧书，集起来作为丛书，甚至有的已经在登报征求出版计划了。这都是预约发售不下去的预告！第二是预约的购买者也会得财穷力竭，不会得一批一批的继续买你的预约，替你拨还债款的。

现在的预约户大约不外几种：一种是图书馆或学校，提出一二百元的经费，买部本数很多的书来装装场面。第二种是民脂民膏刮得较多的军人大官僚和那从前交易所里投机发迹的商人，本来并不会看书，懂得什么书籍的好坏，不过为了要假充斯文，装饰他们新造的客厅或书房，便拿出几百块买几部新印的古书来摆样子，其实等于"皇帝的新衣"，即使里面都是白纸，只要把书根印得好，也是一样的。至于真正想读的穷酸，即使偶尔看到广告，也不过讨一本样本去当作屠门的大嚼罢了。

第一种预约书的顾客，本来只有一点有限的经费，决不会永久光顾；至于第二种的顾客，有了几部作装饰品也已经很够，决不会像书呆子的对书发生兴味。即使新顾客不无产生，也不会很多。所以预约书纵使可以川流不息的出下去，预约的客户也要逐渐的减少，何况不能川流不息的呢？

这样说来，中国的书店，不是已走到绝路，不必等到"秦皇大搜"，早可以关门大吉了吗？"盛极必衰，剥极必复"，这是中国人认为必然的定理，也许到了"山穷水尽疑无路"的时候，会得现出"柳暗花明又一村"来的。但据我的意见，一定要低折扣、滥放账的书业旧方法消灭，书店才能存立；一定要有真能决定书籍内容好坏，肯替读者谋利益的人来经营书业，书店才能繁荣。如果专从吮吸读者的鲜血着眼，是决不能站脚的。

○ 原载《人间世》，1935 年第 19 期第 8—12 页

太原文坛 1935

——荪波

大概是三月或四月间太原新刊行一种月刊，名字是《中外论坛》。在太原那么多的刊物中它是最后出的，但是它的名誉、销行及实质却与其诞生的年月前后无关。这种期刊的编制与南京中山文化教育馆刊行的《时事类编》极相仿，完全刊登译自东西洋刊物中的论述。除了关于国际大势、经济、社会问题等的文章外，也登载一点文学作品，如高尔基、辛克莱的文字就曾经选译过。这刊物的撰述人大半是以前北平《世界论坛》的执笔者。所以其编制、取材与《世界论坛》简直一样。这刊物极可赞美的是其芜杂的一致，读过它的人一定会同意的。

我们应该讲一讲与刊物有关的书铺。在铺着石版，曾经繁荣过的剪子街的书店里，皮藏了各种的古籍，这些店子里的高贵货物大概从原物主卖到后就让"京客"携出娘子关。据说北平一个大图书馆前几年花了可观的巨价买得那部古本《金瓶梅》，就是所谓"京客"者在太原花了一百元买了，而以十余倍于此的价目卖给了北平那个图书馆的。一本书由太原到了北平就可以增加十几倍价值，无怪许多山西人藏着的珍贵书籍不知不觉地就跑出山西了。这些书铺除了一班风雅的达官、年老的硕学常光临，一般人是不会问津的。

新的书铺中，同仁书店与觉民派报社是个中心。大凡新出书籍、期刊，在这两处都可以买到。社会科学书与文学书同样的多也同样为一班学生购买着。

买社会科学书与买文学书的可以维持一个平衡,这倒是一个值得注意的现象。刊物中以《论语》有最大的读众,常常今日新到一期,明日去买已不可得。因这两个书店的努力,一般人都知道除了"子曰学而时习之"的古文《论语》外还有,讲"哈哈笑"比古《论语》要一百倍有趣的今文《论语》。甚至老先生们也知道"幽默",因而怀着杞忧。因《论语》之非常流行,使在中学里教国文的年青先生们也和老先生们同样地持了不进步的论调。就是不教国文的,对于中学教育关心的人也担心中学生有了太多的幽默。《论语》之外刊物,如《文学杂志》《文学季刊》都是很流行的。其他的刊物如《译文》《世界知识》《外交月报》《科学画报》等也很能畅销而为大家所喜欢读。

太原现在是无所谓文坛的,故无文坛消息可报告。过去十一二年至十八九年间太原的报纸有许多文艺副刊,那时确曾有过"文坛",并且还很热闹过。那时最能写作而又颇为省内外人所知的算沐鸿。沐鸿写诗,也写小说,后来曾和高长虹在上海办《狂飙》,最初的《狂飙》,他就是一个撰稿者。其后高长虹出国,沐鸿也跟着没有了消息,作品也不见了。

○ 原载《国闻周报》,1935 年第 12 卷第 38 期

从厂甸买书说到北平的旧书业

1936 —— 蔽芾

为什么偏偏要从厂甸说起呢,无他,在偌大的北平市里能够把差不多所有的旧书业者都聚合在一起,却只有这短短的十五天的集会而已。

其实,关于闲谈厂甸的文章似乎也大可不必写了,其故约有二端:从废历新正上元节的厂甸停止到现在,屈指算来已是两月有奇,过去的事情早都变做了"明日黄花",还有什么意思可提!此其一也;再者,现在拿厂甸来做题目实在不大容易讨好,原因很简单,就是差不多应当说的话都早已经被知堂老人在《厂甸》和《厂甸之二》两篇文章里面先讲去了,并且都讲得那么好,同时自己年纪究竟很轻,博闻卓见的经验自然不行,就是对于书籍的选择和鉴察的普通知识也还是差得很远,其陋也可知矣。

举例来讲,在厂甸开始的那天——废历大年初一,无意中在一家冷摊上看见了一本题名叫做《拟禽言》的抄本(也许是稿本),下意识地拿起翻了几页,连其中的诗体是律是绝,是五是七都不曾注意就随手放下——其实我也是颇喜搜集记载风土人情的书籍的。方一转身,便看见知堂老人以大洋三角易之而去,想来大约总是"看了中意,便即盖上图章,算是自己的东西了"吧。这,我并不懊丧,心中反而极觉欣愉,深深地庆幸那薄薄几页的小书得以贮入苦茶庵中的书橱里。老人在去年九月写过一篇关于禽言的文章,内云"这也是我所留意考察的一件事"。今此书之归老人,岂非"物得其所"。真的,千里马常有而伯乐不常有也。闲话讲得太多了，经济的窘迫也是我买书的致命阻拦，这个似乎不必细谈，总之，知堂老人的"大约十元以内的书总还想设法收买，十元以上便是贵，十五元以上则是很贵了"的最低标准，我都是不敢轻易尝试的。好像刘大杰先生在《春波楼随笔》说过生平计有五恨，其一便是古书价昂，我亦常有此感。往往遇到一部好书，翻阅再四，不忍释手，《吴晓铃集》及至一问价钱，也便只好悻悻去之，但，心中真是痛楚万分的。有时和书肆主人熟识，便请他为我留存，约以时日。于是"背城一战"便开始了，各处告贷求帮，当然不在话下。同时鞋子绽了，由它；袜子穿了，不买；再把八元钱一个月的包饭停止，去到切面铺食用七分钱一餐就可以饱的烩饼。及至抱了那一函线装由书肆踱出了时，心中实在是怦怦地跳动着的。为了这个，所以此文可以不写，但是终于不得不写的原因也在此处之也。

几年来厂甸的旧书摊还不算少，他们占据的地带是在海王村公园西边的南兴华街的东西两旁便道上，南起琉璃厂中间，北迄国立师范大学，也许还要过去些。合计起来，总会有里许之长的，如果挨次仔细浏览，不遗一摊，那么至少须要破费两天的光阴，若是"走马看花"，当然不在此例了。这些书摊多是宣武门内外的小市、东四牌楼、西单商场、东安市场、隆福寺街等处的小书肆小书摊的"化零为整"的集合。此外还有那些终日走南闯北、跑山东、下河南、搜求书籍的贾人也把他们平日里积存的残余书籍拿来凑趣（在这里是常常会被我们发现珍贵的册籍的），平时他们并不做门市的交易。现在稍大的书肆如琉璃厂的来薰阁，隆福寺街的修绠堂之类，多不到厂甸摆设浮摊了。这个对于我们这些穷读书人是没有多大影响的，他们都印有书目，但我们只能花费五分邮费函索一本当做菜单一类的东西翻翻"以解馋涎"，或是当作书目答问一类的东西读读过瘾而已。当然其中会常有好书，也许恰为我所需要，但往下一阅那令人咋舌的价目，便会使你的购买热诚立刻烟消雾散。

譬如说，琉璃厂的一家书肆藏有一册抄本的《张小山小令》，书目上的价目开得是二千元整，真是吓人，也未免有些"岂有此理"。张小山的作品在元人散曲中是不是最足珍贵、最有价值还是问题，这里姑且不谈。但，此书幸好尚未售出，如果有人肯买，那才是"更岂有此理"了呢。

又如某书肆最近得到一部《拍案惊奇初集》，大版，精图，大约是"姑苏原本"，三四十元还算值得，可是当他们拿到北京大学图书馆去的时候，别人一问价钱，开口便是"一百"，少一个子儿都不行，结果是怎样把书抱来的又怎样地抱了回去，因为我们能够读着《中国文学珍本丛书》的《拍案惊奇》就很知足了。我也会以八角钱买过一部《雷峰塔传奇》定本，在大书肆里便非二元五角不可。

北大的同学商鸿逵君曾在《人间世》上写过一篇《北平旧书肆》，以为"旧书今后若想发展，还须另觅途径"，盖"私人收藏家的越来越少"和"一般新出版家的影印旧书"都给予旧书业的打击不少，此外，大旧书肆的价目不很公道，当然也是其营业不景气的原因之一。可是小书肆却占了这个便宜，同时他们的购买者的范围又并不像大旧书肆的只限于私人专门收藏家的那样狭窄，他们拥有的购买者是许多的大中学生和普通士人。近来私人收藏家和大学教授们也多走到这条路上来了。在厂甸集会的上午，东四大街的傍晚，西单商场的黄昏，宣外小市的清晨，你常会遇到"道貌岸然"的斯文老人，或是臂上夹着皮包的教授先生伫立在书摊旁翻检那一堆一堆的陈旧古董。

自己颇有购买旧书的偏嗜，"爱屋及乌"，于是也很喜爱古旧的书肆。当你蹑进一家湫暗低陋的书肆门限时，穿着土布制成的长袍宽袖旧式服装、手里拿着白铜水烟袋的老主人陪着笑容、打着呵欠迎你出来。也许那笑容是造作的，也许你会讨厌那打呵欠面孔的神色，但在那种静穆的空气笼罩之下，四围尽是些"满目琳琅"的函册，伸手从架上抽出一部经书翻翻，放下再找一套说部读读，看完篇论文的，又寻段诗话的。真是但觉宇宙之大，也不过包综于这几万卷线装里面而已，便不会不使你忘记了一切身边的琐事，而感觉到一种莫可言传的趣味，这里竟想不出一个适当的名词来说明这种趣味，姑且叫它做"诗意"吧。

至如新式书店则觉市侩气味太大，那是"不足为训"的。最好是一面翻检书籍，一面和书肆主人倾谈，不必忌讳，当然更不必摆架子了。更无须限制题目，天南海北，苍蝇宇宙，东拉西扯，无所不谈。那么，有意无意，间接直接，你一定会听到不少新闻，获得很多益处。至于多见好书，增长见识，是更不必说的了。对于书籍的内容虽然他们不一定完全明了，可是关于版本的真伪新陈、校勘的精致粗劣却知之最详,这是我们读书人所不及的。

记得有一天晚间和一个旧书肆的掌柜的谈了起来,谈到北大的教授钱宾泗(穆)先生,他说钱先生怎样从小学教员一直变做驰名全国的专门学者,又忽然拿起笔来写了一张钱先生的住址很诚恳地劝我去访问,他愿意做介绍人。那天当我和这位掌柜的告辞的时候已是十一点多钟了,市场里的摊贩都早已上板,出口只剩北门一处还半开着一扇,我心中满怀忻悦"踏月归去"。又有一次在厂甸,那书摊的经理人告诉我,周岂明先生是如何喜爱明清的小品文籍,又怎样在《论语》上用了向来不曾用过的笔名写《缢女图考释》;郑西谛收集杂剧传奇;郭绍虞性嗜诗话;马衡、容庚、唐兰诸先生则是研究金石文字的专家;还有谁有什么著作,谁嗜酒,谁怕太太,谁走起路来是一晃一晃……当时真能使我"侧耳倾听"甚至"为之愕然"的,这大概就是商鸿逵先生所说的"横通功夫"了。

胡适之先生曾对北大的同学这样讲过:"这儿距离隆福寺街很近,你们应当常常去跑跑,那里书店的老掌柜的并不见得比大学生懂得少呢!"此言虽似幽默,却大有道理。

○ 原载《宇宙风》,1936 年第 20 期第 436—438 页

北游录话之琉璃厂的面面观

1936　　　　　　　　　　　　　　　　　　　——铁庵

北平若以营业分区，则前门外是珠宝市场的区域，西河沿是旧式客店的区域，打磨厂是刀剑铜器的区域，花儿市是纸花的区域，头发胡同是旧书摊的区域，西皮市是皮条店的区域，西交民巷是银行的区域，崇文门大街是洋行的区域，八大胡同是南北班妓女的区域，船板胡同是洋妓的区域。最近几年，西长安街又是饭馆的区域，王府大街是时髦商店的区域。而历史最久驰名最远的又莫过于琉璃厂书店区域。乾隆年中有一位李文藻，做过一篇《琉璃厂书肆记》，看那时情形，与现在还无甚出入。

春痕："说到此处，我正想到琉璃厂去看看，以扩见闻。你的谈锋姑且稍住，我们就此动身罢！"

铁庵陪着他从厂西门入口，一面絮絮的告诉他道："琉璃厂的铺家有两三种不同的性质。一种是旧日卖缙绅、卖闱墨、替新科翰林卖字、替会试举子制办书籍文具的。这种铺家一自科举废而帝国亡，于是改为贩卖教育用品，于是变成一种不新不旧不伦不类的奇异现象。你却不要看轻他们，北方几省的学校书籍大概都他们经手的，这笔生意也着实可观，赛如上海棋盘街那些书局一样。另外有一种是真正买卖旧书碑帖的。这班人还承袭着乾嘉以来讲风雅讲朴学的风气。他们的主顾是京朝学士大夫。耳濡目染之结果，什么宋元版本的格式，某种书有几个本子，某个孤本藏在什么人家，某某碑帖是宋拓是明拓，是原刻是翻刻，见于什么书的箸录，某字阙某字不阙，他们可以如数家珍。寻常外省没有见过世面的学士大夫，他们还看不起呢。尤其是潘祖荫、翁同龢、李文田、吴大澄、王懿荣这班人的提倡，他们当的是翰林清闲差使，家里又有的是钱，成日便在厂肆里消磨岁月。辗转吸引，便也成了一种风气。大家没事，竟把书店当作公共图书馆。好在这些书肆门面虽然不宽，里面曲折纵横，几层书架，三五间明䆫净几的小屋子是必有的。棐几湘帘，炉香茗盌，倦的时候还可以朝炕床上一睡，吸烟谈心，恣无拘束。书店伙计和颜悦色，奉承恐后，决没有慢客的举动。你买他的书也罢，不买也罢，给现钱也罢，记账也罢。虽是买卖中人，而其品格风度确是高人一等。无形之中便养成许多爱读书的人，无形之中也就养成了北平的学术空气。所谓民到于今受其赐者，琉璃厂之书肆是矣。"

春痕："如此我们随便拣一家进去坐坐，顺手买几部旧书罢！"

铁庵："你要买书，却先要问是什么性质。要是随便买一点作纪念呢，那是无可无不可。要是有目的的买书呢，不是仓卒间买得到的。"

说着已走进了一家铺子。铁庵低低告诉春痕道："你看这架上摆的书也不过是些石印小说铅印尺牍医书之类，岂不令你失望么？你必须踱进里屋坐坐，方才可以看到点有价值的书。若是你要访求专门而偏僻的书，那非假以岁月不可。这种书店，只有同他熟了之后，你要什么样的书，他便可以替你找到，替你送书，层出不穷，而且价钱也往往有很公道的。近年以来，什么奇奇怪怪的书都有人收了。始而有人收方志，继而收家谱，继而收缙绅，继而收闱墨。可以说在北平没有无人要的书，也没有找不到的书。买书之所以必在北平，此之故也。若是寻常的书，听说近年南方几省兵灾之后，世家大族荡析离居，旧书出来的渐多，价值渐较北平为贱，倒不必一定要在北平买。"

春痕随意买了几部书，又与铁庵踱进一家古董店看看，出来便问铁庵道："这些古董店有东西可买么？"

铁庵："常住北平的人，是很少踏足于这班古董店的。除非是与他们熟了之后，有什么要买的东西，托他们慢慢的物色，物色到了之后，慢慢的同他们讲价钱。断没有上门来买货的。如果想买点零碎古董玩玩，那就不如闲时到后门

（地安门外）一带，有意无意之中，或者有些满意的收获。这北平买古董是最危险的一件事。纪昀《阅微草堂笔记》里面说过，他曾用廉价买到几条明墨，得意的了不得。及至磨向砚台，方知是黑漆糊纸做的。他又连带的告诉我们纸糊烧鸭纸糊皮靴的故事。再参考《品花宝鉴》上所说魏聘才在戏园里买琥珀鼻烟壶的纪载，不能不惊心动魄于从前北平人之善于作伪。现在虽然时移事异，然而古董的价值是没有标准的，不是极精明的内行，而又有优闲的岁月，忍耐的性情，实在不容易玩。近年北平市当局厉行所谓不二价，一切的买卖，不准要虚价。惟有古玩商屡次反对，即是此故。"

春痕："古董我本来是不敢请教的，既到琉璃厂来，还得买点笔墨文具之类。"

铁庵："笔墨本非北平的特产，从前因为翰林写白折，进士写大卷，笔墨都大有讲究，只有琉璃厂几家当行出色擅专卖之利。其笔以尖齐圆劲为主，墨用松烟油烟相和，轻重分剂，都煞费苦心。科举废后，这种笔墨既不能雅，又不能俗，也就无人过问了。近年一切都以苟简为第一要义，所以公务机关及学校对于笔墨的消费虽比往日增加，却是笔只能用粗制的小楷羊毫，墨只能用一得阁的墨汁，写出来的字，只能痴肥得像墨猪一样。一班文化程度显然低落了。只有一件事却是近年来盛行的，就是狼毫笔之中兴。北平书画家都讲究用狼毫及紫狼毫、鹿狼毫之类，这种笔久已失传，有一两家笔店颇能参用日本笔的制法——其实即是古代笔的制法，做出来刚柔适中，挥洒如意。自民国以来，字体却是被解放。所谓欧肌赵骨的馆阁字不时髦了。既有人爱古雅的字，自不能无古雅的笔。于是旧纸、旧墨、古法印泥、古法颜料之类也连带着应运而兴，其实字画未必能古，而工具却比从前反而精美了。春痕，你如要买点文具之类，我劝你买几枝仿古的笔试试。骡马市大街的李福寿制的尤为精妙，可以电话叫他送来看的。"

两人说着,觉着琉璃厂已无可再流连,因又谈到琉璃厂的历史。铁庵告诉春痕道:"琉璃厂得名,是因为前清工部琉璃窑所在。当时大概还很荒凉。书肆之盛,也不过乾隆以后。照李文藻所记,也不专是书肆,还有补牙卖药的店铺,至今海王村公园还有些遗迹。所以每年正月,城内外的人都要来逛厂店。因此便有卖珠宝的,卖字画的,卖古玩杂货的,卖小儿玩具的,来趁热闹。十年前每逢新年到这个地方来消遣的,各色人等都有。文人墨客很可以在小摊上买些旧书破古董,而所花的代价极轻微。你要知道这就是古代市集的遗痕。直至于今,不独琉璃厂,还有东城的隆福寺,西城的护国寺,都是这种性质。隆福寺也有旧书可买,不过都已经同琉璃厂一样变为固定的店家了。在清初则不在这些地方而在慈仁寺。王渔洋曾在慈仁寺摊上买过客氏的名片,他每天不在家,朋友来看他,只要找到慈仁寺便遇着了。京朝士大夫的风度是如此的。"

○ 原载《宇宙风》,1936 年第 21 第 473—474 页

武昌的旧书店 1936

—— 洲九

住在武汉读了这一两年的书，都市的繁华，什么我也不曾领略过，一切的什么社会相，戏园、茶馆、烟窟、妓院……我都不了了。然而，我也仅有余暇，而且，一有了余暇，也是必得要去消遣的。可是我所去消遣的地方，唯一的只是逛旧书铺而已，间或也许走到专卖杂志的地方去。这就是我的闲暇的生活。

逛旧书铺，自然为的是想能够买到一点合意的便宜书，所以，一有了闲暇我便去逛逛，但往往总是空手而回的多。因为在这种地方逛的回数太多了，便对于此地的旧书事业，不知不觉的知道了些许。于是，也就想以这为题来谈谈，这里只仅就自己所知道的写一写。

便宜与吃亏

武昌的旧书铺，密集于察院坡、横街头这一带，尤其在横街头非常之多，夸张一点说，我们无妨称之曰"林立"，因为这一带地方除了旧书铺以外，别的却没有什么惹人注目的买卖。

横街头、察院坡这些街名，竟因了有旧书铺而著称，这里旧书售价的便宜，实闻名于省会以外的各偏远小县。每年当寒暑假的时候，由外县来省升学的学生，差不多无不到那里去观光观光的。

的确，这里旧书的卖价实在便宜，一种书的出售，常比出版家要便宜十分之六七乃至八九，有时候在那里出售的，并有些是新书，其索值尚不及原价之半，但买主也尽多有吃亏的时候，因为一般老板的讨虚价的本领太辣了，每回讲价他们总是要故意特别多说，那么，你于成交时究竟是吃亏与否？则就全在乎你个人的善于还价了。和书铺老板讨价还价，实在是讨厌的事情，然而这毕竟是他们牢不可破的习惯。

他们还有一种会看风色的本领，比方说，每当二月或九月，学期开始的时候，他们也能应销一点旧课本子，如果某种书问津的人多一点，那就是他们高抬价格的机会到了！虽然，他们的售价仍是要比出版家便宜一点，但这时的便宜，却是微乎其微了！

货色与主顾

一般旧书铺的资本，大抵都不雄厚，只看他们的门面，十之五六都是那么破败不堪的，里面堆的多是写污烂的无用的残书，局面好的实在不多，有几家坏得几乎全架所陈，连半本可买的书也没有。

说起他们的"旧"来，真是旧得可以，有一家铺子，所有的存书总共虽有两千册，而那些书呢，至少都是五六十年以前的新出版物，尽是些早已过了时代的关于法律、政治、社会或算术、医学之类的老古董，陈旧而且无用！再有，也无非是些颜、柳、米、王的碑帖了。如此旧得十足的旧书铺，也竟还能年复一年的支持着，不见倒账，这究竟是奇迹！

大概资本雄厚的旧书店，或者还是在北平的琉璃厂一带，那里，我虽然不曾去过，但从北平的文人写的文章当中，可以领略得到一点。那里的旧书铺，大半是出卖古版或孤本等贵重书的多，常以学者、藏书家，或大学教授们做主顾的，而武昌这里的旧书肆，本来就是"小巫之尤"，自然不配谈这个。多半都不过只能卖一点大中学课本，各种参考用书、原版书，及旧杂志而已。

旧书的价钱，当然是便宜，然而有时并有好多出版不久的新书，也当作旧书贱价出卖。所以这里的主顾，学者、教授们来得少，来的都是无非是些图便宜的学生们。

商业家庭化

开旧书铺的似乎都不肯雇用店员，一切的一切，都由老板亲自照料，如果老板有儿子或有兄弟的，便是由他的儿子或兄弟来给做副手，还有些竟是以内老板来帮忙做副手的，这大概是叫做商业家庭化吧？

一般旧书铺的老板，尽是市侩，他们的内老板，所有都是些初等教育也不曾受过的女人。然而，有些却是生意经，能够做买卖，假若她的老板出去了，或有别的事务忙着的时候，这时，她便来负责照管一切。她一面抚抱着孩子，一面扎着鞋底，但一遇有顾客临门，她便来和你折冲樽俎。并且，她对于她店里的存书及价格，都知道得非常清楚。她们本来都不大识字，可是，只要你所想买的书是她店里有的，无论是日文书、英文书或法文书，大概检出来给你，总还不致有什么大差误，这可真是训练有素也。

我所知道的横街头还有一家，似乎早已没有了老板样的，两年来，每天就看见那家只有一个中年妇人，和一个十四五岁的孩子，两个人孤苦伶仃的在那里支持着旧书铺的残局。这样的女人，总可以算得是巾帼的须眉了。

收售旧书

人人都知道，旧书铺是卖旧书的，但在他们铺面的门前，大都贴有"收售旧书"的字样。这是表示它除了出售旧书以外，也还收买旧书。然而，惭愧得很！笔者对于他们收买旧书的情形，实在太不熟悉了，但却有另一种经验，知道他们除了收买以外，尚另有一种增加旧书来源的法门。

下面是一个忠实的报告：

那一年，当我初到武昌来读书的第一个学期，因为生疏于省垣学校的情形，曾经吃过一次大亏。那正是开学上课已经三四个礼拜了的时候，刚刚才把各科课本及日常应用的参考书配购齐全，自然是全把它锁在自习室的抽屉里，过了不几天，居然统统给失掉了！同时，我的同学波君，比我失窃的书还要多。把两个人的损失合计起来，至少在三十余元以上。当时自然明白，这不分明是给人家偷走了是什么？想到这绝不容易会弄回来了，所以只有自认倒霉，也不愿去找它，唯一设法在旧书铺里去从容配补而已。

后来，我和波君，天天午后便到横头街及察院坡一带去东买西补。有一天，恰恰我们又把所失的书买转来了一册，这样一来，便使我们大为兴奋。于是，乃又追踪去找，结果，竟然在另一家发现了我们所失的书的大部分，当时我们便指着证据去找警察，请为我们设法追赃，谁料警察先生的答复，是出乎意外的！他说："……本来，旧书铺也是收旧书的，你们不看见，他们都是挂着'收售旧书'的招牌么？像你们这样的事实，从前也曾发生过的，及正式去向他们交涉的时候，他们总一味推说是在门上收买的人家的，不肯负其他的责任，这叫我们警察能如他们何？难道你不准人家收买旧书么？这件事，假若你们一定要去找他们，当然是未尝不可，不过，恐怕也还只能得到这种类似的结果。"

警察先生的一席忠告如此，你还能另有什么高明呢？

〇 原载《西北风》，1936 年第 8 期第 19—21 页

济宁的旧书铺
1936

—— 孟晖

济宁旧书铺与古玩铺,集中在南门大街北段,那是热闹地方,顶容易找。街道颇宽,是南北通衢,两旁不短的是书,是古玩,架上柜上齐整整排着的,门口摊上乱哄哄摆着的,都有。加上那徘徊在铺子的围绕着摊儿的看书赏古玩的人,到处显得拥拥挤挤,看过去街道便窄了。

说是旧书铺,新书也有的是,只是来者多数为的旧书而已。那些旧书,名目繁多,而且那些名目又是很生疏,不是别处旧书市场所常见的。为什么济宁有这许多稀罕的旧书呢?大概不外两种原因:一、从唐朝以来,济宁是山东出人才的地方,那些"文人雅士"们,大都会弄笔墨,所以你也出集子,我也出集子,好像现在上海"海派文学家"们的大量制作一样,于是数量方面便很可观。二、济宁原是鲁西名城,地方也比较安静,任官们大都流寓于此,书籍自多庋藏,等到近代资本主义努力兴起,那些封建旧家便日渐衰微,于是破落户中公子哥儿们,便把那"饥不可食,寒不可衣"的旧书论斤出卖,所以旧书就充斥市场了。

还有那些古玩,也本是"仕宦旧家"所收藏,因遭了上述同样的原因,而流入古玩商人之手,遂列肆以出售。除了旧书铺与古玩铺之外,济宁还有许多旧货摊,只要天不下雨,那些摊儿便陈列在大街之旁,管摊的人也席地而坐。在那破铜烂铁之间,有时也有些古玩杯盘之类,这显然是从前的"席上珍",而现在却被旧货摊收来了。从这种地方去观察,也颇可以获得一些社会转变的消息了!资本势力跟福建势力斗争,封建势力是吃败仗了,虽然资本势力也在摇摇欲坠之中,即将被社会主义的新兴势力所打倒。

○ 原载《西北风》,1936 年第 7 期第 20 页

跑旧书铺子
1937
——烟

  程先生到苏州，我伴着他到几家旧书铺子去。我们计划，先走小铺子，想在一般人不注意的书堆里，找寻些冷门书出来，价钱可以便宜些，因此先在玄妙观和牛角浜去乱闯。可是他们也知道这个生意经，冷门书也居为奇货，并且搜求者差不多时常到那里去的，像用筛儿滤东西一般，几种比较好的书，早给一批批的光顾者取去，剩下的都是"书渣"了。后来走到护龙街的南端去，按户擦屋，向北走过来，凡是有旧书的，几乎没有一家不到过。书摊上固然不值一翻，就是书架上，都是看了教人头痛的经史居多，连集子也难得有冷的，一言以蔽之，普通而已矣！当然无可留恋，偶然督掘出几种杂著，他们便漫天讨价，竟当它宋元版本看待了。程先生是喜欢买冷书的，所以只买了六七种，其余的都不值他一顾。

  本来我在上海同他谈过，苏州的好书，是留不住的，各处都要搜罗的，上海更多，因为交通便利，朝去暮还，可以整天浸在旧书铺子里的。还有收藏家，也高兴到苏州来，像访山林隐逸般，非但好书才发见，立刻有人拉了去，并且把书价也提高了不少，还有几家铺子的老板，不懂什么冷和热的，在他的眼光里看书是值钱的，就拼命的喝出高价来，苏州的旧书市面，竟成了鲜鱼桑叶早晚不同了。程先生这回到了苏州以后，走了许多书铺子，觉得我的话是事实，因此他也灰心了，不再前进了，我说索性到大书铺里去，老板是知道大市面的，编成了书目，标了定价，八折七折，倒容易讲，虽然占不得多大便宜，却也不至吃多大的亏。他同意了，便到几家有"埠际交易"的铺子里，果然有几种还可以看看。据说越是小说弹词之类，近年销场越大，价钱越卖得起，这一种趋势，是值得注意的，并且和最近的文化现象也有关系。

本来跑旧书铺子，要不怕费功夫的，无目的般背了手闯进去，向书架上从头至尾的看过去，抽出几部来翻翻，问问，尽管没有什么中意的书，也得和老板，或是伙计们攀谈几句，一天也不能走几家的，有时他们会从阁楼里，或是卧室的箱子里，捧出些好书来。

就是问价，也有过门。最好多拣几种，还价起来，也便当。最要紧是我所看中的书，不给他们看出来，就是看出来，也得平心静气，不能三言两语不合，转身就走，要徘徊逗留，若即若离，欲擒故纵，使出各种的方法来应付。就是双方不能接近，也得留一点余地，好作第二次的访问。

我们跑旧书铺子，即便一无成交，也增加了不少阅历了，但是上海朋友，难得有这种修养功夫的。结果程先生费不到二十块钱，买了十多种的书去，似乎已经有点满意了。

○ 原载《读书之友》，1937 年第 1 卷第 4 期第 89—91 页

苏常三日记
1937
—— 阿英

五月八日下午,得寿昌兄自苏州发来长途电话,知道他和翰笙兄一行,已于当日中午抵苏,约作洞庭山之游。当时以事不能成行。直至十日晚,他们从洞庭山回苏,才和尤兢、王惕予二兄赶去一晤。乘晚十二点车启行,到苏州已二点,在东吴旅社下榻。

十一日,上午八时起身,同去苏州饭店看寿昌、翰笙。九时,彼等作虎邱之游,我们进城看书。先到玄庙观,在摊头买得清初刊本《玉娇梨》一残册,字较予改藏明刊本为大,然无其工致。又买得清末小说《新痴婆子传》二册。看至十一时半,尤兢、惕予去吴苑吃茶,我仍留玄庙观检书,直至下午一时始竣事。所得晚清书籍,约达百种。主要者,有杂志《新世界小说社报》《竞立社小说月报》,二全份。单行本则有:

《牺牲》(按即《狄四娘》最初译本)、《女子救国美谈》(热诚爱国人著)、《情天恨》(顽石)、《侠客谈》(冷血)、《双泪碑》(南梦)、《嫖赌现形记》(冶员)、《女界风流史》(陆士谔)、《医界现形记》(郁闻尧)、《黑革囊》(平山懒禅)、

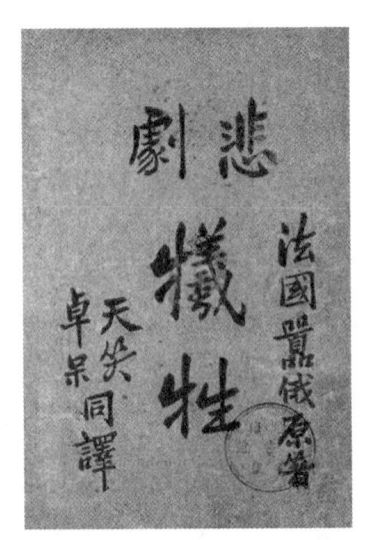

《文明贼》（大爱）、《埋香记》（陈伯熙）、《钱塘狱》（讷夫）、《女狱花》（王妙如）、《裴乃杰奇案》（张默君）、《黄金藏》（《香港日报》译）、《泰西奇谈侦探新语》（昌明本）、《雷电志异录》《海上梨园新历史》（苕水狂生）、《海国妙喻》（梅侣）、《法兰西近世史》（马君武）、《万国青楼沿革史》（美珊芽原著，护花使者译）、《中国学术史纲》（杨志洵）、《罗马文学史》（何震彝）、《血史》（梁启勋）。

传记也收得十多种，主要的有《黑旗刘大将军事实》，管斯骏著，木刻本。《帮助清庭剿灭太平天国之英人戈登将军传》，翰笙作。剧本《李秀成之死》久寻不得，此番亦收到。以外，则有苏格拉底、该撒、释家牟尼、亚历山大、英殖民大臣张伯伦诸人传记。五四以后之绝版书，亦有收得者。旧小说，只买得光绪连史石印小本《海上花列传》一部，计十六册，二函，版本与前此所购者完全不同。

下午一时，到吴苑小休，旋同往松鹤楼午饭。饭后，尤兢往女中去看左兵，惕予则往访亲戚。我至护龙街看旧书。于摊头得《小说七日报》二册，系前此未见者，亦晚清文学刊物之一。又《评花宝鉴》《如意君》各一部。弹词小说，收到乾隆四十一年原刊本《陶朱富》一部，二十卷。今年在苏所收弹词，当以此种及兰蕙轩刊本《芭蕉扇》二十八回为最佳。旋至公园东斋，尤兢与左兵等已在，惕予亦继来。谈至六时，相偕出城，移住铁路饭店。晚十时，寿昌、翰笙、汉文来，谈新南剧社及海上剧运事，至夜二时，并将《戈登将军传》交翰笙携去。

十二日上午，往苏州饭店，寿昌已去东吴大学讲演，与翰笙及其夫人等至上海粥店早饭。尤兢决随十二时车返沪，留阊门外，我复与惕予进城。我照例的还是去买书。在玄庙观又买得几种，并在摊头吃了饭。旋与惕予分手，我到护龙街，看彼等新收书，无佳者，仅买得木刻本《英雄谱》，申报馆本《西青散记》各一部。又恛愧翁《百一诗》一册，系记旱灾者，颇可读。旋至存古斋购得《紫薇花馆杂纂》

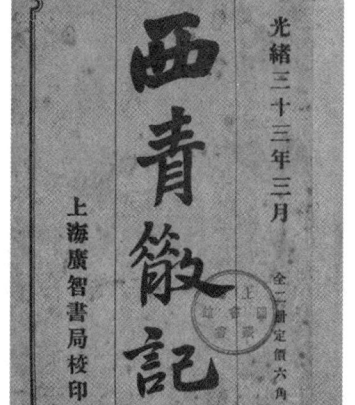

一部，计《南浦行云录》《北征日记》《文稿》各一册，震泽王廷鼎著。《南浦行云录》记当时苏州说书事尚详，予购此书，动机在此。二时，往大华公司晤惕予，打电话到上海，问可华《群莺乱飞》昨日试演结果，据云已通过，惟不得其详。适焕堂亦在院，电话中亦略谈数语。三时出城，有微雨，至江苏饭店，寿昌、翰笙等均在，据云尤兢又复被人喊进城去，未返沪也。

下午四时，与惕予乘长途汽车至常熟，车行甚慢，误点至三十分钟之久。下车后，即至寺前，住大新旅社，惕予去找龚鉴平女士，我去看书。此地有旧书店两家，书虽不少，竟无精品，木版小说则绝无。旋至一新旧书肆，竟买得顺治京都文兴堂刻毛声山评本，《第一才子书》一百二十回一部，及顺治刻桐庵老人评本七十回本《水浒传》一部。又买得旧刻木版本小调一百余种。归后，鉴平及惕予已在，即同去山景园吃晚饭。饭后回旅社，就灯下翻阅新得册籍，并足成晚清曲录一稿。至十二时，倦甚就寝。

十三日，惕予绝早起，下乡买红豆。我去南门外台上看书，毫无所得。归后复至街头，又买得光绪上海书局连史石印插图本《珍珠塔》一部，计插图二十四幅。《珍珠塔》一书版本甚多，自乾隆本起，予虽得有十数种，尚未见到此册，因购之。又得抄本宝卷多种。归旅社，惕予尚未回，因理昨所得小调，尽多佳者，而以苏州恒志书局刊者为最多，其印行时间，为清光绪末年及民初，不知此书肆现尚存在否？下次往苏，当一访也。小调主要者有：

《十二月鸟名》《百勿得》《六门山歌》《六堂妹》《十大姐》（以上五种，皆清刊，无出版处）；

《十把扇》（常熟刊本）、《十占郎》《五更十送》（以上文远堂光绪刊本）；

《三十杯酒》（光绪春阳堂本）、《打弹弓》（光绪椿源堂本）；

《汝河山歌》《姐牵郎》（常熟玉槐堂本）；

《十请郎》《十告姐》《十告郎》《十谢郎》《十张郎》《十望郎》《十看姐》《十怨命》《十只台子》《十双拖鞋》《新法十送郎》《十条缠子》《哭小郎》《叹十声》《大傲郎》《麻雀五更》《等郎五更》《五更梳妆台》《膡塔五更调》《苏州景致》《无锡景致》《上海马头》《男女十样景致》《留园景致》《三百六十行》《初见情人面》《情郎望姐》《念大姐》《姐送才郎》《二十四枝花》《侉侉调》《四季相思》

《泗洲调》；

《老媛嫁人》《拾杯情酒》《汲洗红裙》《徙居相会》（以上四种为一部）；

《采桑山歌》《后私情》《游春山歌》《合欢情》《新人歌》《闹新房》（以上六种为一套）；

《知心客》《沈七官》《断私情》《打孩子》（以上四种合称小杨清山歌）；

《刁刘氏山歌》《汝河山歌》《岳传山歌》《孟姜女过关唱卷》《哭七七》《西河栏杆》《告阴状》《小民僧》《和尚采花》《卖草囤》《竹木相净》《杨柳青》《小丁香女》《哭沉香》《男哭沉香》《打牙牌》《打纱窗》《新谈迷》《湘江郎》《沈万山得聚宝盆》《香烟花名》（以上恒志书局本）。

上次在苏，曾于东大街购得数十种，与此皆不同。旋惕予得红豆归，打电话约鉴平来，我们去看碑帖拓本。我选购二种，甚佳。回旅馆后，即与鉴平同出西门，雇船游西湖，并一看剑门风景。船至剑门附近，忆及适夷十年前曾游此，并作啸歌，而今则永锢狱中，中心惨然，无心游览。十二时回，去鸿运楼午饭。便买湖园瓜子送若青。惕予则再去找红豆，大有鞠躬尽瘁，死而后已之慨。二时，惕予回。赶至车站，乘三时车返苏，车中遇雨。

四时到苏州，在大东旅社歇脚，往苏州饭店，寿昌等已行。惕予留旅馆休息，我再去护龙街，买得道光辛亥本《珍珠塔》及申报馆本《茶余谈荟》各一部。五时半到阊门，与惕予同去上海粥店吃晚饭，旋即赶至车站，乘六时五十二分车返沪，于九点抵埠。综计此行，为日凡三，两住苏，一至常熟，除与寿昌、翰笙等晤谈外，复得书数百种，亦可谓不负此行矣。适景深兄征日记，因拉杂书此归之。

时一九三七年五月十四日，返沪后一日也

○ 原载《青年界》，1937 年第 12 卷第 1 期第 110—112 页

济南的破书摊
1941
—— 陈雷

所谓"看书揩油",便是看不花钱的书。不花钱看书,本来并不是十分办不到的事,比如上图书馆。可是上图书馆有许多拘束,第一,管理员先生板了面孔,很像一位庄严的老师,让人望之生畏;第二,查目录,填借据,手续复杂。借到书后那正襟危坐的姿势,也让人容易疲乏;最要紧的是第三,有时想看某一本书,到图书馆后,可以一查即得,但看书人在某种心情之下,往往觉得需要看几本书,可是要看什么书呢?连自己也叫不出名,这时很需要那么一个环境,陈列了许多图书杂志或画报,任意翻阅浏览,在无意中发现一段小文或一片小画,随手阅读,那是感到另有一番无上乐趣。可是这庄严的图书馆,是没法解决的。

于是有些人喜欢跑书店,这也是"揩油"方法之一种,可是跑书店也有三难,那就是"出难""进难""问价难"。刚进门时,一想自己并不是前来买书(买是想买可是一摸钱袋,便不敢买了。我曾想有了钱时,把所有的书店,一齐搬到自己家里),只是看看而已。是不是会惹店员们的白眼,这是"进难";出门时觉得看了半天,并不会赐愿分文,店员一定像送穷神似的把自己送出店门。如或被他们认住了面孔,那么以后这大门就更没法再来,这是"出难";所谓"问价难",更可望文思义,看来看去,不问价,不合适,问价以后,怎么样呢?"收起来吧!"觉得怪难出口,这是"问价难"。有这"三难",跑书店也只有"裹足"了。

最合脾胃的办法,那便是逛书摊了。书摊上陈列了花花绿绿各色各样的新旧书籍,没有巍巍庄严的门面,免去出进难,没有走一步跟一步的店员,可以不须问价,书摊多半摆在行人路旁,在路旁一站的时间,便可以欣赏了许多美丽的封面。假如你的时间容许而又兴致足,可以任意翻阅半天,看完,轻松的走了。

凡是在北京住过而又有这嗜好的人,都明白北京的书摊。前门夜市和西单大街用两条木板放了一堆堆的书,一边标明了"一角书""二角书"。你可以任意翻阅,随意购买,只看不买,他们也绝不嗔怪。那里边虽尽是些破书,而又没有好的版本和大的部头,但看来看去,总会发现一二本合意的,那便掏出一二角钱,买到手了。天桥的破书摊,平地堆起,更觉有番野味。东安市场和西单商场的书摊是比较大些,走在里边,觉得红绿杂陈,琳琅满目,美不胜收。线装书,古典高雅;烫金字,金碧辉煌,真有置身琅嬛福地之感。你偶尔走近一个较僻静的书摊,无意中,他会低声问你:"古本《金瓶梅》,看吗,先生?"你如说:"删掉了!"他便赶快说:"不,有别册的。"随即很快的由木头小柜内摸出一本红皮小书,这时你便笑一笑走开了。可是他并不觉得失望!

济南也有破书摊的。济南的破书摊,在城里的,大部分散布在由大布政司街北截起,经过小布政司街,芙蓉街北截,由东花墙子街以至曲水亭。这一带地方,收容了不少的书摊,可是他们大部分是专营古董的,买卖名人字画,和新旧书籍。书,在他们是古董之一,他们用极廉的价钱收买进来,卖出时却成了无价宝。所以我们拿书籍当作日常精神食粮的人,是没法问津的。他们的书以大套的线装书为主,而内容又多是与现代社会不大发生关联,只讲版木与墨色,是完全供给阔人们陈列客厅的用品,偶尔也有几本洋装书或精装书,但很多是"初中化学"一类的旧教科书。而且好的书多半不陈列到外面来,你如想着随便看看,仍须享受"三难"。他们的买卖经是宁可三年不开市,也不能失掉古董客的派头,老板坐在躺椅上,两手捧了水烟袋,呼噜噜抽一口烟,捻一捻嘴边八字胡,你去看,那实在也支不起他的眼皮。

他们陈列在外面的书,多半是风尘满面,也许被日光晒得褪了色,也许被雨水渍上斑点，而又经年不更换一次，任你从他门口走几十趟，很少看见那几本书动样。原来他们的目的只是借这几本书表明"此处是书店"而已。正和王麻子门前挂的那把大剃刀作用一样。

在商埠的有新市场，那里边散布了几家书摊，但都没有什么新书可看，多半是以前一折八扣的章回小说，和新出版的《十二金钱镖》一类的武侠神怪书。他们的对象大概以工人小店员为多。散布在大观园北门里的有几家书摊，书籍和新市场几家的一样，他们兼卖文具和明星歌片，样子像是生意不坏，自从第二次闹火灾后，只有一二家复业。其余尚有二家，一家在大观电影园门前，一家在南门里迤西。这两家四壁较陈列了很多的书，也可以任意抽烟，虽说很不上北京书摊那样大，却也是慰情聊胜于无，同时他们的眼光也与别家不同，很少看见他们陈列着武侠神怪小说。

另一家书摊，是在大观园共和厅身后的迤东，处在一个墙角里，那地方不大被人注意，他是专以出赁武侠小说为营业的，听说生意很不坏，每天前来赁书看的络绎不绝，如能制成一个调查表，必定是市民读书兴趣问题极好的研究材料。

趵突泉前门外劝业场的游人不比别的商场多，而书摊却比别处富丽些，也就是济南市硕果仅存的供人游览的几家新旧书摊。美中不足的实在要价方面仍不免有些古董气质，是喜欢满天要谎的。

此外萃卖场也有几家书摊，但游人很少，大概生意不会太好。山水沟集和芙蓉街的龙神庙，是常有破书出卖的，不过在时间上不自由的人，却没法观光了。

○ 原载《大风（济南）》，1941 年第 5 期第 37 页

长沙的书摊 1941

——笨叔

我的喜欢逛一逛书摊，还是抗战爆发以后才有的事。抗战之前，我还在初中，那时，只是把每个宝贵的日子，都打发在球场与闲谈中，并不知所谓读书为何物，当然更不知有所谓新文艺，有所谓新社会科学。及至进了高中，由于学校读书的影响，我才渐渐地把我狭小的天地，由球场而扩至图书馆，开始着阅读文艺作品。而抗战也恰恰在这一年爆发，文人都来到长沙，上海、汉口等处的书店，更先后的向长沙挤来，于是长沙的文化界，呈现着空前的热闹与活泼。在这种时代的激荡中，因而我也就渐渐地被诱导着爱好书本，而喜欢逛一逛书摊了。

因为年来有了这一点小癖，所以每到一个城市，丢下包袱后的第一件事，是踏踏这个城市里的书摊。正如一个戏迷一样，每到一处地方，首先就总得打听打听这处地方可有什么大戏院，可有什么名角红旦，不然，心里就总有点挂上挂下，觉得还有什么大事没了似的。虽然因为穷，使我不能多买书，然而只翻一翻，浏览一下，也就足够止我精神上的饥渴了。

也许是因为我那时没有留意的缘故吧，在抗战之前，除了几家大书店之外，长沙是没有所谓书摊的，要有，也不过是几家卖《江湖奇侠传》一类的一折书籍的而已。及至抗战爆发，长沙的几家书摊才渐渐多起来，东长路更是书店林立，成为中心地。每天黄昏或者礼拜日，你可看到一批一批的青年男女，在那里穿进穿出，像饿狼一样在寻找着他们的精神食粮。

我逛书摊，并没有寻觅什么孤本的野心，因为没有钱，向来就不大买，而总是揩油的时候多。每走进书摊，看着各色各样的书本杂志，确有点心焦，然价钱是这样贵，结果也只有望书兴叹而已。如果要是哪位老板看见我进来了，希望在我这里做一笔生意，那十之八九是"罗斯"一个。

长沙大火之前三天，我在玉泉街的一家旧书店里，以六毛钱的廉价，买得了二十本《语丝》。这恐怕要算是我的第一次大收获了，在别人，当然不足为奇，然而在我这个与文学接触太迟的黄毛小子，得观这种往昔驰名的老杂志，却真的如获至宝。我记得当时我还着实大大地欢喜了两天。

如果要是翻书的人多的话，我可以耐心的看上一两个钟头（盖人如太少，看久了，则伙计的眼睛满满的望着你，会使你大有点不好意思也）。拿着一本书，首先总是看它的序子或者后记，如果觉得有味，则慢慢的看下去。不然，就再换一本翻翻，这样，我虽然不能仔细的去读每一本书，然而在知识上，却往往不无一点收获。每本新杂志，我总以先睹信箱为快。编者的答复，虽往往使我失望，然而每个角落里的青年的求知与奋斗的精神，却曾经给我不少的鼓励与感动。

前年的冬天，刚从学校里出来，住在衡阳的乡下，在一个晚餐后的黄昏，我与竹筠、慕伃子冒着寒风，不怕路远的跑到城里去看书。进城时，已是电光辉煌了。一踏进开明与新知，迎面而入的就是满桌满架的新书，各种颜色，在白热的煤气灯下，更显得光艳夺目，真是所谓"琳琅满目，美不胜收"。尤其是你平日在《宇宙风》或《中学生》的广告上，看到就心痒痒地想看的那些像《欧风美雨》《北平一带》，以及《平屋杂文》一类的散文小品集子，在这里一本也不缺少，都嬉皮笑脸地躺在桌板上，欢迎你去翻阅。这对于一个初与文艺或社会

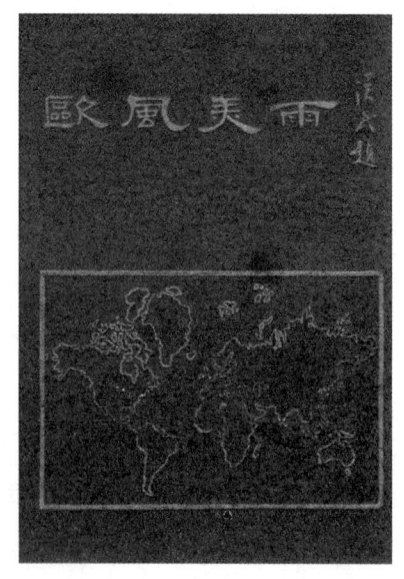

科学接触的青年，真是一种莫大的诱惑与压迫。那种急跳的心情，就简直像一个三月不见密斯的囚徒，碰到了一个妙龄面带点骚气的女人，恨不得一口就把她吞下去才好。

　　我们贪馋地翻着，看着。虽然人是一批又一批的进来又出去了，使我们觉得有点不好意思。然而摸摸荷包，剩下的一点钱，还得跑几百里路去到前线，因此还是只好厚着脸皮看下去，直至进出的人渐渐稀少了，才不好再揩油下去，各人做一点小生意。然后再又急急的跑至青年以及其他的小书摊，翻看了一阵。出来，街上行人已经很寥落，大概将近三更时分了。

　　不独喜欢逛一逛书摊，我更爱读别人逛书摊的文字，记得在《宇宙风》上，读到周作人的怀东京之二《东京的书店》，及戴望舒的《巴黎的书摊》，曾为之神往者久之。当索居无聊的黄昏，在塞纳河畔马路两旁的书摊间，慢慢地溜达着，也许会不经意的得到几本廉价的书。走得倦了时，窈窕的塞纳河上的风光，可以任你欣赏，那该是多么令人心旷神怡呵！

　　书摊，我真太渴望着了！

○ 原载《大麓校刊》，1941 年第 14 期第 53—54 页

记武昌之旧书店区

1943

——莲只

余每至一地，必访问其书店荟萃之所，尤其对于旧书店区，辄流连不忍去。苏州观前街、上海四马路、河南路、北平玻璃厂等处，虽曾一留足迹，惜均在匆促中过去，而逛旧书店之真正乐趣，并未领略饱足；且其时所携资斧不多，亦未能多所购求。原以此等地方，将来不患无机会再去，唯经过此番历史上未有之大变乱，将来重到，恐亦非当年景物矣。思之不禁怃然！

余与武昌之旧书店区结缘最深，以求学于斯，服务于斯，而又卜居于斯也。在求学期间起，即养成逛书店之癖性，如隔一二日不去，即忽忽如有所失。虽每度光临，未必惠顾，有时甚至书贾之白眼，然兴趣仍未尝稍减也。

武昌旧书店麇集之所，为察院坡与横街头。此二处相接若丁字。旧书店合计尚不足二十家，大大小小，错落其间。而势力最大，生意较盛者，多为湖南人所设者。如尚德、益善等数家是。其中亦有以一老板而兼领两三家之牌头者（如益善斜对门某书肆，招牌已不复记忆，即与益善共一老板）。湖南帮以外，其余大概为湖北三黄两蕲人所设者，其门面、排场、货量，能与湖南帮抗衡者鲜矣。大抵后者所售以学校教科书及时下所出之铅印旧书为多。每届春秋二季，中小学始业前，生意最好。而前者所售以木刻本为多，其买主大多为专科以上学校教师学生，并经营接受各图书馆之定单，故贸易额亦较大。且其主持店务者不少明了目录版本之"老油子"。倘于此道阅历不深者，每为其所给。余尝见某店陈有黄冈杜濬于皇《变雅堂集》之手钞本，店主人坚谓系杜氏原稿。余察其图记、纸张、墨色，均不类十七世纪遗物，因一笑置之。恐割首尾，易序目，伪刻图记，冒充宋版元椠，以牟利之事，亦所难免。

旧书店之特色有六：

（一）所陈各书，种类复杂，有钞本、木刻本、石印本、铅印本，有古书、今书，有中文、西文，形形色色，蔚为大观。

（二）过时之杂志，绝版之图书，尚未翻印之古本，禁止流行之刊物，在旧书肆中，均可发见。

（三）名为旧书，而其中仍有与新制无异者，且索价平均约低于新书二分之一至三分之一。

（四）在旧书肆中辄遇有大家故宅散出之书，此类书中，常有著名藏书家辗转收藏之图记印章，或专家学者之朱点眉批，洵可宝贵。

（五）旧书店之书大都任人翻阅，在未决定购买之先，可以从容略读，之后不买，既无关系，买时而议价不合，犹可大方走出，不至有难以为情之感。

（六）旧书店之老板如有精于版刻，趋慕风雅者，尚可与其攀谈掌故，查考源流，久之可成朋友，以后前往阅书时，尚可蒙其享以茶，赐以坐。此六种好处，乃新书店中所未见或所不及者。

武汉外围战渐趋紧急时，闻武昌湖南帮之旧书店已有一二家将其较为值钱之书，运回湖南。湖北帮亦有一家迁重庆，设肆于天主堂街。据谈其书系由木船驳运来渝。唯其运来之书大部分均时下铅印本，无可观者。因久未问津，不悉其作何状矣。

○ 原载《今文月刊》，1943年第2卷第1期第49—51页

厂甸的书摊 1943

——朽木

　　差不多在北平住过一年以上者，便会知道厂甸是个什么地方。它的位置恰好在北平有名的文化街琉璃厂，每到新旧两新年便要热闹一阵子的，其情形也恰如白云观、大钟寺一样，但它这里却没有如大钟寺的大钟或白云观的佛殿，老人堂似的古迹，不过这里却也有他处所没有的东西，那便是书摊，无怪乎它是位于文化街。

　　名义上，厂甸等阳历年也开放，但总没有一点"年"味，而且书摊也没有几个，书棚则连一幢也没有，游人更是寥寥无几。因此今年的阳历就根本没有开放，可见商人是不愿赔钱的！

　　到得旧历新年，书摊之多简直难以计数，从出"和平门"的书棚开始，直达到厂甸门前，正正两排各列于街的两旁的便路上。游人恰如一列纵队，多是布衫阶级，人物则为老幼男女不等，他们一个摊子一个摊子地梭巡，像找什么宝贝者然。

　　关于书的种类大约可分为四类：其一为线装书类，论数目可占鳌位。但这种书一向没有定价，因此得以给予书商们胡乱定价的机会，像上海广益书局出版的《三国演义》，他们竟索四元五角（联币），这真使人难以还价。其实那样的书在六七年前，人们在庙会上时常见到，只消二角五分，如今即使是新书也绝不至于涨到二十倍呀！这可见他们是怎样地向人"耍谎价"。不慎者极易上当,但久走书摊也能够以极便宜的价格买到手的。访这类书摊者多为三十四岁以上的老学究们。

其次便是当代出版的铅字书了。比较起来是好的书太少,而教科书之类的书籍例比前两年增多起来,有些书商因为竞争而大喊着:"三角钱一本,挑来!"果然却也招徕了不少顾主,咸往聚集,争相翻检,其中虽多为河流,但如细心也能检出一二珍珠,不过比较起在事变的时候真相差太远了。那时我曾以二分钱即五个铜元买了一册郭沫若著的《沫若诗选》,但那样的情形在现今可不易找得了。在这类书摊子中间转圈子的多为一般时代青年男女。

第三个便是字帖摊子,举凡欧柳颜赵各名家的手笔在这里均能寻到,也有成册的,也有的好像从石碑上拓下而折成一大面的,但也如线装书,上面没有标明价格,一任他们胡乱索价。访他们者多为一般私塾教师,或读经的老先生以及"忠厚传家久,读书继世长"的旧家子女们。

最末的一种便是新章回小说的书摊子了。这大抵是新书,摊子也比较得讲究,从老远看去,光怪陆离,眩人眼目。就是书名也极能吸引一般儿童、少年以及小家儿女们的注意,如武侠小说、言情小说、连环图画等。照顾他们者要

① 清末北方市集上的书摊。

属一般小学生、初中生或"小家碧玉"型的女性为多。他们绝不吝惜金钱,只要为自己所喜,是不论多少钱也要买下的。希望为师长者、为家长者对他们的这种举止多所注意才好。

纵观以上情形,好像这文化古城是在闹着和食粮问题相反的"精神食粮过剩"。但这怕是只看了外观,而没有看见里面的缘故,因为如果在那文化街前走上一遭,便将若有所悟地不由得脱口而出道:"原来精神食粮也在闹着

恐慌！"谁说不是呢？来源少，新书轻易看不见，旧书堆中的金玉就被人们掏走，至于买到手的好书又不愿意出手（买还不易买到呢！）所剩下的书固还不少，但多为人们所不屑看的，书商们只得将顶破的选出打成"捆"称斤卖了。如此人们怎么能买到好书？

厂甸的书摊是"一年不如一年"了，买书的文人固然大为扫兴，可是卖书的商人也莫不叫苦连天呢！

○ 原载《中华周报》，1943 年第 39 期第 7—8 页

书城猎奇
1943

—— 秋翁

行藏直似衔书鹤，生计甘为食字鱼。

虞山瞿良士先生，承其先人遗泽藏书至富，世居古里村，离虞城二十里，辟室甚广，斋名"铁琴铜剑楼"。中储牙签万轴，缥缃满架，每值春秋佳日，任人观览。当三十年前，予就读邑中师校，遇休沐日恒结伴往观，主人循例出五烩一汤饷客，予因此得睹宋元明诸善本，每集之尾均有乡先辈题跋及观后记，另缮一纸上粘贴空隙殆偏。尤以翁相国（同龢）、钱尚书（谦益）为最多，他如翁方纲之蝇头小字，蘼芜君之簪花妙楷，读之令人神往。

闻良士先生对此典籍，世守弗替。当清季有某督观后，使人讽令其献书数函，许以现任道缺。先生一笑置之。缘良士为明李孤忠（式耜）之后，岂肯以先人遗泽贻赠当道（按瞿氏世不受清职），而博得一官为荣耶。后商务印书馆印行《四部丛刊》，向先生借取数种摄影，先生以嘉惠士林，原无不可，但求勿致损伤。因约定各书不得拆开重订，商务主持人许之。可是，影印古籍，于照相时非拆订不可，乃从权谨慎将事，于每册拆散后，保存其旧线及绫角于铁箱中，俟摄影完毕时，依照原样重订，竟丝毫不走式样，为书主人所未觉也。迨事变时，良士先生煞费心机，将全部古籍移至海上，寄顿于某药厂栈房，托为装箱，伪充药品，运至内地，终于得保全此数百年国粹，完好无恙，倘亦为瞿氏先灵所呵护于冥冥中也。兹良士先生已宿草矣，愿其子孙永保勿陨。

三十年前，予就学时，偶于冷摊上得见绛云楼烬余残编二册，乃为宋版《常建诗集》。中有蘼芜君柳如是钤记，暨蝇头小楷之眉批，宝贵可知。时出售者仅索二百金，然已非予能力所及，当急向亲友处借贷，致稽时日，为邑绅丁芝荪先生见眼，立即购去。予为叹息者累日。后觅友向丁先生作先容，订交时即假归阅读，穷一日夜读毕，爱不忍释，卒以奉还。丁先生名祖荫为邑名士，曾一度任吴江县长，诗文清隽，刊《一行集》行世，所藏典籍亦富，事变后先生归道山，其典籍卒散佚于外，有《元曲百种》被家人作油字纸论斤出售，传之吴门冷摊，居为奇货。后终以二万金售于当道，保存于海上商务印书馆。今影印之《元曲选》，即丁先生昔年收藏本也，睹物怀人，曷胜怅触。

予藏崇祯本《西湖二集》，作者周清源，乃平话小说，共三十四卷，包括平话三十四篇，专叙西湖故事，首有插图，木刻甚工细。作者似含着满腹牢愁，写此编以寄慨。如首段《吴越王再世索江山》一则云：

……造化小儿，苍天眼瞎，偏锻炼得他一贫如洗，衣不成衣，食不成食，有一顿，没一顿，终日拿了几本破书，诗云，子曰，之乎者也做不了。真个哭不得，笑不得，叫不得，跳不得，只为逢场作戏，做部小说，胡乱将它流传于世……正是：世事短如春梦，人情薄似秋云，逢场不妨作戏，听我舌战纷纭。

以上可见作者抱负着抑郁牢骚之成分。但又从第二卷《宋高宗偏安耽逸乐》一篇之结尾，可见其同时感怀着家国之痛。原文说：

高宗并不思量去恢复中原，随你宗泽、岳飞、韩世忠、吴璘、吴玠，一班儿谋臣猛将，苦口劝他恢复，他只是不肯，也不想去迎取徽钦二帝回来，立意听信秦桧之言，专以和议为主，把一个湖山，妆点得如花似锦一般，朝歌暮乐，所以当时林梦并有诗云：山外青山楼外楼，西湖歌舞几时休？暖风熏得游人醉，直把杭州作汴州。

此于作者愤世之心，可以隐约见到，是不啻对当时的帝王，提出一个警告：要他们毋忘祖先创业之难，希望他们竭智尽忠，振作一番。此书若于今日翻阅，倘也能使人有所警惕吧。

近年以来，线装占籍，坊肆几将绝迹，莫言宋椠元刻，即明版善本书，亦如凤毛麟角。一般暴发户，为装点书架，到处搜括，只问版本，不看内容，而对于书估之索值，亦从不还价，因此真正读书人，将无从问津。至于各地有名藏书家，或捆载迁移他去，或毁于兵燹，或被子孙出售，数百年来保存之典籍一朝散佚尽矣。

偶读吕晚村诗云："阿翁铭志墨犹新，大胆论勋换直银。说与痴儿休笑倒，难寻几世好书人。宣绫包角藏经笺，不抵当时装线钱。岂是父书渠不惜，只缘参透达摩禅。"吕晚村曾与费南雷、吴孟峰合购澹生堂藏书，感赋此诗。使收藏家之祖先读之，悲感不能自已也。好子弟为庸师教坏，好茗为庸奴焙坏，好书为俗子圈点坏，此最痛心之事。十年前予向书估购得明版原刻本《李日华全集》四十余册书，当排印时，请人加以圈点，致此整部善本，已体无完肤，不堪遇目，至今惜之。然而，翻印古籍，又不能不加圈点，圈点古籍实非易事，难免笔误，欲求两全之道，因思得一法，于付印时将透明纸包裹原页，然后用朱笔加圈点于纸上，如是则不致污损原籍，利莫大焉。予后此所印古籍二十余种，皆依上项方法做去，保全原书不少。

曾于晓庄案头，得读宋残本《后村诗集》，上有双芙阁藏书朱印（按，双芙阁为我邑张芙川与其德配姚芙初书室题名）。芙初有题诗云："墨林篇卷劫灰余，古本流传此绝希。八十诗翁高格调，伊川击壤想依稀。泼茗薰香绣懒拈，芸编珍重展瑶笺。好花明月愿无主，自取猩红小印钤。"诗外又题跋语云："戊子花朝，琴川女子姚畹真芙初氏，时年二十六岁，清寒凄雨，病榻淹缠，腕弱字劣，不计工拙，无虚佳日而已。"伉俪藏书家，我邑除牧翁晚年与如是外，芙川、芙初，文彩风流，美尽东南，令人歆羡不置。

前人刻书，虽无版权，但于例不得翻刻。然而市侩之翻刻者众，在初刻人竟莫可奈何。于是，竟有人就简端刻上咒诅之文，聊以自快。予前此购得原刻本，明版《吴骚合编》四册一函，见首页有朱印灿然，细辨其文，乃为篆书"如有人翻刻者天诛地灭"十字。因念古人思想，愚不可及。即如近代著作人之版权，既有法律明文之保护，一经侵害，应受相当处罚，然尚不能戢翻印之风。近今开明出版之《家》《春》《秋》，以及《二十五史》，市上均有人兜售，显然为翻印本。何况出于空言恫吓，几见因翻刻典籍而干天地之怒耶，抑亦可笑甚矣。

先人辛苦求书，后人视为粪土，此乃人间最伤心事。清初，济宁陈仲鱼，爱书若命，每获一编，必以"仲鱼戴笠图"钤于册首，且自题云："得此书，费辛苦，后之人，其。我。"生前爱护若是，身后子孙无识，所藏悉为苕上书估赚去。故旷达之士如我虞李鹿山，每一编上，所加盖之钤记云："曾在李鹿山处。"其识见自非常人所及。

明版《童婉争奇》一书，予以三十金得于冷摊。查此项《争奇》书，不止一种，有《花鸟争奇》《风月争奇》《茶酒争奇》《梅雪争奇》《蔬果争奇》等名目。有类现代书贾之专名《××大观》《××奇案》，亦一时潮流所致。诸种"争奇"中，要以《童婉争奇》最为风趣。内容写娈童与妓女相骂之辞。

故事的开展，在长安市上，"长春男苑"与"不夜女宫"，男妓少朝与女妓赛真，两相谩骂。一日，少朝出于市，赛真嫉而骂之曰："咬银牙却把狡童，骂骂几声，没廉耻的小油花，门三户四难找价。孤老是你接，贪恋你后庭花。只为你，搀行杂种；我姊妹们都守寡，守寡！"（调寄《挂枝儿》）

少朝听得，自然是出于还骂，亦唱《挂枝儿》答道："听伊言，只得回言道，臭花娘好没分晓，你前我后随人要。我卖的是圆粿，你卖的是肉饺，各自方便。花娘，你休得和俺吵，俺吵！"

事情便这样的互相对骂，一来一往，各不相下。后有名张俊者，自称"风魔张解元"，出为调解，劝二人共同入室取乐，曰："君子无所争，必以和为贵，在前者进，我往也；在后者予，一以贯之；我不敢谓所恶于前，毋以先后，所思于后，无以往前。今将瞻之在前，忽焉在后。愿尔二人，不藏怒焉，不宿怨焉，欣欣然有喜色而相告曰：'堂堂乎张也，难与并为仁矣。'"彼此辱骂，遂告终结。此书为天启本，图极工细，文笔亦隽永有味，现存秋斋。

明清之交，汲古阁刻本最精，汲古阁主人毛子晋，藏书富甲海内。子晋初名"凤苞"，见《钱受之隐湖毛君墓志铭》，又号"子九"，有"毛子九读书记印章"，亦称"潜在"，又字"东美"。甚矣，子晋之名多也。我邑冯定远《钝吟集》，有寿毛子晋六十生日诗，其序中记载子晋之遗闻逸事颇详，惜此编不在案头，无由摘撷。予二十年前，珍藏汲古本有三十余种之多，兹已散佚殆尽，仅存《笠泽丛书》，及《群芳清玩》，另本《琅嬛记》数部而已。汲古阁刻本，书尾每见有子晋行楷题跋，工致绝伦。《琅嬛记》一书，刻工尤精，为元伊世珍手笔，集诸家札记成书，中多香霏玉屑之辞，阅之醰醰有味。现藏秋斋。

拜经楼藏书题跋，记蒋光煦叙云："旧刻旧钞本之中，苫贾弊窦百出，割首尾，易序目，剔划以就讳，刻字以易名，染色以讳旧，卷有缺，划他版以杂之，本既正，录别种以代之，反复变幻，不胜枚举。故必假旧家藏本悉心雠勘，心始得安。"此数语，购旧书者不可不知。予尝亲见海宁陈某，赖运此项手法起家。陈某心细忆强，平日若见某集有某名人题跋，即牢忆之，俟一朝购得另一某集时，乃设法借得向所见之某集，摹仿某名人题跋而潜易之，将真迹订入自有之册中，以求善价。竟赖此"偷天换日"手法以致富焉。最近见有人呼之为藏书家，陈某亦笑颔之。是不啻称"钱猢狲"为"银行总裁"。甚矣！不顾旁人齿冷。

桑弢甫买得《元人百家诗》，于册中获得小笺，题诗一律云："典及琴书事可知，又从集上检元诗。先人手泽飘零尽，世族生涯落魄悲。此去鸡林求易得，他年邺架借应痴。亦知长别无由见，珍重寒闺伴几时。"又跋云："丁巳又九月九日，厨下乏米，手检元人百家诗付卖，以供饘粥之费，手不忍释，因赋一律縢之。陈坤维题。"始知为故家才妇，因贫鬻书者。惜不知陈氏里居，无由见还。因亦感赋一律，并求海内名流唱和。桑弢甫诗云："姓字深闺岂易知，偶传纸尾卖书诗。难追写韵仙家事，应共牵萝绝代悲。彤管更添高士传，墨卿别注有情痴。回肠似共縑缃往，惆怅令人展卷时。"两诗均传诵一时。

近见某刊物中，狂捧罗振玉。查罗振玉印行《梦郼草堂吉金图》三卷于日本，时在民国二三年间事，而罗氏书上竟署印宣统年号。且于序文中称"武昌起义"为"盗起武汉"。时于右任先生方主海上《神州日报》笔政，见之怒甚，骂罗为"丧心病狂，至于此极，彼自命为遗老，遁迹海外，大搜国中字画金石，售之外人，凡寻常市侩所不能为不敢为不忍为者，彼独优为之，实一文明之盗国者。国有耆宿而行为悖谬若是，能不浩叹！"（见《独树斋见闻随笔》）。兹已事过境迁，想海内士夫对罗之往事，亦几淡忘，故不惜费辞为之一捧再捧。苟国人不忘十月十日武汉起义为我中华民国开国纪念日者，请于捧罗时稍加思虑及之则得矣。

松江费龙丁得秦十二字砚,因名费砚,又字见石,写石鼓文优于吴缶老。尝见缶老为人书石鼓文长联,跋中自称"甚矣,石鼓文之难学,幸龙丁教我。"有以见龙丁石鼓文之精于研求也。因龙丁之以砚题名,联想及于清初吕晚村之以砚题斋,晚村因获"白虹砚",自署其藏书斋名曰"吾研斋"。凡吕氏收藏之典籍上,均有"吾研斋"印章,予藏《元遗山集》,即有此朱印一方。又读晚村集自题《白虹砚》句云:"但有虹贯日,竟无轲入秦。可怜易水上,愁煞白衣人。"呜呼!志士暮年,犹愤懑若斯,使我侪壮年人读之,闻鸡能不起舞。

民初,海虞书估张士良,狡猾多智,兼营骨董,本一骨董鬼。凡旧家有珍籍收藏,彼必百计谋得为快,如不愿易钱米,彼即持他书互易。时予方治诗,彼竟以《带经草堂诗》全部,易明刻《广群芳谱》而去,价值相差几百倍。人以其魁梧而工心计,称之为"浸胖张良"。又其助手曹立甫,貌猥琐而心更险恶,乘光复时人心慌乱,凡旧家所藏,悉为捆载而去。人呼"袖珍曹操"。两人均赖稗贩典籍起家。张良、曹操,诚无独有偶。

偶于谢在杭《五杂俎》一书中检得原收藏人夹入之花瓣甚多。据云:"夹入花瓣,足以防蠹。"此说不确,因鉴于原书之蚀痕累累,不啻为蠹鱼大本营,事实终胜传说,于此可见。 前检明刻本《花间集》内,有一巨大荷花瓣,上题诗句云:"塞外移来异种多,乘槎心事几蹉跎。夺朱尽失山头色,葬碧谁生井底波。"下署"题燕支诗一律之上半首,甲午六月。"不知出谁人手笔,此与沈德潜题紫牡丹诗意义正同,倘亦当时抱种族之痛者也。

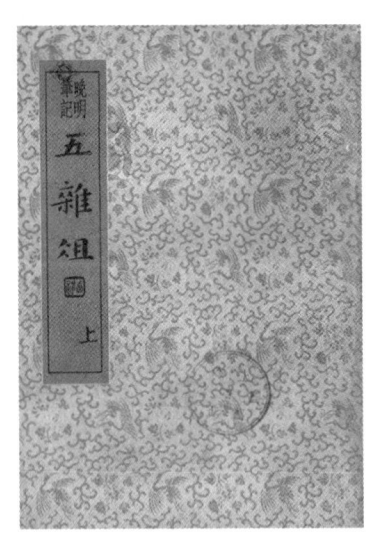

○ 原载《万象》,1943年第2卷第11期第133—138页

苏州的旧书店 1944

—— 张益林

向被称作文化古街的苏州，旧书店及古玩碑帖裱画等店的设立，除了北平与上海，的确可以说苏州是甲于其他的地方，全城旧书店不下十余家，多数开设于横卧城中最长的护龙街上，其余牛角浜、玄妙观、景德路中市等处也有一二爿的点缀，但规模比较小。

当你在繁嚣的北局，拐一个弯由大井巷转入护龙街时，就能看到栉比相连的旧书古玩碑帖裱画等店，一直至乐桥的一段，真可称之为文化街，所以各方来苏的游客，比较爱好书画古董的，是必来拜访这一段文化之街的。

旧书收藏最丰富的，要算来青阁与文学山房，其余如百城松石斋、存古斋等就比较稍逊，来青阁的主人杨寿祺，是旧书业中资格最老的一个，看版本及抄校本书的经验就要推他了。这店是他祖父创设的，相传已经三代有百余年的历史，上海三马路也有分店，平时除靠门面上零星的顾客及北京来的大同行来添办些花色书外（他们叫京客），就全凭一年出版二次书目，分送外埠爱好藏书的主顾与图书馆，籍此招揽生意，全年的生意如何也就大部决定在这书目的效率上了。每次书目上刊载的书名，总有四千余种之多，他的编制以经史子集四种分类，并对书的作者及刊本的年代册数卷数纸质等，都有很详尽的说明，因这种种和书价贵贱均有密切关系，同时一方面也是便于顾客挑选而谋增加交易额着想的。

店堂内书架，也完全依照经史子集的分类布置安排的，大概如四书、五经、小学、韵学、说文、琴谱、字典等是属于经部；国史、野史、名贤传记、年谱、文献、家谱、各臣奏议、各地胜记、地图、游记、历代舆地沿革、各国志、府志、县志、赋役、水利、目录、金石、书画、古物、碑帖、印谱、名人尺牍等是属于史部；诸子学识、释道经学、家训、兵法、医学、占卜、星象、堪舆、天文、算学、农学、日记、笔记、丛书、杂志、法律、楹联、类书等是属于子部；诗文集、词曲、传奇、小说是属于集部。

书店的伙计最多的亦不过二、三人，领一二个学徒，都是以老板为主体的，一切事均由老板亲自主张，其余大都是单领一个学徒而已，组织是异常简单的，所以开支是很节省，他们每日的工作，除整理书架与送书到大人先生公馆里做交易外，有很多的时间，埋头修补如麻子样的破书，有许多名贵一些的书，那修理的工夫就更大了，将破旧不堪的书，用滚水漂洗，然后一张张揭开夹干，再修补，每页衬入上等连史，经过这样的手续，你就会惊奇，竟焕然如新。还有一种更考究的雪库衬，是以比原书长而且阔的连史衬入，使原书藏于中间，避免本身受风尘的侵损，他们对国粹的爱护与保存，不能不说是已尽了一部的责任。

我相信照这种补书的工作，干上三年，即使暴躁如雷的人，也会变成富有忍耐的。

以藏书为装饰品而买书的暴发者，是他们最欢迎的主顾，染色的假宋版书也就在这种绝好的机会里脱售，至于真正为读书而买书的寒士，是不会得到他们的重视的。同时一般依赖荫下之福挥霍成性的公子，将家藏出卖时，也是他们最好的来源机会。

买书藏书室需要在顺平的时代，有着多余的钱，才能享受到这种清雅之福的，旧书业的兴衰正可以象征着国家的升平与乱时，记得事变初靖的时候，旧书简直无人问津，视同废物，以致有许多有价值的旧书，被牺牲在糖果及牛肉店里包糖果与卤牛肉了，言之实在非常可惜，自近三年来，治安稍有确立，民生稍稍安定，旧书业也随着有了一些生气，直到现在更现活泼了。

○ 原载《新学生》，1944 年第 4 卷第 2 期第 28—29 页

"逛"旧书店 1944

—— 牧丁

以前，在家里，就喜欢买书，一架子一架子的放在屋的四壁，只留出一个门，把自己的床和一张桌子围住。在外忙了一天，晚间回来，躺在椅子上，望一望书"林"，或这一本摸一摸，那一本拉一拉，那种趣味，真是难以形容。只可笼统的一句，"乐在其中矣！""八一三"接着"七七"抗战了，"其亦命也"，我的家乡首先被画进了沦陷的"圈子"。我自己加入了游击队也弄得焦头烂额，结果是"两手空拳"的跑出来，几辗转又跑来成都。成都是歌舞升平，一片"太平世界"。太平世界，在"太平世界"里，我又拾起了我的趣味，逛逛书店。

饭可少吃两顿，书不可不买。在成都又买起了五挑箱书，每本上都记下了买书时的情况，现随手从案头上抓过来的《庶联的版画》的扉页上记有"牧丁省了两顿饭费，购此书于成都四维书屋，一九三九年九月二十四日夜"。看了这两句简单的话，就想起了那时的生活，那时在成都就是靠在报屁股上写点小文字吃饭的，饭当然是在各饭馆子里"打游击"了，打游击就可束束裤带子，束束裤带子就可束出一本书，这种乐趣，真是"道可道，非可道"。

在我买这许多书中，有一本有趣的书，不是这本的内容有趣，而是这本书的经历有趣。我一向很爱古田大次郎的《死之忏悔》及柏克曼的《狱中记》两书，这两书我到了成都就东寻西觅的在找，后来在生活书店买到了《死之忏悔》，那时成都生活书店经理室胡先生，因编杂志的关系，与之有点来往，所以我没有钱，那本也就欠来了，很珍爱的放在自己枕头底下。就在第二天我偶尔又经过旧书店林立的西玉龙街（呵，我可告诉你，你若是个爱逛旧书店的书呆子，来成都不可不逛西玉龙街和玉带桥街），在一堆破书堆中发见了一本柏克曼的《狱中记》，我马上就买住，在路上一面走一面翻，发见里面很有趣的关于这本书的经历的记载，字完全是墨笔写的，在内封面上写"辉伯弟存览"，翻过第二面附一小记，文云：

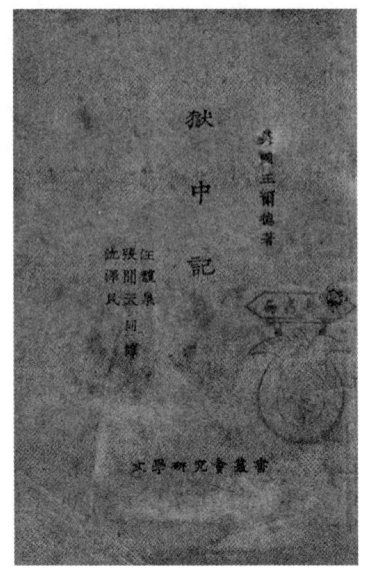

这书原是译者赠送我的，我读了两三遍之后，除向作者肃然起敬并对被摧残的人们深表同情而外，只有惶悚流泪的份儿，近来看出辉伯弟思想迈进，和孜孜自求发展的情况，使我大为感动，我固然不望他成为安那其主义者，却愿意把这书转赠给他，希望他学着这种无畏的殉道精神努力为被践踏的群众不断的奋斗。"未能自度而愿度他人者菩萨心肠"，我哪里敢这样说，不过仿"宝剑赐与烈士"之意而已。季云题赠，一九三七年五月二十五日。

亚历山大柏克曼像的背面又有小记云：

戊寅冬就事雅安，一日公暇闲游，市上见一孩童持书求售，以不过弹词俚语或历书之类，未措意焉，忽视其装潢不同，异而视之，赫然是书也。是书为四家兄苇甘所译，偶检首页辉伯弟三字在，目意此非友人周君乎？何此书流落于此耶？观其字迹又类表兄濮季云所书，亟睹题赠者，果是兄也。苇甘赠给季云时，吾不知也，季云转赠辉伯，吾亦不知也。距题赠至今，将及年余，何以转得之于数百里之外耶？佛家之所谓因缘，殆指此类事耳？亟以银币四分购归，聊书数语以志，数之奇也。戊寅二月九日 巨川志于雅安。

我买得此书，也曾有一小记，发表于西安《青年日报》"文艺周刊"版，后西安《青年文艺》月刊又转载一次，可惜那文我没有保存，不然，上面的话定要借用那文代替的。

　　在成都，我另有一位爱逛旧书店的朋友有恒兄，他和我是一样爱书如命。他在民国十七八年出版过好几本好书，可惜因政治关系，均被查禁，在此特向在昆明顾诗灵先生透露点他的朋友这个小消息，我们白天有空时间就去逛旧书店，见面的第一句必问："近来发见什么怪书没有？"然后就走入小酒店吃杯花生酒，高谈阔论一通。这一年来我因来一个乡下大学里来教书，而他又因他的爱妻胡梅微女士于去暑死去，前些时间见面听他说"逛"的兴致已大减。

　　逛旧书店固然要有闲情，更重要的是要有闲钱，这次趁暑假之便和妻一道去成都，妻也是个爱书如命的怪人，和她去看省图书馆工作的王树椒兄，他是去年暑假由昆明来成都的，他又是个爱逛旧书店的同志，他近写了好多篇考证文章，非常精审，发表在蒙文通编的《图书集刊》上。我们有近一年未见，见面就谈起买旧书，他不住的夸他自买的这本书好，买的那本好，尤其是那部《尔雅》，装致的古雅，印刷的清晰，纸张的洁白，图画的精确，我的心被他的话说得怪痒痒的。直谈到黄昏，方告别。第二天一早就和妻去逛旧书店，在第三家就遇到了和树椒的一部《尔雅》是一模一样的版本，分订为四小册，只是多了几个被蠹鱼咬的洞，我这个乡下人于是就摸过来又摸过去，把叠皱的书角一页一页的拉直压好。妻故意不理会的在旁看书，我也怕书店里那个衔长烟杆的伙计注意我，我拿出来毫不在乎把它随便一放，但走进了一个人，我又怕他捷足先得的买去，又抓起了随便的翻，如此的几次，最后我鼓起来勇气，按按袋子里的法币，才把那四本书向伙计眼前一扬，"好多钱？"那伙计喷出一口白烟，又吐了一口口水才慢吞吞的说："每本二百元！""你再仔细的看下子！""我晓得！"随手接过往一堆破书一抛，又把长烟杆嘴子向口里一塞，满不在乎的又去欣赏那街道上来来往往的行人。我们于是就走出来了，妻很惋惜，可恨我们的袋子里钱不够。

　　我不晓得书店的书为什么把价抬得那么的高，尤其是旧书店的书，在成都，他们的书价比新书店还要高，尤其他们的伙计的面孔，比新书店的难看得多，都是棺材铺的人面孔。我老怀疑他们的书谁买呢？一部《鲁迅全集》标价十万，然而，你不要，有人买的，和法兰绒派力士的衣料有人要是一样，你不见马路上躺在私包车上拼命踏脚铃的暴发户吗？据说他们家中新备的书橱里都锁有《鲁迅全集》及《大学丛书》呢！

喂！嘘！咱们现在只有"逛"，而不能逛了！嘘！

一九四三年八月十六日金堂

○ 原载《枫林文艺丛刊》，1944 年第 5 辑第 21—22 页

重庆的旧书铺
1945
—— 茅盾

　　来重庆的人，常常被街道的新旧名称弄得头痛。当然新名称有它方便的地方，可是你雇人力车时如果只说一个"中正路"，那恐怕你就不大受欢迎。因为中正路并不短，车夫们懒得多费口舌问明你究竟要到中正路的哪一段，旧名称却比较的富于精确性了。然而一位不知道重庆街道旧名称的"特点"的新客也往往有点小烦恼，譬如说，他会站在"小梁子"的口上问人："小梁子在何处？"因为重庆街道的旧名称往往是在一直线上分段而题名的，和别处的一条街只有一个名称不同。从这些街道的旧名称看来，可知旧时重庆各街也颇"专业化"。例如"鸡街""骡马市""打铁街"之类，单看名目便可想象从前这些街的特殊个性了。

　　我不知道旧时重庆有没有一条旧书铺集中的街道，但照今日重庆还保存着旧日面目那一小段连衡对宇的旧书铺集团看来，这或者也就是从前的旧书街了。不过这段街的旧名称却叫做"米亭子"。这里的旧书铺集团，共计不过六七单位（连摊子也在内），说多呢实在不多，可是说它少么，似乎今日重庆市内也还找不出第二处有这样多的单位集中起来的旧书市场。当然不是说这里的旧书最多，比这里各单位所有旧书的总数还要多些的大旧书铺，我想重庆市内也不是绝对没有，可是单位之多而又集中，俨然成为小小一段的"旧书街"，则恐怕除此以外是没有的。至于块然独处的大大小小的旧书铺，或文具而兼旧书之铺，则在今日重庆市内外，几乎是到处可见的了，可是也得说明无论是"米亭子"或其他单独的旧书铺，旧书诚然是旧书，可不能用抗战前我们心目中的所谓"旧书"来比拟。今天的旧书，只是"旧"书而已，战前一折八扣的翻版书，今天也在那些旧书铺内，俨然珍如宋椠元刊；一九三○年香港或上海印的报纸本小说（其实也有土纸本在发售），也成为罕见之珍品。合于往日所谓"旧书"的标准的旧书，自然也不是没有，只是太少了，说不上比例。差可说是约占百分之一二的，是木板的线装书（这比一折八扣的书版本自然可以说是"旧"些了罢），然而这又是医卜星相之类占多数，我曾在两处看见两部木板线装的，一是《曾文正日记》，一是《诗韵合璧》，那书铺老板视为奇货可居，因为这两种是在医卜星相之外的。

但是千万请莫误会，今日重庆的这些旧书铺对于读书人是没有贡献的，比方说，从沦陷区来的一位青年，进了这里的某大学，他来时身无长物，现在至少几本工具书非买不可了，那他就可以到那些旧书铺去看看，只要不怕贵，他买得到一部十年前出版的《综合英汉大辞典》，这是现在此地可能买到的最好的英文词典。又比方说，一位写作者如果打算随便"搜罗"一点旧材料，破费这么几天工夫，上城下城，上坡下坡，出一身臭汗，总也可以略有所获，十年前的旧杂志有时竟能淘到若干，但自然，怕贵是不行的。

当真不是夸大其词，这些旧书铺有时真有些"珍贵"的书本。原版的外国文书籍，极专门而高深的，也会丢在报纸本的一折八扣书之间，有一位朋友甚至还找到了一册有英文注释的希腊古典名著，因此竟引起他学习希腊文的兴趣。不过这是可遇而不可求罢了。有些英文或法文的原版丛书，虽只零落数册，而亦非难得之书，可是扉页上图记宛在，说明这是战前某某大学或某某学术机关的故物。这样的书，如何颠沛流徙了数千里，又如何落在旧书铺中，想象起来真不能叫人不生感慨。这样的书，放在家里虽不重视，但在别一意义上，可实在算得是具有"藏珍"资格的"旧书"了罢？可喜而又可怪者，是这样的书，近来愈见其多，常常可以遇到了。这一件小事，如果推想开去，却又叫人觉得可忧而又可悲。

最后，我们来谈一谈旧书的价钱。先述一二近事，桂柳沦陷之时，有人流亡到贵阳，旅费不继，卖掉一部丙种《辞源》，得价一万元——这还是急等钱用贱卖了的；独山克复以后，有人在重庆买得一部报纸本的《鲁迅全集》，出价二万五——这也是沾了时局的光的。看了这两件"买卖"，旧书的时价，略可概见，一句话，旧书时价虽然赶不上米布，更赶不上高级化妆品，可也够惊人了。

今日重庆一家小小旧书铺，论其货价，谁敢说它没有几百万，倘以旧时币值计，直堪坐拥百宋千元！但今天不过是白报纸本道林纸本的铅印书而已。旧书价格之提高，似与供求关系无涉。旧书价是跟着粮价走的，这也有一个小小故事不可不记。有人在"米亭子"某铺看到了一部《综合英汉大辞典》（袖珍本），索价二千六百元，买不起，隔了两天再去看，却已涨为三千元了。问何以多涨四百，则答曰："这几天粮价涨了呀！"书是精神食粮，书价跟着粮价走，似亦理所当然。但是今日重庆的旧书铺老板计算他的货价尚有另一原则，此即依纸张（白报纸或道林纸）及书之页数为伸缩，即使是极不相干的书，只要纸好，页数多，则价必可观，这简直是在卖纸了！自有旧书铺以来，这真是历史的新的一页。对于这样的"现实主义"，版本权威只能摇头叹息。所以今日重庆跑旧书铺的人，决不是当时在北平跑琉璃厂，在上海跑来青阁的人们了。今天是一个"伟大"的"现实主义"的时代，今天重庆跑旧书铺的人，绝大多数是为了某一个小小的"现实"的目的，"发思古书铺之幽情"者，恐怕百不得一二罢？旧时也还有坐在旧书铺里看了半天书的人，今天也没有了。今天如果有这样的好学者，那不是在旧书铺中，而在"新书店"内了。

不过，旧书铺的内容虽然变了，但从"市上若无，则姑求之于旧书铺"这一点看来，今天重庆的旧书铺还是"旧书铺"，只是所有者是现实意义的"旧"书罢了。可以说旧书铺也染上了战时的色调了，这也是"今日重庆"之一面。

○ 原载《旅行杂志》，1945 年第 19 卷第 1 期第 31—32 页

旧书市谈往 1947

—— 昨非

近来时常过隆福寺和旧书贾闲谈，他们也同其他工商业一样，受通货膨胀的影响，一般的购买力减低，生意冷淡得奄奄一息。且书籍一物不同于一般生活必需品。买不起宁可不买了，尤其古书，来源断绝，仅有的一点古董流传越来越少。补不进货，他们常说："现在买不进货来，卖一种少一种"，并且说，现在飞来的老爷也都不买书，不像汉奸肯花钱。

沦陷时间，南北附逆大员，全都喜欢买书，甚至刻书宣扬风雅蔚为风气，在北方，"维新政府"的梁鸿志，是长乐梁章巨的曾孙，和曾任行政院秘书后来以通敌枪毙的黄秋岳都是赣派巨匠陈三立的弟子。梁氏在"汪政府"成立后出任检察院长，曾集资把嘉业堂刘氏藏的《明实录》影印，共五百册，有功明代文献，确实不小，后来他的女婿朱朴，任中央储备银行董事，由周佛海支持创办《古今》半月刊，请落水文人周黎庵主编，偏重谈掌故，因此那时南北书市，像《越缦堂日记》一类东西价格大涨。"汪政府"的内政部长陈群，藏书甚富，且南北搜购不遗余力，成立有《泽存书库》，汪精卫六十岁生日时，陈氏曾为其刻《双照楼诗词稿》。

在北方由王克敏起就喜欢买书，不过他的收藏后来全部出手，以藏书刻书著称的诵芬室主人董康，曾出任司法委员会，他的《清人杂剧三集》，和十卷本的《书舶庸谈》，就在那时刻成。他的幕僚，每天除了讲究金石书画，无事可做。像中国联合准备银行总裁汪时璟，专搜集善本，他本人并不懂，不过有钱附庸风雅而已，他颇读清朝中兴名将之书，他的僚属也相习成风，一时曾左胡李的文集价格大昂，他常以曾文正公自比，也颇奖掖后进，但他的后辈，先要看你长得漂亮否，再看穿得如何，大概此氏看《曾文正公日记》，学会曾氏的给人看相但又不会做，于是学得很可笑。王大须王揖唐也颇以读书唐人自命，办古学院，僧古学，请一般遗老每月课士，他对一些不肯出山的老前辈如江安傅沅叔，紫江朱桂莘，闽侯郭啸麓都优礼有加，不过此公颇无骨气，所以非常为这一般遗老看不起，另外日本的日文书院，满铁经济调查所，也都很花钱买书。不过那时有一种反常的现象，就是沪杭书贾，时常向北平搜购，因为北平未经兵火，古籍尚得保存，过去北平书大多来自江浙沪杭人文荟萃之乡，那时则反倒须求之北平，因此书价踊贵，不过买木版书究竟比任何东西还要便宜得多也。

光复后，书贾都抱了很大希望，他们还做事变前的梦，北平的学校文化机关团体，定将大量搜购，且国外的销路也很有希望，没想到两年来烽烟遍地，各学校文化机关，几乎无钱买书，如国立北平图书馆，新书报纸杂志，都以赠阅为主，其他像燕京北大清华，每月买几十万块钱书，大部分都是新出版物，燕京哈佛学堂社仅买些八年内出的书，根本没有多少，教授学者，在以前每月拿四百块钱薪水，可以坐在家里等书贾书送上门来，且还可以买点善本，现在则根本没有买书的能力。至于政府大员，更少买书者，以前暴发奸商土药客人，也要买部《四部丛刊》做插架，现在商人买书更是笑话了，所以现在书贾谈起沦陷间倒好像"盛世"了。

○ 原载《北方杂志》，1947 年第 2 卷第 1 期第 32 页

北平的旧书业 1948

—— 小玲

美国图书馆协会远东委员会主席白朗,和美国国会图书馆副馆长克莱普,于十五日自沪飞临故都,白朗说,他这次到中国来参观图书馆事业。克莱普说来中国采购图书。克莱普还来中国采购图书,殊不知中国的书业,正遭受着空前的厄运,尤其是北平抱残守缺的旧书业。

据闻胡适先生前后在南京,曾向朱部长家骅,提倡拨一笔款。救一救这一批默默为文化保护看守者,但是找了碰壁,文化,这可怜的命运!

提起了北平的旧书业,可以分作二部分,一西文旧书,这以东安市场的丹桂商场为大本营,最老的如中原,新的如环球,所藏的书籍都相当的丰富,至于西单商场则就零星了。至于新旧书呢(指近代所出之书),亦以东安市场为巨擘,西单商场规模亦无宏大者,至于旧书店呢,以琉璃厂为集散地,隆福寺的也不少,所以这两条街,一南一北可以称为旧文化街,每天有多少学者,在这里消磨打转盘。

旧书店的店员,他们大概多半都是冀县、衡水、获鹿出身的,所受的教育大半都是小学或初中程度,入店作学徒之后首学粘书、补蠹吃、修理水湿、衬纸、装订、包角等等的工作,然后走街,等到看书及决定购买,非有十几年的寒暑不可。可是他们凭着平日的熏陶、经验、私下的自修,对于版本、书的渊源,也有可惊的考证。

在民元以前的新旧书业，分的不太严格，自民元以后新出版事业，如雨后春笋，一般购新书者，很少问津旧书店，买旧书者多找老字号，而新旧就无形中划分了。

在五四运动以后，思想开放，对于昔日的曲本、弹词、小说家言，平日无人问津的，因一般文学者的提倡，价格陡增十倍。一般书贾，不远千里，远赴山西及山东、河南等僻远乡村，各地旧家，寻求不遗余力，一时成绩斐然，屡有孤本出现。郑振铎，及马裕藻及创造社诸人收藏之富，即起于此时。

一般书贾，终日出入于诸学者之门。民十左右，内阁大库的档案，售于烂纸之肆，由罗振玉发现买回，由北大研究院加以整理，因为有关史乘，所以档案的本子及断烂抄本又盛兴一时。民二十左右，英美及日本人士研究中国风土人情及过去社会，搜购省县道志，一时无人一顾之地方志，价格陡增，一时志书都列于旧书店重要位置，哈佛对此尤不惜重金购求，朱士嘉先生的《中国地方志目录》，即此一阶段中之最大的产物。

这些旧书商们把买来的旧书破旧烂纸一堆，经过一番修理，面目全新，这你不能不佩服他们的技巧，虫吃的补上，真让你看也看不出来，断线装订书，缺篇抄配，老衬纸，同时还有一种工夫，熏制旧纸，配上真让你真伪莫辨。有时一部书，可以抄配半部，用极廉的代价，雇用抄书者，这样无形中把缺阙的书，让它变成了完全。

随着抗战的爆发，敌寇盘踞北平，经济的不断波动，这样影响了一般的购买力，本来烽火连天，谁还有心研究文化呢？除了敌寇的机关和伪组织的大员购买外，很少有人问津，一时南方纸源缺乏，卖书不如卖纸，所以一时旧书，多入废纸作坊，及南运作还魂纸，可称文化浩劫，当时伪府曾有旧书禁止南运之令，以挽此危机。

光复以后，各大学复员，文化人北来，一时旧书业又呈活跃，加之日人卖出者不少，一时善本甚多。不过随着时局不靖，生活日高，一部《四部丛刊》非千余万莫办，一部《廿四史》亦需千万，其余金石甲骨之行，如《殷墟书契正续编》，亦需数百万，即最小部之书石印者，亦需三四万，致一般文人裹足，而即或卖出所购亦不足生活，故只有蚀本的一途。且小号购买大批之书，每数号联合,借钱购买,利息既重,半年卖不出,则将无法赔累。且偶有不全的书,抄配需资甚多,卖出之书,不够抄费,所以补残完缺之工作,也就无形消减了。现在我们走在琉璃厂,家家门可罗雀,并且因为纸的缺乏,卖书不如论斤卖纸,据说,这称斤的风气又出现了。这真是文化的大损失,现在能够支持的,只有修文堂、文奎堂、来薰阁、王富晋等几家大号。因为他们在上海有分号,可以北方买在南方销售,并且还可以作外国的买卖。不过一般全是奄奄一息了,这次克莱普来平说买书或者给他们一个兴奋。不过他们这群默默为文化工作者,政府教育当局不应当让他们自灭才是吧?

〇 原载《一四七画报》,1948年第18卷第6期第9—10页

厂甸沧桑 1948

—— 凌霄汉阁

文化城里有一条文化街，文化街里有一座文化商场。每年旧历正月之前半个月，照例有所谓"厂甸大会"。此会之盛衰荣枯，则方反映时事之沧海桑田。

"文化城"是北平，古老的旧都，数百年政治中心，求名求利的人们，有"群山万壑赴荆门"之势。科举功名，牢笼全国二十余省的文人墨客，与之相联带之文艺一切，百海朝宗，称为人文渊薮。自清末停科举，至民国成立，政治形态，迭有变迁，但文化方面，旧的传留既厚，新的建设亦多。即如十七年国都南迁，北平失去政治领导地位，市面逐渐萧条，虽是事实，但最高学府，新文化运动发源地之北京大学，巍然存在，此外国立、私立各大中小学之密度，远超南北各都市。故南京是政治中心，上海是经济中心，北平是文化中心，鼎足而三，大致无误。

"文化街"是琉璃厂，在大城以南，正阳门之西，宣武门之东，而正当民国十四年开辟的和平门。和平门外之新华街是由北而南，琉璃厂东西长一里有余，与新华街成十字交叉式。此处又有个古雅的名儿，叫做"海王村"，有两三朝的史迹，本文不须繁琐叙述。民国以来，扩展街道，整理市容，又在十字街东头，修造一座海王村公园，形式上是比旧时宏敞多了。此街商店鳞次栉比，大多数是书店、字画铺、古玩铺、笔庄、墨庄、文具店，掌柜及伙计，大半能谈谈文墨考据，金石版本，言之津津，昔之风雅官绅，名流高士，于此盘桓，大有佳处。九城各街，文玩图书店铺甚多，向以琉璃厂为代表。货的价格，亦较内城店铺为昂。旧式书铺之外，上海各大书局如商务、中华、有正（有正分局于七年前歇业）皆在十字街西，望衡对宇，故又为南北书业会合集中之地。在昔科举时代，既占绝大之优势，后来学校盛兴，又与教育界联络，名之曰"文化街"，自是不虚。

"文化商场"是文化街东头路北之火神庙，虽庙基不大，建筑颇为整洁，内外三进院子，前后两院皆一正两厢带廊子，最后一层皆北房，各院又皆有夹道可通。每届正月初四之夕开庙，初五至初七为火神进香之正日，同时各城的玉器铺、象牙铺、红货铺，金石瓷铜各式古玩铺，书画笔墨，都到那里分赁租屋，或摆摊，陈设货品，皆用精致的多宝格，珠光宝气，光怪陆离，应客之商人店伙皆穿着整齐，态度稳静，亦能说几句外国话。顾客则显宦富绅、太太、姨太太、小姐、少奶奶、洋大人、洋太太等，他们不肯到街上大会场去挤，而喜车马随从，趋向庙中，因为有的是钱，所以买卖做得特别阔气。门外有文化商场的布告，其实可以叫做"贵族商场"。

此庙之生意以民国二三年至八九年间为黄金时代，因为革命以后，前清贵族显宦，或失业，或迁津青，府第珍物，大批出售，被古玩商收去。而民初的阔军阀、阔财阀，又附庸风雅，作兴弄些古董摆设玩玩，东交民巷的外国大人，洋行老板玛丹，又喜爱中国的 Curio，自买之外还大批的寄回国去。于是每到正月，厂东门的汽车如云，把街口挤得风雨不透。商人财源滚滚，不但近二十年衰落的旧都不堪回首，即前清亦无此特殊的盛景。

古语有云："隆隆者绝，炎炎者减。"盛极则衰，亦是常理。民十以来，大借款是早完了，贵重的好东西亦买尽了，阔主顾亦少了。十七年迁都金陵，中外贵人雅人，纷纷南下，旧京百业一年不如一年，尤以"文化街"为最惨，更以倭乱以来，至今为甚。

火神庙又曰"东庙"，因在十字街之东，而街西面对海王村之土地祠为"西庙"。东庙以珍玩翠玉为主，书画为宾；西庙则以图书碑版为主，其他古物为辅。东庙的生意，最大是"洋庄"，其次阔人、富人、洋人。在沦陷期内，西洋人大批出走，东洋的矮子来的不少，但矮子以"小气"著名，况在战时注重实际应用的物资,而古玩亦实在"缺货"。所以此八年的东庙,摊则日少,赚钱的不过十之二三。中国人方面倒有伪"财务"(姓汪的)有的是钱,真肯花钱,无所不玩,无所不收,尤其鸡血、田黄名贵图章,南园松禅的遗墨,不惜重价,选购必精,商人以财神目之。此外如"王胡子""王瞎子""王孩子"(皆伪委员之头领)亦各有所好,惟比旧时之贵族之万户千门,究属强弩之末。发"伪"财的商人只有三五家,其余大半停业或改业。胜利以来,洋庄方面,众商眼巴巴的只望着"大老美",但"老美"战后来平者,多是兵士,带钱有限,而最近一年中,又已调离平市,所余之洋庄主顾,能有几何,全厂甸中真是寥如晨星。中国要人又多忙于军事,华北现在"四郊多垒",食粮及日用品涨价,游资大半注重实需,珍玩自然受到影响。而火神庙更透着无限凄凉!

"西庙"(土地祠)十余年前书摊密如林,堆如山,今则一摊不见,空空如也,只庙外靠街□零散摆摆。全琉璃厂的旧书店关门者十之八九,线装珍籍,多当废纸论斤出售,作造纸材料,那还有什么说的!政府虽有拨巨款收买旧书,保存文化之善举,然此事非一时的"救济"问题,故旧书业总是悲观。

○ 原载《申报》,1948年3月4日第9版第25159期

天津的书摊 1949

—— 贾以

五四以后,"冷摊"一度走过好运。许多从事于文化工作者,觉得从前的"正史"之类,是不"正"的;几千年的"正统"文献原是有问题的。而那个时代仍有些人以"正统"文人自居,所谓"选学妖孽""桐城谬种"之流,仍然在大讲"义法",大讲"声调",同时"孔家老店"香火依然鼎盛,恨不得"以儒家为国教"。为了打倒这些人,有些文化工作者,便不得不以毒攻毒,从冷僻的书箱里,得到足以批评旧的所谓"正统"的文献的资料,因此冷摊也就被人光顾。偶尔有一两本珍贵的书,商人也会趁机居奇,发一个利市的。

冷摊的运气一直走到抗战以前,在那个时候,林语堂提倡小品出版《宇宙风》《谈风》一类的小品刊物,北平的周作人、刘半农之流更好引些偏僻的书籍来作小品,这风气麻醉一些小资产阶级的文化人,居然忘掉他的一日三餐的问题而"闲适"起来,把稿费照顾了冷摊,希图在冷摊上发现一些写作的"原料"(不是材料或资料),搬回家里,生吞活剥的抄几行,再自己随便感慨几句,于是"小品"成功,登在《宇宙风》或《谈风》上,骗人骗自己。

天津的书摊集中地是在天祥市场四楼和劝业场三楼,这些书摊仿佛是书摊中的贵族阶级,和西南城角一带或北马路一带的书摊比起来是华贵的,当然,半殖民地的气息也是很浓厚(因为它是在租界里)。好的线装书并不甚多,而洋书却不少。在沦陷的时候,学生们读书常是发生困难,教科书买不到,有些私立学校要念原版外国课本更不易买，便到这些冷摊去寻觅。还有些书摊藏着一些抗战以前出版的文艺书籍，鲁迅、高尔基的小说，也还摆在摊上，甚至于有关新哲学的书也还敢摆着，这倒是对于一些人的帮助不少，但"功"终是不能掩"过"的，最畅销的书不是这些，而是一些充满麻醉性的黄色作品！

总之，天津的书摊在沦陷期间虽然走运，却是变质了，很少有人去寻觅冷僻的书，书摊的老板也不肯预备这些书，即使是成套的木版线装书都减少了。只有北马路西马路一带卖废报纸的地方，却会发现成套的书，有时他们会囫囵上秤卖出去包花生米。

等到日本投降以后，书摊生意一度不太坏，以后便冷淡了，那个时代是这样，国民政府不想要文化，人民不敢要文化，小资产阶级文化人"闲适"不起来，再"闲适"便饿死了，所以无论新书旧书，都不走运，只有色情文字，武侠神怪的东西，卖到小商人的手里作消遣。

遭逢厄运最严重的要算"正统"的线装书了。许多木版书被拆开包花生米，抛到地上被拾字纸的捡了去，送到纸厂里去"再生"。宋版也罢明版也罢，在卖废纸的商人眼中都称之曰"货"，是一视同仁的。用大秤一称，不论"胡刻""毛刻"，一律是多少钱一斤。从前在书香门第的书房里珍藏的东西，这个却潦倒风尘，玉颜失色，甚至于粉身碎骨了。

解放以后，新的书籍，广泛的被阅读，同时旧的线装书也被老板们大量的卖给废纸商人作大批的"货物"了，这些货物换得了废纸商人的利益。

假若这些书，果真是要不得的废物，"推陈出新"的去再生变为纸，也还是说得通的，无奈这些东西，我们还不能一概而论的当作废物，无论如何，也还得算是文化遗产。这些遗产，还要我们去批判的接受。

○ 原载《生活文艺》，1949年第2期第4页

PART 3
域外书肆

旧时书肆

纽约的旧书铺
1928

—— 实秋

我所看见的在中国号称"大"的图书馆,有的还不如纽约下城十四街的旧书铺。纽约的旧书铺是极引诱人的一种去处,假如我现在想再到纽约去,旧书铺是我所要首先去流连的地方。

有钱的人大半不买书,买书的人大半没有多少钱。旧书铺里可以用最低的价钱买到最好的书。我用三块五角钱买到一部 Jewett 译的《柏拉图全集》,用一块钱买到第三版的《亚里士多德之诗与艺术的学说》,就是最著名的那个 Butcher 的译本——这是我买便宜书之最高的纪录。

罗斯丹的戏剧全集,英文译本,有两大厚本,定价想来是不便宜。有一次我陪着一位朋友去逛旧书铺,在一家看到全集的第一册,在另家又看到全集的第二册,我们便不动声色地用五角钱买了第一册,又用五角钱买了第二册。用同样的方法我们在三家书铺又拼凑起一部《品内罗戏剧全集》。后来我们又想如法炮制拼凑一部《易卜生全集》,无奈工作太伟大了,没有能成功。

别以为买旧书是容易事,第一,你这两条腿就受不了,串过十几家书铺以后,至少也要三四个钟头,则两腿谋革命矣。饿了的时候,十四街有的是卖"热狗"的,腊肠似的鲜红的一条肠子夹在两片面包里,再涂上一些芥末,颇有异味。再看看你两只手,可不得了,至少有一分多厚的灰尘。然后你左手挟着一包,右手提着一包,在地底电车里东冲西撞地踉跄而归。

书铺老板比买书的人精明。什么样的书有什么样的行市,你不用想骗他。并且买书的时候还要仔细,有时候买到家来便可发现版次的不对,或竟脱落了几十页。遇到合意的书不能立刻就买,因为顶痛心的事无过于买妥之后走到别家价钱还要便宜;也不能不立刻就买,因为才一回头的工夫,手长的就许先抢去了。这里面颇有一番心机。

在中国买英文书,价钱太贵还在其次,简直就买不到。因此我时常地忆起纽约的旧书铺。

〇 原载《新月》,1928 年第 1 卷第 8 期第 169—171 页

关于旧书店的种种
1928
—— 王

据说法朗士很喜欢到旧书店去玩玩，在他以为旧书店是最有趣味的散心的地方，自来有不少的作者们，都喜欢走到旧书店里去收买旧书。

我在美国读书的时候，把我礼拜六下午大部分的工夫消耗在旧书铺里面，住在波士顿大城的那一年，不但每礼拜下午去，就是其余的日子也常去，若是身边有五元，那么，五元钱一定是要用完方始罢休，因此，情愿在衣食住上节省些，把余下的钱买旧书。目下这些旧书还在我身边，不过因为有了孩子们以后，就觉得旧书不大宜于卫生，我真不知道如何去处置这些，富于微生物的旧书！而且我的妻常对我说："你真傻，为甚么从美国带这些无用的而又破旧的书回来？你若少买些书，便可多积攒几元美金，现在可以用一元去兑二元二角几分的'墨西哥'，不是更加上算了么？"但是，我这样的买了许多旧书，隔了几年我的兄弟也从美国带回来很多旧书来，而且他比我出的代价更重些，所以我们俩不免都有些傻气。

实秋先生在《新月》第一卷第八号上也有论及旧书店的短文，他说：

有钱的人大半不买书，买书的人大半没有多少钱。旧书铺里可以用最低的价钱买到最好的书，我用三块五角钱买到全部 Jewett 译的《柏拉图全集》，用一块钱买到第三版的《亚里士多德之诗与艺术的学说》，就是最著名的那个 Butcher 的译本，这便是我买便宜书之最高的纪录。

别以为买旧书是容易事，第一，你这两条腿就受不了，串过十几家书铺以后，至少也要三四个钟头，则两条腿谋革命矣。饿了的时候，十四街（那是纽约城的街名）有的是卖"热狗"的（这是一种腊肠），腊肠似的鲜红的一条肠子夹在两片面包里，再涂上一些芥末，颇有异味，再看看你两只手，可不得了，至少有一分多厚的灰尘。然后你左手挟着一包，右手提着一包，在地底电车里东冲西撞的跟跄而归。

实秋先生所描写的很对，用不洁的手吃"热狗"，若是给那些留美的女学生们瞥见，一定又要遭讥笑了。这种狼狈不堪的情形，是万不可讲给妇女们听的。

买旧书的确不易，我有许多旧书现在已经成了废纸，我希望再到美洲或是欧洲去的时候，能改良些，因为买旧书而无目的，是一件很不经济的事啊！有些人买了旧书，因此发财，我们买旧书的动机，不是想发财，却是对于旧书本身发生兴趣，而且名为作者的人们不爱书，那末，他是不配为作者了。

上海现在有许多书铺子，旧的也不少，但是好的英文书，诚如实秋先生所说："在中国买英文书，价钱太贵还在其次，简直的就买不到。"

我现在试拟几条买旧书的大纲：

（一）你如果不知道旧书的原价，除有特别原因外，万不可贸然的去买它，因为有的旧书铺子所定的价比原价还贵。

（二）装订的不坚固的旧书，最好不买它，恐有缺页。

（三）买旧书的钱一定要从你零用中省下，不然，你也许会赤着脚或是饿着肚子，前者是不雅观，后者是不卫生。

（四）你若是有妻子在家，最妙的方法，是把你所买的旧书存在公事房中，不然，还是少买为是。

（五）用不洁净的手吃"热狗"，不是好榜样，中国的旧书不见得比外国的旧书来得清洁。

（六）你自己不要的旧书，也可出卖，或是与旧书铺交换，因为上海的房租很贵，地位不多，日积月累，你若一不留意，就会把你的屋子充满着旧书的气味。

（七）买了旧书以后，一定要读它，看它，和利用它，不然，就变成了一嗜好，那就不是真正的爱书了。

○ 原载《明灯》，1928年第140期第72—73页

银踯躅
1930

——适夷

银座,一条东京的美丽的街,仅仅这个名字,对于初次观光的旅人已是多大的诱惑,这儿不是浅草样的浮溢着纯日本的气息,也不是丸之内样的金融资本主义森严的面目。而是在东京,最能够呼吸到西洋空气的:阔广的马路,崇高的百货公司,五光十彩的店铺的窗饰,使人联想到上海的南京路。然而不,咖啡的热香,舞场的乐声,短发鬈曲,外套及膝的红嘴唇和黑眼睛,又令人联想到上海的北四川路。然而不,这是银座!

在银座的街头闲走,东京人有一个特殊的名词:"银踯躅"(Ginbura),这名词又多么的引人憧憬呢!

尤其是到了晚上,灿烂的灯火明了,光怪陆离的电气广告在四边的高处时明时灭。电车、Taxi满街的驰逐着,两边的行人道上拥挤着人群。然而这儿不是驿站中似的急走,大家都在徐迂的闲步,形成了一条缓流。

更吸引闲步者的是行人道上的夜摊,听说这是大地震以后的风气,许多东京的小商店,在地震中丧失了他的资财,不能重兴,于是在繁盛的马路边,利用着夜间闲暇的行人,摆设了摊市。这样的渐渐扩张起来,开不起店铺的小商人有专营夜摊的了,整个东京比较繁盛的街市,一到晚间灯火上时,便一长列的铺展开来。自然银座的算作"东京一"了。

人走近那儿,是一个变态的百货公司,明澈的电灯光下,罗列着一切的商品，尤其是两足不敢跨进三越，松屋（百货公司）的人们，这是一个很好的去处。

每次吃过了夜饭使我冲动着想去银踯躅的原因，也正为了这主要的一部分。我的目的是许多古本（旧书摊）摊，用一圆钱买一本五六百页的古本书，那种在上海内山书店中惊为奇迹的，现在已会觉得可笑的了。名叫古本而大半是新本的这些摊上，虽然看日本文还是这样的困难，但已经有着留恋不舍的习惯了。用一元两毛钱买四本全新没有开页过的，每本四五百页的《高尔基全集》，如果给国内的朋友们知道了不知会甚样的妒嫉呢。

然而夜市真是一个发掘不尽的宝山。第二个使我徘徊不去的是画片摊，这比上海棋盘街的群益书社至少丰富到几十倍，我可以买到托尔斯泰、悲多汶、列宁、马克思、拿破仑的十二寸三色版的肖像，也可以买到《晚钟》《拾穗》《牧羊少女》等弥勒的名画，而代价却不及群益书社的十分之一。

此外便是绮丽的"诺托"和写给恋人才用得到的信封笺。可是看到的却比买到的更好，玩具摊上总是一位明眸如电的姑娘，双手不停的拨弄那些马口铁的汽车翻筋斗，大眼睛的孩子驰脚踏车，不倒翁爬梯子，作出吵扰的声音，来吸引顾客的驻足。卖肥皂和洗衣用手套的摊上，便是一位眉目略呈忧郁的妇人，默然的低着头用她所出卖的商品洗着衣服，不但证明了商品的优美，而且还顺带了一种洗濯的副业，以利用空待顾客的时间。卖药的总是一个大学生样戴了眼镜的人，高高的站着对围在旁边的观众，手舞足蹈的颇有一个雄辩政治家的风味，如果手中不拿着他的商品，我真会疑心又有什么不合法的政党在这儿示威呢。——这样地我出神地凝视了他，我看见他披在额上的荡动着的长发，额角边紧张的青筋，口边上爆进的涎沫，而想到一个人要挣几毛钱的生活费，是如此切迫的。另一种型，则为街头艺术家的惨淡的阴影。平常我们用这个名词去称呼那些沿街卖歌的人，或许也可联想到古希腊行吟诗人那样庄严的景象；然而这儿却不是，他是穿着大学生制服的长头发的画家，酒瓶，纸烟和苍枯的脸，他的小小的道具上满挂着许多古今大天才的面像，他的营业是当场挥毫，替顾客作肖像速写，而他的摊却藏在这阴暗的角里，也没有一只电灯；难怪K说，那次花了三毛钱，而结果是拿了一张不认识的人像回家。

再走过几个蒙着帐帷的支那荞麦（中国面，我相信在日本人的生活中，最多用到"支那"这名词的一定在荞麦上了）的摊户，长长的一条夜市便算跑完了。于是穿过车列跑到对街。这儿再没有摊，视射便容易投到行人的身上。大学生总是斜戴了帽子，敞开制服的胸襟，成群结队的乱闯。同寓的阿乙说日本的大学生像流氓，我却联想到上海租界里的外国水兵，似乎更相似一点。他们没有中国那些哥儿们幸福，穿着漂亮的西服挟着爱人走路，然而听说除了 Stik Girl 以外谁都尊重着大学生的，于是便让他们如此横行了。Stik Girl 因为大学生没有钱，于是不找穿学生服的人而专门找西服 man，据说，还有大菜 Girl、Taxi Girl，则简单得只要吃一顿大菜，或坐一会汽车就成。要过过现代女子生活的瘾而又没有钱，便只好这样减价出售的这些日本人叫做"摩打加尔"的可怜的女性，也使我深凝着在自己身边跳动着的许多肉色丝袜的长腿膀而沉闷了。

我老有些奇异的感觉，日本的男性好似一概都有着一副阴鸷的，冷酷的脸，而日本的女性，水汪汪的眼中总射着可怜的光，令人想着古代自由民底下的奴隶。中国的妇女自然还脱不了家庭中的奴隶与娼妓的命运，而展开了资本主义的日本的妇女，她们却做了社会的奴隶与社会的娼妓，大商店里雇用女店员和饮食店咖啡店的女侍，听说在才干之外还须有美貌的条件。她们一方面要挣扎着经济生活的自立，而一方面要当做公共的玩具。在料理店里吃晚饭，看见同伴一只手搭在一个少年侍女的肩上，亵态的询问她叫什么名字的时候，我真为这少女感得难受的侮辱了。然而我又多么偏狭呢，那边的一群大学生，正拉着侍女的手而要求 Kiss，而侍女呢高笑着用另一只手打他们的头。

这因为我是来从礼义之邦而正如阿 L 所说多少有点道学气的缘故么？然而为什么日本的影戏院里要男女分席呢？我可看见了维持风化的一班天皇的忠臣们，对于出得起钱看影戏的太太小姐们却是保护得很周密的，这儿也是礼义之邦呢。

我再不愿回看那些咖啡店的玻窗上，含着微笑的黑眼睛和红嘴唇了，便跳上了电车，完毕这一会幽闲的银踯躅。

○ 原载《现代小说》，1930 年第 3 卷第 4 期

巴黎书店渔猎记
1931

—— 法朗

在走完了巴黎塞纳河左岸以后，没有走到右岸以前，我在"城市岛"上小立片刻。在大自鸣钟外滩，我发见有两家书店。第一家是蜜蜡公主书店。在一块近代化的招牌上，标榜着 Ferme la Nuit 几个大字，陈列着许多精装本的书籍，有一间喝茶客室和一间绘画陈列室。这是一家非常摩登化的书店。

第二家是刚从圣翁路搬来不久的新书店，老板娘娘叫做萨莱热太太，书店招牌就用"萨莱热太太"五个字。法国的书店，都是用老板或老板娘娘的名字当作招牌。"萨莱热太太"书店的招牌是用灰色和青色两种漆成的，很是幽雅，有大家的风度，就好像老板娘娘的姿态一样。这一家书店，专门出卖精装本的全集和丛书，主顾大半都是藏书家和有钱的公子小姐们。

走到塞纳河右岸，第一家就是特拉孟和蒲德老 Delamain ct Boutclleau 书店，与法兰西大戏院相近。这是巴黎书店中首屈一指的老书店，创办于1763年，创办人为白尔白（Barda），当初开设在王宫相近，在丛林廊火灾之后，就搬到这里来，招牌由白尔白改为脱莱思（Tresse），由脱莱思改为斯多克（Stock），一九二〇年起，便归属给两个作家所有，现在叫做特拉孟和蒲德老书店。蒲德老，他有一个笔名叫做雅克夏陶纳（Jacgues Charboune），是《爱比大拉默》（*Epithalome*）的作者，这是一本拟仿古拉丁诗人加多罗斯（Catulle）杰作长诗的成功作品。在斯多克书店的时代，书店内都龌龊不堪，书柜上积满尘垢，现在重加油漆修理焕然一新。从前的斯多克书店，专门出版关于无政府主义的宣传书籍，因为那个时代正是社会学丛书畅行的年份，现在的新店，好像他的绿色招牌一样，比从前要平稳得多了。除了发行各种文艺书外，另外有一个橱窗陈列着形形色色的杂志。只有一间小室，陈列着精装本的书。他们的橱窗陈设，非常美观，在书本以外，常用许多美术品来做点缀装饰。据说，法国书店注重窗饰，是他第一家发起实行的。

现在走向歌剧场去，就可以看见繁市的书店；这是一个空名呢还是一件事实？在繁盛的街市上，书店正像咖啡馆一样，渐渐儿减少起来了。新闻记者们不像从前一样，老坐在牢笼式的地方刺探材料了，巴黎的生活中心，已经逐渐向西方发展去了。这里只看见新开的银行和影戏院，房租比从前飞涨起来。不到三年以后，在巴黎繁盛的街市上，一定不容易再寻到书店。可是或许还可以剩存两家悠久历史的书店：佛罗利（Floury）书店和莱意（Rey）书店。

佛罗利是繁盛街市书店中最老的一家。现代法国名作家如莱翁·都德（Leon Daudet），巴蕾士（Barres），女作家徐泼（Gyp）等的作品，都是归佛罗利书店出版发行的。

在五六年前，离佛罗利书店不远，我们还可以看见莱意书店。书店老板留着两撇跷牙须，头发下垂覆肩，领结横斜，好像一个阅历很深的老大，不过他管理的不是船只而是沟通文化的书店。他曾经创办一种《文学回声》刊物，在他书店里，常常举行他朋友们的绘画展览会。现在新的莱意书店已经搬到特罗奥路 Rue Drouot 去了，虽则营业没有从前那样兴旺，但是老板毫不减少勇气，他仍旧继续他的百科书本方针努力发展营业。据他的意见，开书店的人并不是文学批评家，不能专门只售某一派或某一种主义的作品。书店是一种生意经，只要能够卖去一本关于烹调的书，就可以不算营业失败。经营书店应该注意到各方面，好像一个目录索引家一样，不应该像固执着一种嗜好的专门学者。因为书店老板终究是十足的商人呵。

假如说佛罗利书店和莱意书店是繁盛街市书店中的老前辈，那么沙米爱（Sanuel）书店算是后进的青年。老板是一个美国式的生意人，同时也是一个文学者。白天卖书，黄昏结账，夜上看书。他很喜欢结交文友，他常鼓励作家们努力创作，合作出版著作，俄国文学家陀斯妥意甫斯基也曾受到不少的照顾。沙米爱老板招揽主顾的方法很巧妙：他把书店一直开放到半夜才收歇。在每星期五的黄昏，他就为某一个作家举行纪念周，在一只小台子上陈列某作家的著作，并且请作家在书店里替他的崇拜者在书本上亲笔署名。新闻记者、出版家、文学家、艺术家都喜欢参加这一种纪念周，因为在那里，他们可以会见，平日深居简出不涉足交际场所的作家们，从他们身上可以寻见许多有兴味的资料。

巴黎的繁盛街市正好像雨后的两道彩虹，两条灿烂的彩虹就是夏多滕路（Rue de Chateaudun）和圣辣柴路（Rue de Saint Lazare）。在这两条路上有不少很有趣味的书店。例如"莱茄太太书店"娇媚可爱的莱茄太太，一天到晚戴着一副眼镜装出老板娘娘的模样。再如哥儿多太太（Mme Courlot）书店、加芬（Caffin）书店等，这几家圣辣柴路旁的书店，营业都很发达。还有那高尔蒂（Corti）书店，每夜常有许多从巴黎赌窟或戏院出来的赌客观客，都是走到那里去浏览选买书本。

在没有走到远处以前，我走上白路，一直到卡拉书店 Kra 门前。老板是 Rathschild 的旧日秘书，一九〇三年他在胜利路（Rue de Ja Vctoire）创办一家书店，一九〇六年不幸遭遇火灾，就搬到现在这一块地方。小老板是一个喜欢冒险的游历家，倦游返国以后，便帮助他的老子管理书店事务，生涯很不差。每天做完了事以后，便含笑衔着一只烟斗，来往招呼买主。有时兴之所至，便和熟识的买主滔滔不绝讲述他从前的游历见闻。因此卡拉书店里的游记书报，销路特别的好。

在上面我已说过，巴黎生活的心已经向西方发展过去，法朗西亚（Francia）为了这个缘故就在 Costglione 路受盘了茄朵（Cateau）书店的生财底货。从前是败旧不堪萎靡不振的书店，现在已变成富丽堂皇，气象万千的大书店了。门面用大理石装饰，电炬夺目，华丽好像一家家珠宝首饰店一样，英国的主顾都喜欢到法郎西亚书店去买书。

白罗克（Blach）书店是巴黎西区很有名的一家，老板是个很勤奋的人同时也是一个固执着成见的硬汉。十六岁时死去了父母，在街头卖报为生。后来在银行做事，工作之余，进学校补习功课。一九一二年，他收买纪特（Gide）

的著作，人家都诽笑他。在他书店出卖的都是优秀的作品，从不肯陈列市上流行的粗制滥造的卑下东西。他这书店，并不是为了大众而开的，他的主顾虽不多，但都是很忠实的老熟主顾。

若使你们到巴黎举行书店巡礼，走路走得累乏时，我可以请你们到法斯德（Fast）书店里去喝一杯茶。这一间茶室非常适宜于散步后小坐休憩。让我来给你们引导途径罢。一到了那里包能满足你们的好奇心理，这是一个神秘的所在。一个小僮，一乘升降机，把我们送到一间张挂着毡毯的房间里，四壁画满兽群的图案。只消走三步路，我们就到书店里了。那的确是一家很古怪的书店，里面充溢着女性们的脂粉香气。老板叫做克利斯多（Gristo），他在一九一九年，创办这一家贵家客厅式的书店。我们都知道什么样的文学作品是专门供给女人们看的，女读者们的胃口是如此这般的。书店老板自然大半都也知道这些秘诀。在这一家书店中发卖的新书，是纪特（Gide）、葛罗代尔（Claudel）和古尔孟（Gourmont）的作品，居其多数。普罗斯德（Proust）的初次新作，也在这一家书店发行，销数比无论哪一家书店要来得多。

从客厅式的克利斯多书店出来，我走向夏诺莱（Honore）路去。那面有两家大旧房子的书店。第一家是马尔登（Martin）书店，专门出卖孤本和珍稀的书本；第二家是爱米儿保六（Emile-paul）兄弟书店，专门发行关于历史和考据的著作。

我要给你们特别介绍两家书店，先介绍乔治第五世路（Gerges V）上的罗兰书店，它是为了纪念一个青年的喜剧丑角而创办的，那个丑角，很酷嗜读书，不幸去世得很早。书店规模非常狭小，只出卖精美的书本。第二家是方济各第一世路（Fronscoislis）上的比茄斯（Pigasse）书店。那儿设备许多椅子，欢迎主顾们在那里小坐浏览书籍，这好像一家图书馆，又像是富家的会客厅，四壁书橱，陈列着许多珍奇的书籍。

现在我们重新回到夏诺莱路，若是不加注意我们会过门而不入，那是达未Davis书店，恐怕要算巴黎最小的一家书店。但是每一架书柜里的书本，价值连城。老板是巴黎大学教授出身，欧战以后才开办书店。这是一个典型的人物，面貌酷像西班牙逊王阿尔封朔第十三世，谈话时的声调婉转有味，常现笑容，待人非常和蔼可亲。他现是一个商人，他常会预卜先知将得文学奖金的作品，他是一个文学家，在心里牢记着鲍特莱尔（Baudelaire）、斯当大尔（Stendhal）、伦鲍（Rimbaud）和伐藩利（Valery）的作品，他还和 Teste 把《黄昏》译做英文。他是法国文学新运动的一个先锋员，他又是超写实主义有力分子，但是从没有在外面标榜张扬，若使你初次见他，你只当他是一个生财有道的书店老板罢了。

仍旧在夏诺莱路上，我进到德来摩亚（Tremois）书店里去，老板是年未满三十岁的一个青年。他的营业方针很特别，最初在大学路（Road University）创办一家书店，后来他进法拉马利翁（Flammarion）公学，一年以后他在 Beaujon 旅馆对门开第二家分店。德来摩亚的手段很高明，他发行目录杂志，同时主办展览会，他的朋友和他的主顾，常利用他的书店或者他的杂志，做宣传的机关。他很喜欢给人家利用，这种手段非常高明而且非常可爱。

我的朋友伊尔生（Hilsum）在克莱倍（Hleber）路开了家书店，他是非常容易表同情的人物，团圆的身材，常常现露快乐的神情，笑的时候，眼皮四周会发生可爱的皱纹。他最喜欢出版一般前锋作家的作品，高克多（Cocteau）、莫郎（Morand）、莫利亚（Mauriat）等的新作，都归伊尔生书店最先发行。

以上都是在巴黎比较著名的几家书店，此外还有像法兰特郎路的 S.A.B.A. 美术图书会，嚣俄路的勒迈尔西爱书店，华格郎路的加尔曼书店等等，我因为时间上和路程迢远的关系，不及一一去巡览了。

总之巴黎的书店，每家书店有一种特征，各书店老板各有招揽主顾的特殊手腕。我的渔猎记至此要暂告结束，凡是到巴黎有买书癖的人们，可以参考上面的指南，自由选择你们所喜欢的书店。

○ 原载《前锋月刊》，1931 年第 1 卷第 7 期第 1—9 页

巴黎的旧书店
1932

—— 汪百里

巴黎的旧书店，规模大小不一，大多数都集中在塞纳河左岸之罗特区。

巴黎旧书店的装饰，门口的两边，还是老式的玻璃门橱窗，橱窗里陈列着比较有价值的书籍。在每本书皮的右上角，都贴着标条，标明价目，这种办法我们觉得很不错，因为贫穷的读书人，腰包里常常没有充分的金钱，看见好书固然想买，但是不晓得多少价钱，不敢去问津，尤其旧书的价钱，大多数是没有标准的，就是珍本或绝无仅有的书籍，虽然不写明代价，可是也有悬了一张细长纸条，写着"价昂"两个以示区别。不比我们中国不道德的旧书店大敲其竹杠。

他们店堂的布置，一进门就是书架，排满了许多书籍。书架是很高的，在高处之书，站在地板上是看不见的，所以他们在书架上半截的相当地位，装了一根横铁棒，这是预备挂梯子用的，其他布置，有似乎住宅中的藏书室那样雅致。普通的旧书，是排在普通的书架上，精本书、稀有书、绝版书，才排在玻璃橱子里，并且还是排在最后几个的书架里。

这些旧书店的藏书目录，是用什么法子呢？这我们也应当留意的。原来他们每家都有预备一副或多副的书名或人名卡片，顾客们要买哪一种的书籍，马上就可以检查卡片。在卡片上有很详细的记载，"书名"是不必说，其他如"作者""出版家""原价""售价""出版年月""类别""某号书橱"等，都一目了然。如果这本书有的话，马上就可以送到顾客面前。比我们中国旧书店，杂乱无次，须全凭记忆力去记忆，也不晓得简便到若干倍。在卡片之外，各家在一年中还汇印了几次目录，送给顾主。

还有一件事，值得记载，值得模仿的，就是对待顾客的热心。譬如有个顾客到旧书店里去搜求一本书，可是这家店里是没有的，那书店的老板一定不会马上回绝顾客说："这本书没有……"接着又向顾客说："现在这本书敝店里是没有，可否请你给我几天的期限去想法子？"如果顾客赞同他的请求，那末，他就请你留下姓名住址，一面在这期限以内，他就向各同业去调查，如果有的话，就把该书借到自己店里来，再送到顾客家里去。有时顾客对于该书不满意的话，而书店老板不但没有现出不高兴的面孔，还是客客气气地向顾客抱歉的说："我们不能报达先生的厚意，实在对不住的很……"然后就将这本书，送还原有的书店。像这样的精神，十分值得我们佩服的。

不但如此，书店老板在该地同业中找寻不到的话，有时向国内主要同业，以及邻国瑞典的同业去找寻。不幸，结果仍毫无所得，他们连手续费都不要。我们国内的新书旧书店老板们和伙友们，你们读过这段记载以后，你们到底作何感想？你们铁一般的面孔，不忠于职务的精神，快快去痛改前非！

其次，他们这许多老板，都是受过教育的，同他谈起学问来，他们都条条是道，绝不像我们贵国的书贾，土头土脑地只晓得讲生意经。某次有个顾客要搜求某类的参考书，毫无把握地跑到一家旧书店里去问，竟然得到该店老板的指导，得到许多好材料。

巴黎旧书店情形，大概如此，记者觉得很有趣味，特地把它写出来。

○ 原载《中国新书月报》，1932年第2卷第7期第27—28页

苏俄旧书市场中所见的世界文学
——"文艺情报"栏目

1933

最近莫斯科的《莫斯科每日新闻》发表了一篇《论到苏俄旧书商业》的文字，内中论到文化落后的农民们对于旧书的爱好，那算是一种创例，因为俄国近来忙着建设，从没有人注意到这方面。

旧书的市场是在莫斯科城的中国城下，这城是十六世纪的居住于Kitai Gorod的外国商人建造的，那儿本来临近克来林宫，现在成为俄国新旧时代以及其他各国的旧版书的市场，在另一方面说，也是文化的区域。撇开一切，现在专来提到有关俄国文学和国际文学的一部分。

在市场中，人们可以看到由阿甲底米亚书局（Akademia Press）出版的许多美丽的文学书底版本，阿甲底米亚书局的版本并不坏，在版式和插画上说，简直可以与出过许多文学巨著的伦敦麦底西书局（Medici Press）相比。因此，在这儿的旧书堆中，人们可以发见《吉诃德先生》(*Don Quixote*)、《一千零一夜》(*The Tnousand and oneNiht*)、*Manon Lescaut*、*Cyranode Bergerac*、与 *The Aenied* 等。同时关于俄国文学也有不少的旧书，除了旧俄时代的托尔斯泰、柴霍甫、翁斯托夫斯基（Ostrovsky），自然新俄时代的作家小托尔斯泰（AlexeéTolstoy）、英贝尔（Vera Jnber）、格莱杜夫（Geadof）和其他无数的作家都应有尽有。只是列宁的著作不易多见，因为这些书一经人买去，便不容易再回到旧书市场来。

在那儿不仅有很多买旧书的书摊，而且还有些店子。法国语在旧俄时代是一种通行的语言，从这些旧书堆中便可以知道。这些旧书的装订和印刷都是很艺术化的。在德文书方面，除了哥德、席勒、霍甫（Hauff）、黑德（Herder）的著作以外，自然也有不少关于艺术与建筑方面的书籍。但在英文书方面，却显出了一种奇怪的混乱。在古典文学方面除了有一些斯各得（Walter Scott）的作品外再没有甚么了。沙士比亚的书绝难寻得，迭更斯的小说也只有几卷。无疑地，英文文学书在俄国已被中断了好久，但是英语在新俄现代的外国语中，要算是人们最渴于研究的了。至于美国作家在旧书中是很少，《小妇人》的作者阿耳哥特（Louisa M. Alcott）的书没有看见，即使有些比玛克·吐温（Mark Twin）更近代的，但是始终不能代表一切。巴南特尼（Ballanthne）的儿童占着首位，因为他的俄文译本得着大多人的欢迎。

○ 原载《文艺月刊》，1933 年第 4 卷第 6 期第 182—183 页

巴黎的旧书摊
1934

——陆侃如

了一写信来,问我可曾享过巴黎的艳福。不错,巴黎是个以风流浪漫著称的都市;而且正如凤举先生所说,那些香艳地方的主顾,大都是法国以外的人。可惜我对此向来是外行,虽然夜深归寓时,从所谓 Numero rouge 旁边经过,耳畔也常飘来一声轻软的 Viens, joli garcon！可是我也只有加紧往前走,没有 T. C. 那么大胆的去问津。大概是"他生未卜此生休"了。

然而巴黎也自有它可留恋处。使我留恋的,既不是徐志摩所谓"鲜艳的肉",也不是叔存先生所赏识的自 Notre-Dame 以至 Champs-Eysees 一带的景色,而是拉丁区的书铺。

所谓拉丁区者,是指 Seine 河南岸,St. Michel 大街两旁,现在的第五第六两区。这一带学校林立,而书铺也集中在此。有规模较大的 Hachette 与 Larousie,有专卖科学书的 Masson,有专卖社会科学书的 Alcan,有专卖左倾书 Edition S.I.,还有以八折九折来专拉中国学生做主顾的 Sicard 和 Rodstein,以及专卖巴黎大学讲义的……或专卖裸体照片的……书铺,形形色色,无一不有。

我所最喜欢走的,还不是这些书铺,而是旧书摊。拉丁区中旧书摊之最大者,当推 Gibert。我在巴黎这两三年中,眼看着它门面一天一天地扩大。在 St. Michel 街上它就有四个门面。每逢下午散课后,总是挤满了学生模样的人。夜深了，一切商铺都打烊了，它还与咖啡店一样的灯火辉煌。惟其因为规模大，所以虽常去，而且它那个书架上放着什么我几乎可以记得，然而我对它并没有很深的感情。因为我到旧书摊的目的，一半固然在买书，一半也是想找人谈天。Gibert 的伙计有工夫和人谈天吗？所以我比较的更喜欢 Sous la lampe 那样的小书摊。

我住的街名，Echaudé是巴黎的老街道之一，如果到 Carnavalet 博物馆去看一看二百年前的巴黎地图，便知道我现在的热闹街道如 St. Michel 及 St. Germain 等，当时是没有的，但 Echaudé 及 St. Andre des Arts 等小街却早已有了。这些街上，小古董铺子及小旧书摊特别多。我开窗一望，便可瞧见四五家书摊。稍远便是 Sous la lampe，这原是戴望舒的熟铺子，他到里昂去后，写信托我去找一部《陶渊明诗》的法译本，这是我和这家老板认识之始，从他的语音及头发来看，决不是法国本国人。然他却比法国人更和善，更健谈。附近几家旧书摊老板的声音笑貌，我就在梦寐中也可描摹出来，而 Sous la lampe 的主人尤其使我难忘。

巴黎女子职业虽普及，但旧书摊中很少女掌柜，只有 Luxembourg 公园附近一家名为 Bouguinerie du Chat 者，是一个老太太开的。门面小极了，真只够容一只 Chat，然而颇多好书，而且这位老太太也极懂事，极可亲，不像法国一班老婆子之可厌。又如参议院前边的 Matarasso，除老板外还有个年轻女郎在。那位老板颇不老实，但那位小姐却天真得多。他家常有难得的书，而我又不喜欢那位老板，所以常等他不在时，去和那位女主人接洽。这样却舒服得多。如果了一定要打听我的艳福，就拿这件事来充数罢。自然，比起 W.L. 在巴黎时的故事来，这真是启明先生所谓"小巫之尤"，然而在我也就算了"最高纪录"了。

拉丁区的旧书摊，大半是在 Seine，河岸上，东起植物园，西至拿破仑墓，河岸上原有石栏，高约三尺，卖旧书者做了几只木箱，安在石栏上。白天开箱陈列，晚上关箱加锁，而箱子是始终安在那边不移动的。这个四五里的长蛇阵般的旧书摊，是巴黎著名风景之一。其中年老者，常常与十九世纪知名文士有很深的友谊。他们娓娓不倦地和谈这个人的轶事，或给你看那个人的手迹。每当风和日丽时，在河边上散散步，谈谈天，买买书，真是乱世中唯一乐事！

这是就平时说，但另外还有几个卖旧书的节气。最重要者当推圣诞节连上新年的一个月，其次是七月法国国庆时，而五月初的"书节"又次之。到那时，St. Michle 街旁安搭彩棚，棚内是一切杂耍，而临时的旧书摊占其半。"书节"并没杂耍，但各书店不论新旧照例对于买满二十法郎的顾客加送赠品。这些时候，大概是拉丁区中最热闹的时节了。

旧书摊中所卖的，大都是文学、史学方面的书，科学书较少，也有带卖旧邮票或古钱者。旧书较新书自然便宜得多，例如一部 Balzac 的全集，新者至少须一千法郎，但我买的一部旧的却不到二百法郎。便宜的程度各家并不一致。Guizot 的《法国史》，价自五十法郎至一百五十法郎不等。我却偶然遇到一部只值二三十法郎，装订还是很讲究的。有时新书一经转卖，也可便宜许多，如 Larousse 六厚册的《二十世纪字典》，那是现存法文字典中之最佳者，去年年底才出齐，自然难在旧书摊上找。但是价实在太贵了（几乎等于一部毛边纸《四部丛刊》的预约价），我便托几家熟铺子去尝试找找看。不到几星期，居然找到一个人愿意出售，卖价只有原来的一半。

我乱买旧书的结果，不但自己手头常常弄得很拮据，而且还贻害别人。第一受累的是房东。他原来给我一架四层的书橱，后来他又给我添了一架八层的。然而还是不够，我也不好意思再破费他了，便检一部分放在床底下。因此又妨害了茶房，每天他来收拾房子时感到非常的不方便。最后还有沅君。每逢她在家煮菜，派我上街买面包时，我一溜烟又拐到旧书摊里去了，恨得沅君直叫：A bas Les bouguins！

一九三四年六月十五日，于巴黎

○ 原载《人间世》，1934 年第 10 期第 12—14 页

西贡的书摊 1934

—— 辛尔

住在安南许多时候,总看不到安南色彩的文化影子,感到和安南真太隔膜与生疏了!似乎就常常隐约的憧憬着:"安南哟,你的灵魂儿究竟在哪里?"虽然,身处在安南的怀抱里;可是我老领尝不着安南的真情调。

难道安南是死去了吗?徘徊在西贡岸上,遥望着弯弯曲曲,像条睡着的蛇的西贡港两旁上,青青的绿草,和热带上特有风格的茅屋。回头看看高巍的海关,和海关楼上就立着的高梧的白种人,令人更加怀着无限的叹息!

和安南商业最繁盛的堤岸混熟了,终是很难找出安南人的书店。有的,只是卖中国书的中国书店,和卖西洋书的白种人的书店。这些书店,又见不到安南人去买书的影儿。安南人能读书的,少到这样子吗?难道他们都不读书吗?

要想看到安南报纸更无从寻觅了。要看看安南的男的女的学生子,更始终是无缘。日常可能见到的是拉车子的褴褛的粗人,和一些上市买物的满口嚼着卷叶和槟榔的妇人而已。

堤岸市内走得厌倦了,迎着黄昏时候的凉爽飘人的凉风,费了四角钱,坐在黄包车上,沿电车路直驶向西贡市内去(乘电车只要一角钱)。

宽旷的柏油路真是走不完,高大的洋楼商店数不尽;但终还是没有见到较新鲜的东西。

慢慢的,拖着疲倦而轻软的步调,走过一个林立着张篷而贩的大市场。灯火闪灿中，辨别出了是许多安南妇人在做着她们的生意。市场内非常热闹，那是我从来没有看见过的，安南人聚集的地方呢！

这是第一遭儿呵，发见了安南妇人在做主人的书摊，一连有好几个，使我突然发生了极大的欢欣。忙挤进去看看，但尽所有书摊上的书，都是一些中国书，而且，奇怪的是逃不出《薛仁贵征东》《征西》和《平南》，以至《三国》《七侠五义》之类，尽是这些千篇一律的小说，此外再也翻不出其他的东西。这些书是安南妇人卖给安南人看的啦！如此而已。我又不得不怅然离开。此后，便也就不尝在第二处发见别样的书摊。

询问老番客们，他们是这样得意感叹的说：安南人本来都是认得中国字的，读过中国书的。后来白种人来了，便渐渐的取消。不过，最初老辈人还要说，年青人不懂中国字，算是"白腹"。可是久了情形就全换过一番。

现在，安南文化全绝灭了。唯有顶高贵的安南人，给他读法文，一般能有力读书的，法国人给他们"创造"了一种新文字，只要读二个月便可应用。应用的范围，只能记账簿和写几句话的信而已，华侨叫做："子谷御"（译音）。这便是安南的文化了呵！

①

西贡的书摊上所卖的《征东》《征西》，年青的安南人还不能认识；要那般老人们，尚记得起他们的"从前事"的老辈，才喜欢读读那些像《薛仁贵征东》的英雄传，或想藉此过些"怀古瘾"。大约再过些时候，这些残余的"怀古瘾"怕也要一齐绝根了吧！脑子上闪过西贡书摊上的《征东》《征西》本子，似乎隐约可以听见：安南老前辈的叹息声，和西贡港口的海涛呜咽，一齐在哀泣着吧？

① 西贡街边的书铺。

当我离开安南的时候,在将开走的西贡岸的法国邮船上,靠着船沿在看着中国报纸中的大标题"东北失陷"的时候,不自禁深深的叹息:"亡国的人们哟!……"又念着:"原来安南已经亡了国,莫怪领尝不到它的真情调!"回头向西贡市内望望,那些书摊在遥遥不见中。现在想起来,真是十分忆念它呵!那时候,我们的海棠叶,还没有注定了的缺一大角呢!

○ 原载《申报》,1934 年 12 月 29 日第 16 版第 22162 期

异国旧书屋
1935
—— 潘水番

说起东京的旧书店，谁也会联想到过去下谷的广德寺前和芝日荫町，现在的帝大前和神田旧书店。

法兰西塞纳河边的旧书店，只要是逛过那地方的人，一定会时常想起在特拉斯珈琲店所尝过的珈琲香味而神往的。

十七世纪至十八世纪，以旁挪夫之"新桥"为中心的那一带，是由庸医小贩、街边卜巫、耍把戏、打浑话、卖薮技女、旅客和小摊等来凑热闹的，那些在路上戏棚里的滑稽脚色便很能取得大众欢迎。那种情形恰和日本明治年初之浅草见付附近以及浅草观音境内底状况差不多。然而不知道是什么时候，这个繁盛的场所竟然烟消云散了！而今所残留下来的不过是旧书店罢了。

这依旧是在塞纳河畔，所不同者迁移于左岸，河岸的石壁栏杆上还是摆着一些旧书箱，大抵每日营业的时间在上午十时至下午五六时之间。当薄雾笼罩着的秋天，黄色悬铃木的枯叶紧贴着透湿的步道，其如铃形的果子染着将落的阳光，而横卧其残影于塞纳河中时，卖书老人好像突然注意天暮了一般，慌忙将自己所读的书关起，锁好书箱，跟跄地归去，这个场景却是不能用言语形容的异国风味。那个地方的旧书店颇多，差不多沿河一带都是。三四十年前，我曾到这个地方找过旧书，寻得不少的普通书以及珍贵的版本。至于说到价钱，虽然是书摊子，定价却非常贵的。大战以后，也去过二三趟，铺子显然减少了，内容亦贫乏，最珍贵的书简直是没有的。所存者仅昔日之外形而已。这怎么不令人暗暗地感到寂寞呢？珍本固是减少，但是由于战争的影响，还有不少的名家迫不得已将他的藏书售之于这些书摊的。但我所需要的只是和地理学有关之专门图书，这方面的东西到什么地方去找呢？这有专门地方的几乎都是分门别类的那种旧书店。这不是书摊，大多设在后街的。

有一天，去到一个地理学专门的旧书店，大约是因为挑选房租相宜的关系，所以那是个污秽不堪的几世纪前的旧屋，自外观看，当然也是下等的房子。爬过黑暗的木梯走到楼上，瞧见一位戴着驼绒帽子，挂上眼镜的瘦弱老翁儿，这里的书籍乃是依照学科分类，更加以时代的区别秩序井然地陈列着。并且通过墙壁把书籍陈列到邻家了，由此可见收藏的丰富了。顾客不能够亲自抽出来看的，另有注明定价附以号码的目录，若是找到所希望的书本，把号码告诉他，一会儿便送来了。做这个选送工作的你想是什么人呢？当然不是什么雇人之类而是主人的姑娘。这里有颇优秀的地图、地球仪等，而且多是往昔有名的地理探险旅行报告书等的初版物。其价值贵得可以。我们只对着垂涎而已。

再者，在马塞约地方还见过一家旧书店，这个真才是下等的店子，在珈琲店的隔壁，门口摆着旅行指南和旅行用的地图之类少数的图书，可是走进一看，和巴黎的旧书店的情景一模无二，楼上也是通过邻家的珈琲店而陈列着自己的藏书。

此等书店，一年一度的到德意志东布其依国际旧书市，去做买卖，这种情景无怪乎在欧洲大陆是最凄凉。（田中阿歌磨原作）

○原载《书报展望》，1935年创刊号第11页

东京的书店街 1935

—— 任侠

我曾经勾留过的都市，书店总去巡礼过，尤其是旧书店，对我有更深的嗜好。在东京，因为住的地方在神田，门前即是书店街，左邻右舍全是书店，所以更常去翻检一些旧书，作为闲暇时的娱乐。

东京的书店街，是在神田区，尤其集中于神保町一带。旧书店的数目，大概占全数百分之八十以上。新书店最大的是三省堂、东京堂以及丸善等，里面是兼售中西书籍文具的。旧书店大的是岩松堂、一诚堂、稻垣、北泽、松村、岩波、悠久堂、东书店、三光堂、奥野、古贺、松崎等，里面有着不少珍贵稀见的本子。在东京旧书店的生意都很大，而且书肆的主人，往往对于本国的以及外国的书籍，都能够识货，晓得书的价值，所以好的不会贱价，而价格太贱的货品，就也不会如何好。大的旧书店如一诚堂、岩松堂等，都是规定的价格，不能减损，想便宜也是无从便宜的。

书店的分布，由神保町向东，一直到骏河台，向西一直到九段，向北一直到水道桥，靖国通算是中心，最盛、最大的书店，都在这里，因为书店多，学校多，所以神田被称为东京的文化区。

在这些书店里，我曾看见过好些可爱的书籍，往往因为价格高，不能得到手，看一看，终于又给端正地放在陈列的橱里了。但是过两天，又要去看看，看被人买去没去，而爱惜的心情，仿佛比我自己所有的书籍还要更加亲切。

我欢喜的书籍里，日本版比较少，欧美版比较多，尤其是精美插画的书，与关于美术的书，更为我所嗜好。比如琵亚词侣的画集三大册，线条是那样美，而且还有彩色画，为往时所未见，这第一为我所爱好。

其他如三色版精美插绘的《一千零一夜》，如三色版精绘本的《鲁拜集》，如三色插绘本的雪莱的《含羞草》，这些精装的大册，每册定价都在十元以上。还有英国的黄表纸志，这十几本精装书，老是放着作为店头装饰的，我每一次走过，总每次牵住我的眼睛。此外一本爱仑坡的神秘故事，那著名的英国插绘家亨利·可雷克的恶魔派的线条画，也像使我中了魔似的，老是不能忘记。同是可雷克插绘的书，在国内，我曾购有一册美国本的《浮士德》，看起来，仿佛比之琵亚词侣的画，恶魔气息还要更重的。

在一次各书店联合开的古旧艺术书籍展览会中，曾看见好些可爱的稀有的本子，有一厚册俄国出版的专讲民俗艺术的书，中间三色版的插图，几乎每页都有着，那样朴美与可爱，可以看出俄人民俗的风习，但是因为价格高，终于没有买。另外一册《世界木刻杰作选》，是非常精美的。价格自然也很高，我正在踌躇着，想要购买来，但是已被他人立刻付了代价了。至今尚未见第二次同样的本子。

我也买过几本自己所欢喜的书籍，在某次展览会中，曾买到一本《英美现代书籍的插画》，中间木刻也很多，因为是专讲插画的书，所以各种派别都有着，而趣味也是多方面的。比如杨骚近来出版的诗集《生命的微痕》，那封面，也就是本书所收插图的一页。作画者是 Rockwell Kent 氏，原在 Chaucer 的 *Canterbury Tales* 上采来的。又曾买到一本三色版插绘的《堂吉诃德传》，这是出版得较早的，在东京也不曾再见。

另外因为自己很想研究中亚细亚的艺术与宗教，曾买到德国本的一册《土尔其艺术》，一册《波斯艺术》，另外两册日本全译的《可兰经》。这书因为是非卖品，所以虽是日本版，价格仍然不便宜。

日文旧书，我收的以诗集为多，小说戏剧次之，成套的总集，还未去购买。

蕗谷虹儿的诗画集，曾寻到三册，有一册《睡莲之梦》以前被朝华社翻印过，那时曾引起我的欢喜，至今兴趣已比较淡薄，不过因其在旧书店中，还不易多见而已。其他有几册是作者签名本，也不易多得。在日本，签名本与限定本，也同样被珍视着。

日本因为抵制外来货，即是书籍艺术品，舶来品也特别贵，不过书店中陈列的几套文艺书，凡是日本版，一过时都很便宜，比如一部《世界戏曲全集》，精装四十多本，也只要十余元，这对于读书人是很为有利的。

除了书店之外，还有夜市的书摊，欢喜看看的，一个摊子一个摊子翻过去，也尽够消磨两个钟头，偶然也可以买到好书。因为从神保町一直排列到骏河台，书摊也是无数的。一些欢喜在都市中夜散步的朋友，这正可驻一驻疲足。

四月十八日夜在东京

○ 原载《中央军校图书馆月报》，1935 年第 21 期第 10 页

东京的旧书铺 1935

—— 顾凤坡

初到日本而又喜欢跑书店的人,一定可以感到旧书店之多,尤其是在东京,有几个学校区域,那里几十家的铺子差不多完全是旧书铺,那里整个的范围也就是书与学生。

东京的旧书铺大约可以分成三大区域——最大的当然是在神田,次之是本乡,再次之是早稻田。

神田旧书铺的范围可说是大极了,差不多每条街每个角落都有大大小小的旧书铺,有的是专卖日本古典书籍的,有的专门发卖禁书的,有的专卖外国书的。有一次我在神保町的一家旧书铺就买到了一本既便宜又难得的《托尔斯泰传》,里面有不少精美的铜版图,价仅三元。还有像文求堂一类的书店,就专门发卖中国古书,在那里有时也可找到一些难得的版本,这家书店非但贩卖中国古书,即上海各书局最近所出版的新书也有。

神田非但是旧书铺的中心,而且也是新书铺最多的一个地方,所以神田实在可以说是日本文化的中心。

次之就是本乡。本乡因为有帝国大学在那里,所以旧书铺也就特别发达,我们每时每刻都可以看见穿着大学制服、拖着木屐的穷学生在那一带的旧书铺里穿来穿去。

再谈到早稻田,我在那里住了半年以上,所以那里书铺的情形是最熟悉了。听说六七年前的早稻田还是一片荒场，非但市面不振兴，就是旧书铺也是寥寥可数的。后来早稻田大学一天天发达起来，市面也就跟着繁盛起来。现在早大的学生已在一万人以上了，所以旧书铺也一天天的多起来。那里旧书铺的生意，因为十之九都是依靠早大学生的，所以关于旧的教科书及早大的讲义就特别的多；次之是关于政治经济法律文学等书，在早大的周围户冢町一带，差不多家家都是书店，有百余家之多。就中我最熟悉的有二家，一家大观堂，一家是早大学生消费合作社。大观堂的旧书最多最完备，一切图本都有，不过价钱比较最贵，消费合作社里的书比较少，但价钱最便宜，因为我们和他相熟的关系，所以我去买书照他原来的定价可再打一九折。我有很多书都是在他那里买的，比如说一部《资本论》，别家书铺至少要二元以上，他却一元八角就可以了；《大思想全集》在那里只要一角二角一本。

日本的旧书铺子，已经形成了一种特殊的营业了，他们的旧书到底是什么地方来的呢？大部分当然是一班穷学生去卖给他们的，还有偷来卖给他们的也有。旧书铺主顾的对象当然也是学生，这样由学生把书卖给他们，他们再卖给学生，中间就可赚一笔利息了。

日本旧书铺的意义除了在那里可以买到便宜的书本，最主要的一点我觉得可以在那里买到在新书店里所买不到的书籍，比如说有许多的禁书，新书店早已没有了，旧书铺里却可以找到，如共生阁、丛文阁的书，大部分都被禁了。但是我们在旧书铺中却可以用极廉的价钱买到。还有许多旧杂志，也没有地方可以买到的，比如说我从前买了一部昭和四年出版的《社会科学讲座》，里面只缺二本，心里十分懊丧。有一天无意中在新宿的旧书铺找到了，以每本二角的价格买了回来，那时心上是多么的高兴啊！

假如你是喜欢文学的话，那么你对于旧书铺一定更有兴趣。世界的古典名著，比如说托尔斯泰的《战争与和平》，屠格涅夫的《父与子》，只消费三四角钱就可以买回来了。像《高尔基全集》一类的书，一时如果买不齐的话，那么不妨慢慢的买，有几本先买几本，只要常常去跑，一定可以买全的。

旧书铺除了上面所讲的三大区域以外，夜市中也有不少的旧书摊子，在神田的夜市中旧书铺子最多，大都是"十钱均一""二十钱均一"一类的书，还有不少的旧杂志，也有出版未久的新杂志。每天晚上，我们总可以看到许许多多穿着破旧制服的学生们，以及高等学校的女学生们挤满在每个旧书摊上，他们是在寻觅精神的粮食啊。有时，也可看到一些劳动者在旧书摊的附近徘徊，他们是想在"十钱均一"中找一些有趣味的《大众小说》之类带回家去消遣的。

买旧书要注意版本，在旧书中有很多是有缺页或不完全的地方，假如你看到太新的书当做旧书出卖时，里面就说不定有毛病，所以我们要翻翻再买回，才免得上当。

○ 原载《文化建设》，1935 年第 2 卷第 2 期第 127—129 页

东京的旧书铺和旧书摊
1935

—— 晓瞕

看过了第十期《人间世》陆侃如先生的《巴黎的旧书摊》，我不禁有感，所以也想来饶舌，把东京的旧书事业，只限于我所见到的来写一写。

许多人共认为东京是个极神秘的都市，这话的确说得不错。大正十二年它也曾显过威风，地震后不知损失了若干，坍塌了多少地方，到现在仅仅十几年而又安然的建设起来，我们不得不佩服他们。如今的东京已非其真面目，较之从前又繁华得许多了，仍然是世界三大都市之一，而今人口已增加到五百万余人了。在这伟大的东京里不知包括了多少浪漫的地方，如跳舞场、咖啡店等。可惜我未曾涉足到那些地方，颇觉遗憾，可是旧书铺却是我的好友。

东京的旧书事业也很发达，书铺和书摊的设立颇也不少，旧书铺以神田本乡两区为最多，盖因学校之多所致也。譬如神田之明治大学、专修大学，和本乡之帝国大学、第一高等（自然还有很多，这只是举例而已），因此很能影响于旧书铺，到现在已有一惊人的数目了。所谓 Second hand 书以此地为最多。

人各有嗜好，也是因为人的性情不同之故也，我的嗜好却是逛书铺，每日饭宁可不吃，而书铺却不可不逛。一年来如一日，可谓逛书铺成癖，者也。不过逛时不见得准买，而不逛便又觉得不好过。

东京之中国人以神田区为最多，颇似美国之唐人街，无一时没有不看见中国人的，本乡区的中国人却也不见得少。这两区的旧书铺特别的发达，在东京首屈一指，颇似北平之琉璃厂、上海之城隍庙等地。逛书铺者并非我一人，志同道合者不在少数，无论是飞着雪花或是下雨的日子，总是有逛书铺者的足迹。日本学生尤甚，有些时不见他们上学，而在旧书铺里却时常看见他们。

逛旧书铺为的找便宜书固然也是一理，不过有的却是希冀着在书铺中发现点什么绝版的书籍，或是新书铺不能找到的也许会在旧书铺中找到。人们普通都怀着这两种心理，拥挤在书铺里争先恐后的在翻阅着书，唯恐被别人捷足先登抢去似的。其中有一特点，就是老板能忍耐的把每本书都标上价格，普通是标在书外，不过书内有时也许会有的。此点甚佳，给一些穷购书者一大方便，大概是穷人都有这种心理，手中若没有充足的钱就不敢爽然的闯进书铺，但是有些人既没钱而想过过买书瘾，看看书的钱价，这来却是绝穷朋友们增加了不少的勇气。

各书铺都拥有很多的书，无论是世界各国的旧书都有点，有的卖教科书，有的卖文学书，有的卖史地书，有的卖工业书……英文书、法文书、日文书、俄文书……形形色色一无不有，有时还能找到刚出版不久的新书，书虽新而当旧书卖了，不可不谓奇迹，因此便宜了一些购者。逛书铺也得凭个人的运气好坏，若不幸却能一无所获，不过大致都能满意，至少也能过一过瘾。我逛书铺的方法是一家连一家的，把一条街逛完为止。这样的不知消磨了我多少的功夫。有时也能买到很便宜，或是理想中的书。据我所知道便宜的书有：《哈代全集》皮本的八十元、《托尔斯泰英译全集》十五元、《屠格涅夫英译全集》十元、旧版《韦勃斯书店轶事特大字典》四元……日本古版书也很多，专有几家卖中国四书五经、《杜甫诗大全》《李白诗大全》之类的书，版本虽佳，而讨价过昂。我不敢领教。

老板大半都有付笑脸，任凭你翻阅，不买也没关系，绝对没有我国老板施行那种加以白眼法，来对待看而不买的顾客；这地方的老板大概都是很客气的招待顾客，并且还能给顾客一种任意阅览的权利。还有是不讨虚价，决不像那令人胆寒的神田洋服店，那样讨虚价法。的确是购者的幸福。

每逢新年光临的时候，东京各地方特别的热闹起来，就是各旧书铺也同时举行大减价，有些铺子是摆出来一堆减价的书，而且家家都贴着"岁末大卖出""四割引大安卖"等的字样,还有是在"图书祭"时也减价,也有"福引大安卖",既便宜而又能抽签得奖。"便宜"两字都印在各人的心上,于是都想点买书而得奖。大概有许多人都期待这种减价的时期吧!平常的时候,各书铺前也有极便宜的书,一堆一堆地摆在前面。或是标的"十钱均一"的字样。

夜市在东京很流行的,当着太阳落下去,渐渐的沉入黑的境地,一些书贩子便沿街摆起摊子了。这些都是旧书摊,无论神田区、银座、日本桥、浅草等地,无一处没有,全都是按着一定的次序,沿着街道摆摊,大约每天由下午五点钟起到十二点为止。因为书摊太多的关系,也发生不景气的现象,各摊上差不多都标着:"大安卖""十钱均一""廿钱均一"的字样,有些书较比旧书铺还便宜,所以招来不少的顾客,在严寒的晚上仍有许多人缩着头徘徊在这街上,也有些人站在书摊前翻着书,都希望以最低的价格获得贵重的书籍。希望在各人的心中,像是寻找黄金似的。

给我一个极深刻的印象,就是日本人不像中国人那样善于藏书,许多人是爱买新书,只过过手,看看便转卖出去了。这样便宜了一些穷购书者,他们都省点钱,买同样的书,只是时间关系罢了。若要有忍耐的心无论什么刚出版的新书,大半总会在旧书铺或旧书摊中获得的。

普通的日本人看书只为看书而已,并没有什么过分的企图,更不见得看书是为做文学家或是得名望。学生看书也许是有些奢望,不过下女(女仆)等,她们却不一定有过分的要求吧!总是忙里偷闲的在看书,看书者既多而书业便也特别的发达起来了,因此旧书事业也随着发达了吧!

总之无论是旧书铺或旧书摊里,逛的人很多,大家像是怀着一颗神秘的心,静悄的注意在书上,有时翻上瘾来,简直不肯走去,几乎要把书看完为止;而老板们却安然若无其事的,也不加以阻拦,更不加以白眼,像这种景况岂不都变成公共图书馆了么?没钱买书逛书铺或书摊也好,能够天天站在那儿偷偷的看点,日久了或者能在揩油中得点真实的学问;并且又能消磨时间,免得把钱花到不相干的事上。如此何乐而不为呢!

○ 原载《人间世》,1935 年第 37 期第 26—28 页

三家书店
1935
——朱自清

伦敦卖旧书的铺子，集中在切林克拉斯路 Charing Cross Road，那是热闹地方，顶容易找。路不宽，也不长，只这么弯弯的一段儿，两旁不短的是书，玻璃窗里齐整整排着的，门口摊儿上乱哄哄摆着的，都有。加上那徘徊在窗前的，围绕着摊儿的，看书的人，到处显得拥拥挤挤，看过去路便更窄了。摊儿上看最痛快，随你翻，用不着"劳驾""多谢"，可是让风吹日晒的到底没什么好书，要看好的还得进铺子去。进去了有时也可随便看，随便翻，但用得着"劳驾""多谢"的时候也有，不过爱买不买，决不至于遭白眼。说是旧书，新书可也有的是，只是来者多数为的旧书罢了。

最大的一家要算福也尔（Foyle），在路西，新旧大楼隔着一道小街相对着，共占七号门牌，都是四层，旧大楼还带地下室——可并不是地窨子。店里按着书的性质分二十五部，地下室里满是旧文学书。这爿店二十八年前本是一家小铺子，只用了一个店员，现在店员差不多到了二百人，藏书到了二百万种，伦敦的《晨报》称为"世界最大的新旧书店"。两边店门口也摆着书摊儿，可是比别家的大。我的一本《袖珍欧洲指南》，就在这儿从那穿了满染着书尘的工作衣的店员手里，用半价买到的。在摊儿上翻书的时候，往往看不见店员的影子，等到选好了书四面找他，他却从不知哪一个角落里钻出来了。

但最值得流连的还是那间地下室，那儿有好多排书架子，地上还东一堆西一堆的。乍进去，好像掉在书海里；慢慢地才找出道儿来。屋里不够亮，土又多，离窗户远些的地方，白日也得开灯。可是看得自在，他们是早七点到晚九点，你待个几点钟不在乎，一天去几趟也不在乎。只有一件，不可着急。你得像逛庙会逛小市那样，一半玩儿，一半当真，翻翻看看，看看翻翻；也许好几回碰不见一本合意的书，也许霎时间到手了不止一本。

开铺子少不了生意经，福也尔的却颇高雅。他们在旧大楼的四层上留出一间美术馆，不时地展览一些画。去看不花钱，还送展览目录；目录后面印着几行字，告诉你要买美术书可到馆旁艺术部去。展览的画也并不坏，有卖的，有不卖的。他们又常在馆里举行演讲会，讲的人和主席的人当中，不缺少知名的。听讲也不用花钱；只每季的演讲程序表下，"恭请你注意组织演讲会的福也尔书店"。还有所谓文学午餐会，记得也在馆里。他们请一两个小名人做主角，随便谁，纳了餐费便可加入；英国的午餐很简单，费不会多。假使有闲工夫，去领略领略那名隽的谈吐，倒也值得的，不过去的却并不怎样多。

牛津街是伦敦的东西通衢，繁华无比，街上呢绒店最多。但也有一家大书铺，叫做彭勃思 Bumpus 的便是。这铺子开设于一七九〇年左右，原在别处，一八五〇年在牛津街开了一个分店，十九世纪末便全挪到那边去了，维多利亚时代，店主多马斯彭勃思很通声气，来往的有迭更斯、兰姆、麦考莱、威治威斯等人，铺子就在这时候出了名。店后本连着旧法院，有看守所、守卫室等，十几年来都让店里给买下了。这点古迹增加了人对于书店的趣味。法院的会议圆厅现在专作书籍展览会之用，守卫室陈列插图的书，看守所变成新书的货栈。但当日的光景还可从一些画里看出：如十八世纪罗兰生（Rowlandson）所画守卫室内部，是晚上各守卫提了灯准备去查监的情形，瞧着很忙碌的样子。再有一个图，画的是一七二九年的一个守卫，神气够凶的。看守所也有一幅画，砖砌的一重重大拱门，石板铺的地，看守室的厚木板门严严锁着，只留下一个小方窗，还用十字形的铁条界着，真是铜墙铁壁，插翅也飞不出去。这家铺子是五层大楼，却没有福也尔家地方大。下层卖新书，三楼卖儿童书、外国书，四楼五楼卖廉价书，二楼卖绝版书，难得的本子，精装的新书，还有《圣经》，祈祷书，书影等等，似乎是菁华所在。他们有初印本，精印本，著者自印本，著者签字本等目录，搜罗甚博，福也尔家所不及。新书用小牛皮或摩洛哥皮（山羊皮——羊皮也可仿制）装订，烫上金色或别种颜色的立体派图案，稀疏的几条平直线或弧线，还有"点儿"，错综着配置，透出干净，利落，平静，显豁，看了心目清朗。装订的书，数这儿讲究，别家书店里少见。书影是仿中世纪的抄本的一叶，大抵是祷文之类。中世纪抄本用黑色花体字，文首第一字母和叶边空处，常用蓝色金色画上各种花饰，典丽矞皇，穷极工巧，而又经久不变；仿本自然说不上这些，只取其也有一点古色古香罢了。

一九三一年里，这铺子举行过两回展览会，一回是剑桥书籍展览，一回是近代插图书籍展览，都在那"会议厅"里。重要的自然是第一回。牛津剑桥是英国最著名的大学，各有印刷所，也都著名。这里从前展览过牛津书籍，现在再展览剑桥的，可谓无遗憾了。这一年是剑桥目下的辟特印刷所（The Pitt Press）奠基百年纪念，展览会便为的庆祝这个。展览会由鼎鼎大名的斯密兹将军（General Smuts）开幕，到者有科学家詹姆士金斯（James Jeans），亚特爱丁顿（Arthur Eddington），还有别的人。展览分两部，现在出版的书约莫四千册是一类；另一类是历史部分。剑桥的书字型清晰，墨色匀称，行款合式，书扉和书衣上最见功夫，尤其擅长的是算学书、专门的科学书。这两种书需要极精密的技巧、极仔细的校对，剑桥是第一把手。但是这些东西，还有他们印的那些冷僻的外国语书，都卖得少，赚不了钱。除了是大学印刷所，别家大概很少愿意承印。剑桥又承印《圣经》，英国准印《圣经》的只剑桥、牛津和王家印刷人。斯密兹说剑桥就靠《圣经》和教科书赚钱。可是《泰晤士报》社论中说现在印《圣经》的责任重大，认真地考究地印，也只能够本罢了。

一五八八年英国最早的《圣经》便是由剑桥承印的。英国印第一本书，出于伦敦威廉甲克司登（William Caxton）之手，那是一四七七年。到了一五二一年，约翰席勃齐 John Siberch 来到剑桥，一年内印了八本书，剑桥印刷事业才创始。八年之后，大学方面因为有一家书纸店与异端的新教派勾结，怕他们利用书籍宣传，便呈请政府，求英王核准，在剑桥只许有三家书铺，让他们宣誓不卖未经大学检查员审定的书。那时英王是亨利第八，一五三四年颁给他们敕书，授权他们选三家书纸店兼印刷人，或书铺，"印行大学校长或他的代理人等所审定的各种书籍"，这便是剑桥印书的法律根据。不过直到一五八三年，他们才真正印起书来。那时伦敦各家书纸店有印书的专利权，任意抬高价钱。他们妒忌剑桥印书，更恨的是卖得贱。恰好一六二〇年剑桥翻印了他们一本文法书，他们就在法庭告了一状。剑桥师生老早不乐意他们抬价钱，这一来更愤愤不平。大学副校长第二年乘英王詹姆士第一上新市场去，半路上就递上一件呈子，附了一个比较价目表。这样小题大做，真有些书呆子气。王和诸大臣商议了一下，批道，我们现在事情很多，没工夫讨论大学与诸家书纸店的权益，但准大学印刷人出售那些文法书，以救济他的支绌。这算是碰了个软钉子，可也算是胜利。那呈子，那批，和上文说的那本《圣经》都在这一回展览中。席勃齐印的八本书也有两种在这里。此外还有一六二九年初印的定本《圣经》，书扉雕刻繁细，手艺精工之极。又密尔顿《力息达斯》(Lycidas)的初本也在展览着，那是经他亲手校改过的。

近代插图书籍展览，在圣诞节前不久，大约是让做父母的给孩子们多买点节礼吧。但在一个外国人，却也值得看看。展览的是七十年来的作品，虽没有什么系统，在这里却可以找着各种美，各种趋势。插图与装饰画不一样，得吟味原书的文字，透出自己的机锋。心要灵，手要熟，二者不可缺一。或实写，或想象，因原书情境，画人性习而异。——童话的插图却只得凭空着笔，想象更自由些。在不自由的成人看来，也许别有一种滋味。看过赵译《阿丽思漫游奇境记》里谭尼尔（John Tenniel）的插画的，当会有同感吧。——所展览的，幽默，秀美，粗豪，典重，各擅胜场，琳琅满目，有人称为"视觉的音乐"，颇为近之。最有味的，同一作家，各家插画所表现的却大不相同。譬如我默伽亚谟（Omar Khayyam），莎士比亚，几乎在一个人手里一个样子；展览会里书多，比较着看方便，可以扩充眼界。插图有黑白的，有彩色的；黑白的多，为的省事省钱。就黑白画而论，从前是雕版，后来是照相；照相虽然精细，可是失掉了那种生力，只要拿原稿对看就会觉出。这儿也展览原稿，或是灰笔画，或是水彩画；不但可以"对看"，也可以让那些艺术家更和我们接近些。《观察报》记者记这回展览会，说插图的书，字往往印得特别大，意在和谐；却实在不便看。他主张书与图分开，字还照寻常大小印。他自然指大本子而言。但那种"和谐"其实也可爱;若说不便,这种书原是让你慢慢玩赏的,哪能像读报一样目下数行呢?再说,将配好了的对儿生生拆开,不但大小不称,怕还要多花钱。

诗籍铺(The Poetry Bookshop)真是米米小,在一个大地方的一道小街上。叫名"街",实在一条小胡同吧。门前不大见车马不说,就是行人一天也只寥寥几个。那道街斜对着无人不知的大英博物院,街口钉着小小的一块字号木牌。初次去时,人家教在博物院左近找。问院门口守卫,他不知道有这个铺子,问路上戴着常礼帽的老者,他想没有这么一个铺子;好容易才找着那块小木牌,真是"远在天边,近在眼前"。这铺子从前在另一处,那才冷僻,连裴罗克的地图上都没名字,据说那儿是一所老宅子,才真够诗味,挪到现在这样平常的地带,未免太可惜。那时候美国游客常去,一个原因许是美国看不见那样老宅子。诗人赫洛德孟罗(Harold Monro)在一九一二年创办了这爿诗籍铺。用意在让诗与社会发生点切实的关系。孟罗是二十多年来伦敦文学生涯里一个要紧角色。从一九一一给诗社办《诗刊》(Poetry Review)起知名。在第一期里,他说,"诗与人生的关系得再认真讨论,用于别种艺术的标准也该用于诗。"他觉得能做诗的该做诗,有困难时该帮助他,让他能做下去;一般人也该念诗,受用诗。为了前一件,他要自办杂志,为了后一件,他要办读诗会;为了这两件,他办了诗籍铺。这铺子印行过《乔治诗选》(Georgian Poetry),乔治是现在英王的名字,意思就是当代诗选,所收的都是代表作家。第一册出版,一时风靡,买诗念诗的都多了起来;社会确乎大受影响。诗选共五册;出第五册时在一九二二年,那时乔治诗人的诗兴却渐渐衰了。一九一九到一九二五年铺子里又印行《市本》月刊(The Chapbook)登载诗歌、评论、木刻等,颇多新进作家。

读诗会也在铺子里;星期四晚上准六点钟起,在一间小楼上。一年中也有些时候定好了没有。从创始以来,差不多没有间断过。前前后后著名的诗人几乎都在这儿读过诗:他们自己的诗,或他们喜欢的诗。入场券六便士,在英国算贱,合四五毛钱。在伦敦的时候,也去过两回。那时孟罗病了,不大能问事,铺子里颇为黯淡。两回都是他夫人爱立达克莱曼答斯基(Alida Klementaski)

读，说是找不着别人。那间小楼也容得下四五十位子，两回去，人都不少；第二回满了座，而且几乎都是女人——还有挨着墙站着听的。屋内只读诗的人小桌上一盏蓝罩子的桌灯亮着，幽幽的。她读济兹和别人的诗，读得很好，口齿既清楚，又有顿挫，内行说，能表出原诗的情味。英国诗有两种读法，将每个重音咬得清清楚楚，顿挫的地方用力，和说话的调子不相像，约翰德林瓦特（John Drinkwater）便主张这一种。他说，读诗若用说话的调子，太随便，诗会跑了。但是参用一点儿，像克莱曼答斯基女士那样，也似乎自然流利，别有味道。这怕要看什么样的诗，什么样的读诗人，不可一概而论。但英国读诗，除不吟而诵，与中国根本不同之处，还有一件：他们按着文气停顿，不按着行，也不一定按着韵脚。这因为他们的诗以轻重为节奏，文句组织又不同，往往一句跨两行三行，却非作一句读不可，韵脚便只得轻轻地滑过去。读诗是一种才能，但也需要训练；他们注重这个，训练的机会多，所以是诗人都能来一手。

铺子在楼下，只一间，可是和读诗那座楼远隔着一条甬道。屋子有点黑，四壁是书架，中间桌上放着些诗歌篇子（Sheets）、木刻画。篇子有宽长两种，印着诗歌，加上些零星的彩画，是给大人和孩子玩儿的。犄角儿上一张账桌子，坐着一个戴近视眼镜的，和蔼可亲的，圆脸的中年妇人。桌前装着火炉，炉旁蹲着一只大白狮子猫，和女人一样胖。有时也遇见克莱曼答斯基女士，匆匆地来匆匆地去。孟罗死在一九三二年三月十五日。第二天晚上到铺子里去，看见两个年轻人在和那女人司账说话；说到诗，说到人生，都是哀悼孟罗的。话音很悲伤，却如清泉流泻，差不多句句像诗；女司账说不出什么，唯唯而已。孟罗在日最尽力于诗人文人的结合，他老让各色的才人聚在一块儿。又好客，家里炉旁（英国终年有用火炉的时候）常有许多人聚谈，到深夜才去。这两位青年的伤感不是偶然的。他的铺子可是赚不了钱；死后由他夫人接手，勉强张罗，现在许还开着。

○ 原载《中学生》，1935 年第 51 期第 101—109 页

怀东京之二

—— 知堂

说到东京的书店第一想起的总是丸善（Maruzen）。他的本名丸善株式会社，翻译出来该是丸善有限公司，与我们有关系的其实还只是书籍部这一部分。最初是个人开的店铺，名曰丸屋善七，不过这店我不曾见过，一九〇六年初次看见的是日本桥通三丁目的丸善，虽铺了地板还是旧式楼房，民国以后失火重建，民八往东京时去看已是洋楼了，随后全毁于大地震，前年再去则洋楼仍建在原处，地名却已改为日本桥通二丁目。我在丸善买书前后已有三十年，可以算是老主顾了，虽然卖买很微小，后来又要买和书与中国旧书，财力更是分散，但是这一点点的洋书却于我有极大的影响，所以丸善虽是一个法人而在我可是可以说有师友之谊者也。

我于一九〇六年八月到东京，在丸善所买最初的书是圣兹伯利（G. Saintsbury）的《英文学小史》一册与泰纳的英译本四册，书架上现今还有这两部，但已不是那时买的原书了。我在江南水师学堂学的外国语是英文，当初的专门是管轮，后来又奉督练公所命令改学土木工学，自己的兴趣却是在文学方面，因此找一两本英文学史来看看，也是很平常的事。但是实在也并不全是如此，我的英文始终还是敲门砖，这固然使我得知英国十八世纪以后散文的美富，如爱迭生、斯威夫忒、兰姆、斯替文生、密伦、林特等的小品文我至今爱读，那时我的志趣乃在所谓大陆文学，或是弱小民族文学，不过借英文做个居中传话的媒婆而已。

一九〇九年所刊的《域外小说集》二卷中译载的作品以波兰、俄国、波思尼亚、芬兰为主，法国有一篇摩波商（即莫泊三），英美也各有一篇，但这如不是犯法的淮尔特（即王尔德）也总是酒狂的亚伦坡。俄国不算弱小，其时正是专制与革命对抗的时候，中国人自然就引为同病的朋友，弱小民族盖是后起的名称，实在我们所喜欢的乃是被压迫的民族之文学耳。这些材料便是都从丸善去得来的。日本文坛上那时有马场孤蝶等人在谈大陆文学，可是英译本在书店里还很缺少，搜求极是不易，除俄法的小说尚有几种可得外，东欧北欧的难得一见，英译本原来就很寥寥。我只得根据英国倍寇（E. Baker）的《小说指南》（*A Guide to the Best Fictions*），抄出书名来，托丸善去定购，费了许多的气力与时光，才能得到几种波兰、勃尔伽利亚、波思尼亚、芬兰、匈加利、新希腊的作品，这里边特别可以提出来的有育珂摩耳（Jokai Mor）的小说，不但是东西写得好，有匈加利的司各得之称，而且还是革命家，英译本的印刷装订又十分讲究，今还可算是我的藏书中之佳品，只可惜在绍兴放了四年，书面上因为潮湿生了好

些霉菌的斑点。此外还有一部插画本土耳该涅夫（Turgeniev）小说集，共十五册，伽纳忒夫人译，价三镑。这部书本平常，价也不能算贵，每册只要四先令罢了，不过当时普通留学官费每月只有三十三圆，想买这样大书，谈何容易。幸而有蔡谷清君的介绍把哈葛德与安特路朗合著的《红星佚史》译稿卖给商务印书馆，凡十万余字得洋二百元，于是居然能够买得，同时定购的还有勃阑兑思（Georg Brandes）的一册《波兰印象记》，这也给予我

一个深的印象，使我对于波兰与勃阑兑思博士同样地不能忘记。

我的文学店逐渐地关了门，除了《水浒传》《吉诃德先生》之外不再读中外小说了，但是杂览闲书，丹麦安徒生的童话，英国安特路朗的杂文，又一方面如威斯忒玛克的《道德观念发达史》，部丘的关于希腊的诸讲义，都给我很愉快的消遣与切实的教导，也差不多全是从丸善去得来的。末了最重要的是蔼理斯的《性心理之研究》七册，这是我的启蒙之书，使我读了之后眼上的鳞片倏忽落下，对于人生与社会成立了一种见解。古人学艺往往因了一件事物忽然省悟，与学道一样，如学写字的见路上的蛇或是雨中在柳枝下往上跳的蛙而悟，是也。不佞本来无道可悟，但如说因"妖精打架"而对于自然与人生小有所了解，似乎也可以这样说，虽然卍字派的同胞听了觉得该骂亦未可知。《资本论》读不懂，（后来送给在北大经济系的旧学生杜君，可惜现在墓木已拱矣！）考虑妇女问题却也会归结到社会制度的改革，如《爱的成年》的著者所已说过。蔼理斯的意见大约与罗素相似，赞成社会主义而反对"共产法西斯底"的罢。蔼理斯的著作自《新精神》以至《现代诸问题》都从丸善购得，今日因为西班牙的反革命运动消息的联想又取出他的一册《西班牙之魂灵》来一读，特别是《吉诃德先生》与《西班牙女人》两章，重复感叹，对于西班牙与蔼理斯与丸善都不禁各有一种好意也。

人们在恋爱经验上特别觉得初恋不易忘记，别的事情恐怕也是如此，所以最初的印象很是重要。丸善的店面经了几次改变了，我所记得的还是那最初的旧楼房。楼上并不很大，四壁是书架，中间好些长桌上摊着新到的书，任凭客人自由翻阅，有时站在角落里书架背后查上半天书也没人注意，选了一两本书要请算账时还找不到人，须得高声叫伙计来，或者要劳那位不良于行的下田君亲自上来招呼。这种不大监视客人的态度是一种愉快的事，后来改筑以后自然也还是一样，不过我回想起来时总是旧店的背景罢了。记得也有新闻记者问过，这样不会缺少书籍么？答说，也要遗失，不过大抵都是小册，一年总计才四百圆左右，多雇人监视反不经济云。当时在神田有一家卖洋书的中西屋，离寓所比丸善要近得多，可是总不愿常去，因为伙计跟得太凶。听说有一回一个知名的文人进去看书，被监视得生起气来，大喝道，你们以为客人都是小偷么！这可见别一种的不经济。但是不久中西屋出倒于丸善，改为神田支店，这种情形大约已改过了罢，民国以来只去东京两三次，那里好像竟不曾去，所以究竟如何也就不得而知了。

因丸善而联想起来的有本乡真砂町的相模屋旧书店，这与我的买书也是很有关系的。一九〇六年的秋天我初次走进这店里，买了一册旧小说，匈加利育珂原作美国薄格思译的，书铭曰《髑髅所说》(Told by the Death's Head)，卷首有罗马字题曰，K. Tokutomi, Tokyo Japan. June 27th. 1904.，一看就知是《不如归》的著者德富健次郎的书，觉得很是可以宝贵的，到了辛亥归国的时候忽然把它和别的旧书一起卖掉了，不知为什么缘故，或者因为育珂这长篇传奇小说无翻译的可能，又或对于德富氏晚年笃旧的倾向有点不满罢。但是事后追思有时也还觉得可惜。民八春秋两去东京，在大学前的南阳堂架上忽又遇见，似乎它直立在那里有八九年之久了，赶紧又买了回来，至今藏在寒斋，与育珂别的小说《黄蔷薇》等作伴。相模屋主人名小泽民三郎，从前曾在丸善当过伙计，说可以代去拿书，于是就托去拿了一册该莱的《英文学上的古典神话》，色刚姆与尼珂耳合编的《英文学史》绣像本第一分册，此书出至十二册完结，今尚存，唯《古典神话》的背皮脆裂，卖去换了一册青灰布装的了。自此以后与相模屋便常有往来，辛亥回到故乡后，一切和洋书与杂志的购买全托他代办，直到民五小泽君死了，次年书店也关了门，关系始断绝，想起来很觉得可惜，此外就没有遇见过这样可以谈话的旧书商人了。

本乡还有一家旧书店郁文堂，以卖洋书出名，虽然我与店里的人不曾相识，也时常去看看，曾经买过好些书至今还颇喜欢所以记得的。这里边有一册勃阑兑思的《十九世纪名人论》，上盖一椭圆小印朱文曰胜弥，一方印白文曰孤蝶，知系马场氏旧藏，又一册《斯干地那微亚文学论集》，丹麦波耶生（H. H. Boyesen）用英文所著，卷首有罗马字题曰，November 8th. 08. M. Abe.，则不知是那一个阿部君之物也。两书中均有安徒生论一篇，我之能够懂得一点安徒生差不多全是由于这两篇文章的启示，别一方面安特路朗（Andrew Lang）的人类学派神话研究也有很大的帮助，不过我以前只知道格林兄弟辑录的童话之价值，若安徒生创作的童话之别有价值则至此方才知道也。论文集中又有一篇勃阑兑思论，著者意见虽似右倾，但在这里却正可以表示出所论者的真相，在我个人是很喜欢勃阑兑思的，觉得也是很好的参考。前年到东京，于酷热匆忙中同了徐君去过一趟，却只买了一小册英诗人《克剌勃传》(*Crabbe*)，便是丸善也只匆匆一看，买到一册瓦格纳著的《伦敦的客店与酒馆》而已。近年来洋书太贵，实在买不起，从前六先令或一元半美金的书已经很好，日金只要三元，现在总非三倍不能买得一册比较像样的书，此新书之所以不容易买也。

本乡神田一带的旧书店还有许多，挨家的看去往往可以花去大半天的工夫，也是消遣之一妙法。庚戌辛亥之交住在麻布区，晚饭后出来游玩，看过几家旧书后忽见行人已渐寥落，坐了直达的电车迂回地到了赤羽桥，大抵已是十一二点之间了。这种事想起来也有意思，不过店里的伙计在账台后蹲山老虎似的双目炯炯地睨视着，把客人一半当作小偷一半当作肥猪看，也是很可怕的，所以平常也只是看看，要遇见真是喜欢的书才决心开口问价，而这种事情也就不甚多也。

廿五年八月廿七日，于北平。

○ 原载《宇宙风》，1936 年第 26 期第 113—115 页

东京随笔 1936

—— 思慕

说来也惭愧，自认是为观光而来，到头依旧过着伏案的生活。当有闲的人们像潮一般涌到山和海的时候，我还在书纸堆中消磨着，熬受着这异国的长夏。像别的世界都会一样，在早晨的挤着薪给者的电车中，傍晚的沓杂着行客的商店街和娱乐街上，我也感到一点"高速度文化"的压力血似乎加速地冲流。但回到寓所的四迭半的住室里，除了有时闻到隐隐的车声外，便葬在坟墓似的夏昼的寂静中。

烘染着银座、新宿一带的天空的霓虹光，迎面而来的彩色板般的缤纷烂熳的艳服，酣饱浓鲜的脸脂唇红，初时虽也使人目觉上自然而然地有点迷眩，可是，金银和肉的美造成的夜的生活，对于连酒和咖啡也几成为禁物的我，已是索然无味了。

较使人低徊的，还是夏前的黄梅雨——客舍中的雨。有时，雨整天下个不休，沙沙刺刺，滴滴沥沥，更番地堕下屋瓦庭阶，打着窗户。在雨中，街外车轮溅起的水声，格外清脆的"下驮"（木屐）声，都听得清楚。这些声音凑起来倒构成一曲凄寂的音乐，刻意谱出孤旅的情调。在夜里，醒过一回又一回，窗外的雨声欲断还续地响着，不由得不使我细嚼着回忆的苦味，寻回旧梦——假如还再睡得熟的话。

第二朝，开窗下望，庭中的小景已深印着凉雨的慰抚的痕迹，一丛的虎耳，几箭的银边兰，都滴着新翠，堆石的藓苔也添了不少绿意。僧寺似的客寓中似乎有点生气了。我曾在山上遇过挟着风雷的豪雨，在湖上赏过空蒙的春雨，但是清幽的日本式的庭院窗栊，我近来的落寞的心境，倒与这种又缠绵又悱恻的凉雨最相宜吧。

这里虽没有摩天的高楼来给近代文明立下纪功碑，但是，处处的霓虹灯焰，恍惚是Mommon（金钱之神）的祭坛前的燎火那样，特别炽红。十几家的德巴尔脱（Department store 大百货商店）勾心斗角地吸摄着小市民的血，大小银行"出张所"的蛛网在城的任何一个角隅都张挂着。六百万居民的大东京还不是现代的都市吗？ 可是，在他方面，旧时代的烙痕还深深留在日常的生活上，不要说那日本人自夸的饶有古风的服饰和席地而居的习惯，就是在普通的谈话用语，也显出往代的门阀或阶级的区别的森严来。下女的跪送，固然使初来的外客有点手足无措，即妇人们连叠的深深的弯腰为礼，饭馆里女给们的交口翻覆的道谢，也使你感到像是到了《镜花缘》中的君子国那样的不自然。

这个矛盾的合成体到底是与欧美的不同呀，这里的新闻的网也是特别密布着，差不多早晨电车上十个的乘客中有七八个在读着报。报纸虽不是以"黄色"吸引读者，但颜色却是一样，只有深浅之分。假如不是还有几个残存在思想的刑网中的杂志，便只好闷在这宣传的"红沙阵"里了。这的确使人对有自由传统的伦敦或巴黎羡慕起来。像Hyde Park(伦敦大公园，为群众队伍集合的地点)那样的广场，这里不是没有，但Hyde Park的队伍和旗帜却看不到了。而且上野公园现正给国体宣扬博览会和特请来助兴的马戏班占据着，日比谷正预祝着四年后的阿林比克的荣典。特别在这几天，阿林比克的热风撼动了全城，人们都如醉如痴，播音机在发挥它的全能，比起阿林比克的呼喊来，连国策的论议也像是内容贫乏，声音微弱至不可闻了。 街上有时也走过一些准队伍的群众，奇怪的全白的衣服，神秘的旗帜和其他的饰物。使人不能不把他们当作是朝山去的邪教，"这也是现代的国家呵！"我心里惊异着。

不过，到了夸大狂的地步的爱国主义，四方八面都可觉得。报纸、日常谈话、学校以至广告，都弥漫着这种毒雾。一般日本人生长呼吸在这里头，恐怕像水里的鱼那样的自然吧。但是乍投到这里来的我，正像陆居的人下海那样不能不感到一点气闷。东京是庞大的，但是只见个人，不见群众；东京是热烈的，但是只有自负，没有自由。漠然的空虚之感，在踏到东京的头一两个月已逼人而来了。

但是，东京至少还有一样使人留恋的地方，那就是旧书的搜猎。朋友们中有好几个是有逛琉璃厂的癖好，辛苦得来的修金，却有不少转到"风雅"的书贾的腰包里。自愧还没有收藏线装书的眼光和身分，在北平一住四五年，除了旧历新年到厂甸去挤一下之外，一年中到那儿张望也不过两三回。听说巴黎赛因河畔的旧书摊极饶风趣，从法国回来的朋友谈起它们来跟 Monapatre 的夜的生活一样的津津有味，可惜我到过巴黎的时候失之交臂。中欧的旧书摊却没有甚么吸引人的地方，差不多像淘沙拣金那样才能在那儿找到一本可买的书籍。

日本的旧书铺的盛名，久已生人的渴想，到了东京来，觉得它的佳处更在预期之上。这种为穷学生而设的精神的粮食店，几乎跟饭馆、咖啡店一样的遍在密布。很偏僻的街区也有一两个旧书铺点缀着。神田、本乡和早稻田附近，更是旧书店的荟萃的所在。周末的晚上，街道的两旁还密摆着旧书摊，给夜市别开生面。这几处的旧书店不单是专门化，医学、法律、文学、美术普通教科书、杂志、西籍、汉籍，各有所专，而且还显出思想上的派别。有几间旧书店，一进门就感到刺目的红色。一两年前出版的书籍，学生通常是以原价一半以下的价钱在旧书店买的，就是刚出版没有几天的新书摆在旧书店里当作旧书来卖，也不是稀奇。德、法、俄以至西班牙文的现代的出版物有时也满压在书架上，挂上和文译名的白纸条。

在这些旧书铺里常不断有人在流连，瞻仰着。伙计们却跟别的买卖的不一样，不问到他时，他绝不理会你。任由你从一个书架踱到别一个书架，翻过一本又一本的书，甚至坐在那儿把书细细地看到半个一个的钟头，伙计们也不问你一声。别人不知怎样，就自己来说逛书店逛了几个钟头而空手回来，是常惯的事。这不是因为没有书可买，或因为买不起，而单纯因为逛书摊不一定就是买书。正如坐咖啡店的人志不在于一杯的黑浆，钓鱼的太公望（日本对于钓者的称谓）志不在于几尾的小鱼那样，旧书的搜猎在它的本身上也够使我得到一种精神上的满足了。

料不到我在东京的空闲的时间有很大部分是在旧书店里消磨了去，连饭后散步时也都要在附近的旧书铺里站一下。这已成了我的一种癖好，这也是我的差不多唯一的娱乐。假如感情之粮的酒是值得像鲁拜那样酒徒们的歌颂，精神之"平籴"的旧书店也更值得人的赞礼吧。

〇 原载《中流》，1936 年第 1 卷第 1 期第 64—65 页

记东京的书店街 1936

—— 槟园

虽说已经搬出了都心,而到了这像是一个乡下的地方,但是每当夜间,便不免想起那都心中神田区内神保町的夜市来。我并不是想那些身上穿着和服而有西洋人脸孔的日本女孩子,也更不是想起那单调而平凡的日本音乐,而是怀念那一整列的旧书摊。那从三分钱起而至最高价五毛钱的旧书,(不到天黑,旧书摊是不摆出来的。)我曾经想要在这世界上的任何一个地方,找出比此地更便宜些的书来,恐怕是不可能的罢。

如果拿这一个地方和中国一个都市的一角来比方的话,说是像北平的琉璃厂吧,上海的四马路吧,都不很确当。琉璃厂是太冷落了,况且也只有旧书,四马路之在上海,似乎是并不一定书店出名。而神保町这地方,除了夜市上的书摊不说,那一个三角形的周围,几乎隔不上两家便是书店,所以在东京,这的确可称是一条书店街的。

日本的书店有一个很好的特点,便是一切的书籍,任人取阅,并不像我国的书店,外面拦了一层柜子,要是你要麻烦伙计取阅一下而结果不买,那是非遭白眼不可。但是这地方根本没有柜子的设备,像神保町最大的书铺三省堂样的书橱前,每天无时无刻不挤满了看书的学生,书店简直便像一个图书馆(在东京最大之帝国图书馆尚无此方便)。只要你耐烦,取阅多久也决无人来干涉你。但是这却并不妨害他们的买卖,恐怕反吸引了无数的顾客哩。

神保町在留学东京的中国学生脑筋里是太熟识了，一则这地方的附近有好几个有名的大学，在这个区域里，中国人住得最多，同时这地方正有许多初级的日语学校，初来的中国学生，在神保町进那些初级的学校，像是必经的一个阶段。无论哪一个来东京的中国学生，没有在这个街上踯躅过一个时期的，那恐怕是很少的。

当然，这地方也是一个神秘之街呀！歪戴着方帽子的，连制服的钮子也不扣的大学生们，当他们从那花绿的门帘深垂着的吃茶店（咖啡店）里冲出来时，跟着飘出来的还有一个柔和的声音："撒哟哪啦（再会）！"我看着那门口亮着而不甚明的紫红电灯光，着实也替他们引起过许多无谓的伤感！

在神保町，随便的可以碰到"我们的同胞们"，他们特有的性格，是不修边幅和到处随便的样子，使人家一看便知道了。此地更有中国人开的料理店（饭馆）和理发馆，大多数是中国人去照顾的。还有穿旗袍的女同胞们，那是更易于识别的了。

记得我初来东京时，当天晚上，便去赶神保町的夜市，那一群书摊真看得我眼花。此后每天无聊的时候，上那一家家书店去跑，这样很快的便可消磨半天的日子，同时也总得带一二本书回来。有时觉得什么书都好，什么书都值得买，但在事实上，这仅是一个痴想吧。

此后，在我离开这个国家的时候，或者因了看见这许多已经买的便宜的书本，便也会再想起神保町这一个地方来的。

神保町这东京市的书店街，它实在是一般学生和喜欢读书的人所爱好的地方呢！

二十五年十月初于东京中野

○ 原载《中心评论》，1936 年第 30 期第 27 页

买书小记
1936
—— 陈琳

自搬来这僻静的城山町,眼见篱边二度樱开,细算起来,已有十六个足月,时光真是过得匆匆呵!这儿离银座神田一带的闹市稍远,虽说出门便有巴斯(bus)可通,但因为讨厌那种恶浊的油气,一嗅到就要晕眩作呕,所以除了为着要买旧书才肯咬定牙根儿忍受这长距离的痛苦。此外就是生病了,也宁可向老房东要来一些现成药吃,绝不敢交出那样难堪的代价到神田或银座地带去求问医生。

说起东京的旧书摊,实在对一般寒清的学生有很多的好处。第一椿是书价特别便宜,有时只消花了一两角钱便可买到一部价值颇高的名著。至于书摊的老板们,也是极其豁达大度。他似乎明白这些来光临书摊的人大都是荷包栓得较牢的这一类。要他们掐出几角钱来买书,照例见是在翻阅了半天之后。这些人最不喜欢的是你招待得太过殷勤,当他们正拿着书翻阅的时候,你千万别跑近他们的身旁,万一不慎用了老板的身份和他们招呼起来,他们便会放下书本望望然而去,弄得生意做不成功,双方的感情也极不愉快。因为有这种经验,所以他便只管坐在账台上清理自己的数目,只从眉梢口角出现一种微微的笑意来表示欢迎。

近来对旧书越加爱好。每周总要到银座或神田夜市书摊中流连了两趟,才得过瘾。抱着发霉的旧本翻翻嗅嗅,似要嗅出一些天才心灵的血味似的。因为可爱的书过多，所以每次总得买几本回来，日复一日，便把我的壁柜装置满了。钱提去买书了，其他的家居就只好让它缺然。有时朋友们来了多了，没有椅子，便把厚册子拿来当作坐垫用。我又怕老鼠会来这儿筑室而居，甚至繁衍它的丑类。所以每天总要打开壁柜来看，用力把书堆一按，试探叠席下面会不会给它们挖成地道。及至检查完全，然后方敢安心去作别的工作。

今天各科考试论文写完了，早间接到蔷寄来的钱，又打动我到银座夜市买旧书的兴头了。招待烟一同吃完晚餐，便抱着欢欣的心情，跳上开往银座夜市的巴斯。虽然照旧有那触鼻欲呕的油臭，令人心脏互相撞击的震动。但因为心中尽管在思量着那些打算要买的书。欢欣地，沉醉地，给一种兴奋的情绪抓住，便忘记身外的痛苦了。

到了银座已是晚上七时半，一跳下车便给都市那种特有的嘈杂的声色眩住了。到处都是红的灯，绿的灯，紫色的灯，白热化的灯；在闪，在飞，在跳。黑蚂蚁般的汽车在马路上列队走着，大百货公司的楼上播送着震耳的音乐。行人道上的行人你挤来，我挤去，有绅士，有流氓，有绅士的军人，有失意的政客，有美丽的贵妃，有妖冶的艺娃……这儿是大东京繁华的中心，这儿是悲与乐、香与臭的藏纳薮。

我们的目的地便是那些摆在马路两旁的旧书摊子，每个摊子都是以圆帆布为顶，内设木框，框上便摆置着一堆堆的廉价旧书、油画，和文人及政客的照片。这些摊子大都是从各处的旧书店搬来的。每晚自七时开始，至十一时后便各自搬回。价钱格外便宜，照例摊前都是有一块写着"欢迎惠顾 十钱均一"的木牌。

我们顺次看了几家，烟已贪婪地买了一部《战争与和平》和两本《易卜生全集》。我笑着说："前面摊子还多着呢！你现在便买了这样多，如何跑得动呢？"她说："这两部书太便宜了，不先买，回头怕会给人家抢去！"看她那种带着孩子气的认真，使我又暗笑起来。

我的意思是要多买一点法国自然主义的作品。因为英国古典派和俄国的写实派我已买了不少了。托尔斯泰的名著我差不多已经买完，就是莎翁全集也没有缺漏了。只是佐拉和巴尔扎克的作品还购得太少。我以为这两人才是现实主义的开山祖,他们那种实描的才气,处置题材的眼光,和科学的纯客观态度,处处都足给予勤劳的现实主义者以极宝贵的教益。

我买了一本美尔顿的《失乐园》和一本《彭斯诗集》,代价极低,每部一角五钱。正预备要跑开的时候,烟从对面的角落抽出一本巴尔札克的 *Le miserable* 第二卷,这真使我欢欣到极点了。犹记民十九年在南京中大读书的时候,曾从图书馆借到这部名著,本想把书细读一遍,但因实习紧迫之故,也只好读未及一本便放手了。但书中那位杀害高僧米里益尔的强盗詹姆底阴影却老是深深刻入我的脑板中。去秋在神田书店买到上下两卷,但因为缺少中卷,便没有勇气读下去了。现在这部名著已算完整,暑期中当可带到房州的海涯去细嚼一遍了。我交还两角代价,这书便变成我腋下的俘虏物了。

我们又停在一家卖图画片的摊前。烟买了四帧米勒的名画,都是他在巴黎住时怀乡的杰作。其中尤以一帧《簸箕者》最为动人,一位躯干壮健的农民,两手握住簸箕的柄儿,赤足稍离木屐,屈膝盛着簸箕,糠壳从簸箕中飞起,簸者神态真挚可亲,全人都在一种动的情态中。这不只是一帧名画,而且可称为一首讴歌劳动者伟大的诗歌。我检出一张拜伦带剑的全身像,正打算要买,烟说此书绘得极妙,能把拜伦英伟的人格全部表现出来。她又说她特别爱他那条希腊型的鼻峰。我笑着道:"你不是常常说你欢喜意大利人吗?黑衣宰相的鼻子才是十足典型的!你去找一张吧!他现在正是走着红运呢!"她说黑衣宰相眼睛深陷,表情装作像要找谁打架似的!已失却意大利人那种爽朗温文的态度,她不喜欢。我知道她的意思是要乞讨此画,便慷慨地送给她了。

最后我买了一张石川啄木的写真。在日本,我特别喜欢这位薄命诗人。他的热情和命运十分像箕济 Keat 与苏曼殊,但他的伟大却远跳过这两人。短短二十七载的生命中,他创造了不少惊人的成绩,他产生了日本短歌的新型,开辟了无产者诗歌的途径,他的作品在日本文学中放着不磨的异彩。现在日本的勤劳作家可说没有一个不受着他的启示和影响的。今年是他的二十五年祭,我正在写一篇关于他的生平和学术的文章,现在得着这张相片,不消说是极度的欢喜的。

这晚的买书可说是最痛快的一次。我买了十六本,烟买了厚厚的两大包,又各有几张喜欢的画。已是夜深了，周围的繁闹也渐渐消失，烟担心她家里没有人看守，便只好就此停止了。

我们跑上一条清静的行道，各挟着两包沉重的旧书匆匆走着。我解开校服的领扣，让那带着菩提树叶香味的夜风吹拂，腰肢虽因为过度的弯曲感到酸痛，但心灵却充满着兴奋和愉快。

○ 原载《今代文艺》，1936 年第 2 期第 478—483 页

巴黎的书摊
1937

——戴望舒

在滞留巴黎的时候,在羁旅之情中可以算作我的赏心乐事的有两件:一是看画,二是访书。在索居无聊的下午或傍晚,我总是出去,把我迟迟的时间消磨在各画廊中和河沿上的。关于前者,我想在另一篇短文中说及,这里,我只想来谈一谈访书的情趣。

其实,说是"访书",还不如说在河沿上走走或在街头巷尾的各旧书铺进出而已。我没有要觅什么奇书孤本的蓄心,再说,现在已不是在两个铜元一本的木匣里翻出一本 *Patissier francois* 的时候了。我之所以这样做,无非为了自己的癖好,就是摩娑观赏一回,空手而返,私心也是很满足的,况且薄暮的赛纳河又是这样地窈窕多姿!

我寄寓的地方是 Rue del'Fchaudé,走到赛纳河边的书摊,只须沿着赛纳路步行约摸三分钟就到了。但是我不大抄这近路,这样走的时候,赛纳路上的那些画廊总会把我的脚步牵住的,再说,我有一个从头看到尾的癖,我宁可兜远路顺着约可伯路、大学路一直走到巴克路,然后从巴克路走到王桥头。

赛纳河左岸的书摊,便是从那里开始的,从那里到加路赛尔桥,可以算是书摊的第一个地带,虽然位置在巴黎的贵族的第七区,却一点也找不出冠盖的气味来。在这一地带的书摊,大约可以分这几类:第一是卖廉价的新书的,大都是各书店出清的底货,价钱的确公道,只是要你会还价,例如旧书铺里要卖到五六百法郎的勒纳尔（J. Renard）的《日记》，在那里你只须花二百法郎光景就可以买到，而且是崭新的。我的加棱所译的赛尔房德思的《模范小说》，整批的《欧罗巴杂志丛书》便都是从那儿买来的。这一类书在别处也有，只是没有这一带集中吧。其次是卖英文书的，这大概和附近的外交部或奥莱昂东站多少有点关系吧。可是这些英文书的买主却并不多，所以花两三个法郎从那些冷清清的摊子里把一本初版本的《万牲园里的一个人》带回寓所去，这种机会，也是常有的。第三是卖地道的古版书的，十七世纪的白羊皮面书，十八世纪饰花的皮脊书等等，都小心地盛在玻璃的书柜里，上了锁，不能任意地翻看，其他价值较次的古书，则杂乱地在木匣中堆积着。对着这一大堆你挨我挤着的古老的东西，真不知道如何下手。这种书摊前比较热闹一点，买书大多数是中年人或老人。这些书摊上的书，如果书摊主是知道值钱的，你便会被他敲了去，如果他不识货，你便占了便宜来。我曾经从那一带的一位很精明的书摊老板手里，花了五法郎买到一本一七六五年初版本的 Du Laurens 的 *Imirce*，至今犹有得意之色：第一因为 *Imirce* 是一部禁书，其次这价钱实在太便宜也。第四类是卖淫书的，这种书摊在这一带上只有一两个，而所谓淫书者，实际也仅仅是表面的，骨子里并没有什么了不得，大都是现代人的东西，写来骗骗人的。

　　记得靠近王桥的第一家书摊就是这一类的，老板娘是一个四五十岁的虔婆，当我有一回逗留了一下的时候，她就把我当作好主顾而怂恿我买，使我留下极坏的印象，以后就敬而远之了。其实那些地道的"珍秘"的书，如果你不愿出大价钱，还是要费力气角角落落去寻的，我曾在一家犹太人开的破货店里大堆废书中，翻到过一本原文的 Cleland 的 *Fanny Hill*，只出了一个法郎买回来，真是意想不到的事。

　　从加路赛尔桥到新桥，可以算是书摊的第二个地带。在这一带，对面的美术学校和钱币局的影响是显著的。在这里，书摊老板是兼卖版画图片的，有时小小的书摊上挂得满目琳琅，原张的蚀雕、从书本上拆下的插图、戏院的招贴、花卉鸟兽人物的彩图、地图、风景片，大大小小各色俱全，反而把书列居次位了。在这些书摊上，我们是难得碰到什么值得一翻的书的，书都破旧不堪，满是灰尘，而且有一大部分是无用的教科书展览会和画商拍卖的目录。此外，在这一带我们还可以发现两个专卖旧钱币纹章等而不卖书的摊子，夹在书摊中间，作一个很特别的点缀。这些卖画卖钱币的摊子，我总是望望然而去的，（记得有一天，一位法国朋友拉着我在这些钱币摊子前逗留了长久，他看得津津有味，我却委实十分难受，以后到河沿上走，总不愿和别人一淘了。）然而在这一带却也有一两个很好的书摊子。一个摊子是一个老年人摆的，并不是他的书特别比别人丰富，却是他为人特别和气，和他交易，成功的回数居多。我有一本高克多（Cocteau）亲笔签字赠给诗人费尔囊·提华尔（Fernand Divoire）的 Le Grand Ecart，便是从他那儿以极廉的价钱买来的，而我在加里马尔书店买的高克多亲笔签名赠给诗人法尔格（Fargue）的初版本 Opera，却使我花了七十法郎。但是我相信这是他借给我的，因为书是用蜡纸包封着，他没有拆开来看一看；看见了那献辞的时候，他也许不会这样便宜卖给我。另一个摊子是一个青年人摆的，书的选择颇精，大都是现代作品的初版和善本，所以常常得到我的光顾。我只知道这青年人的名字叫昂德莱，因为他的同行们这样称呼他，人很圆滑，自言和各书店很熟，可以弄得到价廉物美的后门货，如果顾客指定要什么书，他都可以设法。可是我请他弄一部《纪德全集》，他始终没有给我办到。

可以划在第三地带的是从新桥经过圣米式尔场到小桥这段。这一段是赛纳河左岸书摊中的最繁荣的一段。在这一带，书摊比较都整齐一点，而且方面也多一点，太太们家里没事想到这里来找几本小说消闲，也有；学生们贪便宜想到这里来买教科书参考书，也有；文艺爱好者到这里来寻几本新出版的书，也有；学者们要研究书，藏书家要善本书，猎奇者要珍秘书，都可在这一带获得满意而回。在这一带，书价是要比他处高些，然而总比到旧书铺里去买便宜。健吾兄觅了长久才在圣米式尔大场的一家旧书店中觅到了一部《龚果尔日记》，花了六百法郎喜欣欣地捧了回去，以为便宜万分，可是在不久之后我就在这一带的一个书摊上发现了同样的一部，而装订却考究得多，索价就只要二百五十法郎，使他悔之不及。可是这种事是可遇而不可求的，跑跑旧书摊的人第一不要抱什么一定的目的，第二要有闲暇有耐心，翻得有劲儿便多翻翻，翻倦了便看看街头熙来攘往的行人，看看旁边赛纳河静静的逝水，否则跑得腿酸汗流，眼花神倦，还是一场没结果回去。

话又说远了，还是来说这一带的书摊吧。我说这一带的书较别带为贵，也不是胡说的，例如整套的 Echanges 杂志，在第一地带中买只须十五个法郎，这里却一定要二十个，少一个不卖；当时新出版原价是二十四法郎的 Celine 的 Voyage au boutde la nuit，在那里买也非十八法郎不可，竟只等于原价的七五折。这些情形有时会令人生气，可是为了要读，也不得不买回去。价格最高的是靠近圣米式尔场的那两个专卖教科书参考书的摊子。学生们为了要用，也不得不硬了头皮去买，总比买新书便宜点。我从来没有做过这些摊子的主顾，反之他们倒做过我的主顾。因为我用不着的参考书，在穷极无聊的时候总是拿去卖给他们的。这里，我要说一句公平话：他们所给的价钱的确比季倍尔书店高一点。这带专卖近代善本书的摊子只有一个，在过了圣米式尔场不远快到小桥的地方。摊主是一个不大开口的中年人，价钱也不算顶贵，只是他一开口你就莫想还价，就是答应你还也是相差有限的，所以看着他陈列着的《泊鲁思特全集》，插图的《天方夜谭》全译本，Chirico 插图的阿保里奈尔的 Calligrammes，也只好眼红而已。在这一带，诗集似乎比别处多一些，名家的诗集花四五个法郎就可以买一册回去，至于较新一点的诗人的集子，你只要到一法郎或甚至五十生丁的木匣里去找就是了。我的那本仅印百册的 Jean Gris 插图的 Reverdy 的《沉睡的古琴集》，超现实主义诗人 Gui Rosey 的《三十年战争集》等等，便都是从这些廉价的木匣子里翻出来的。还有，我忘记说了，这一带还有两个专卖乐谱的书铺，只是对于此道我是门外汉，从来没有去领教过罢。

从小桥到须里桥那一段，可以算是河沿书摊的第四地带，也就是最后的地带。从这里起，书摊便渐渐地趋于冷落了。在近小桥的一带，你还可以找到一点你所需要的东西，例如有个摊子就有大批 N.R.F. 和 Grasset 出版的书，可是那位老板娘讨价却实在太狠，定价十五法郎的书总要讨你十二三个法郎而且又往往要自以为在行，凡是她心目中的现代大作家，如摩里阿克、摩洛阿、爱眉（Ayme）等，就要敲你一笔竹杠，一点也不肯让价；反之，像拉尔波、茹昂陀、拉第该、阿朗等优秀作家的作品，她倒肯廉价卖给你。从小桥一带再走过去，便每况愈下了。起先是虽然没有什么好书。但总还能维持河沿书摊的尊严的摊子，以后呢，卖破旧不堪的通俗小说杂志的也有了，卖陈旧的教料书和一无用处的废纸的也有了，快到须里桥那带，竟连卖破铜烂铁、旧摆设、假古董的也有了；而那些摊子的主人呢，他们的样子和那在下面赛纳河岸上喝劣酒，钓鱼或睡午觉的街头巡阅使（Clochard），简直就没有什么大两样。

到了这个时候，巴黎左岸书摊的气运已经尽了，你的腿也走乏了，你的眼睛也看倦了，如果你袋中尚有余钱，你便可以到圣日尔曼大街口的小咖啡店里去坐一会儿，喝一杯儿热热的浓浓的咖啡，然后把你沿路的收获打开来，预先摩挲一遍，否则如果你已倾了囊，那么你就走上须理桥去，倚着桥栏，俯看那满载着古愁并饱和着圣母祠的钟声的，赛纳河的悠悠的流水，然后在华灯初上之中，闲步缓缓归去，倒也是一个经济而又有诗情的办法。

说到这里，我所说的都是赛纳河左岸的书摊，至于右岸的呢，虽则有从新桥到沙德莱场，从沙德莱场到市政厅附近这两段，可是因为传统的关系，因为所处的地位的关系，也因为货色的关系，它们都没有左岸的重要。只在走完了左岸的书摊尚有余兴的时候或从卢佛尔 Louvre 出来的时候，我才顺便去走走，虽然间有所获，如查拉的 *Lhomme approximatif* 或卢梭（Henri Rousseau）的画集，但这是极其偶然的事；通常，我不是空手而归，便是被那街上的鱼虫花鸟店所吸引了过去。所以，原意去"访书"而结果买了一头红头雀回来，也是有过的事。

○ 原载《宇宙风》，1937 年第 45 期第 435—438 页

在苏拉巴耶 1937

—— 新莽

为要等待领取登坡字,我得在苏拉巴耶作七天的勾留。我的保证人×君急须赶回礼沙①去,不能伴我过这不能算短的日子。他建议把我寄居在一家华侨的商店,好节省一点逆旅的用费,而且遇到什么困难时,也好有个熟人指点、帮忙。这立刻得了我的赞同。

跨过一条驼背的短桥,德士进入如马尼剌所谓 China Town 的华人区域来了。周围阴污扰攘的气象,正如在马尼剌所见的一样,使我对于热带生活的绮丽的幻想,受了又一次的损害。迷惘中,德士终于在一道多角形的市街边的一家商店门前停住了。×君说,这里即是几位百万华侨发迹的福地,有名的巴卑安街。我们先后爬下车来。

进门的时候,坦着胸脯的主人正横躺在一张楠木的躺椅上,白纺绸裤的脚管撩到大腿的尽头。旁边一个仪容端整的白种人,指手划脚 To②an Toean 地嘟哝着什么,主人却要理不理地顾自搔着腿肢窝。这样的白种人在祖国时我倒罕见——后来才知道原来是一位荷兰籍的经纪人,这种人每逢招呼买卖时,不惜甘言蜜语,差一点不跪拜下去,但在外头偶然碰头,他却连睬都不睬你,大约是他必须保持他那殖民地主人的尊严的缘故罢。躺椅前头,据着店前是一副古

---

① 作者注:Desa 的音译,乡下也。
② 作者注:巫文"先生"。

老的交椅，围着放有一只象棋盘的小方桌，几位战士正绕在四边酣战。未烬的烟蒂从壅塞着垃圾的痰盂里燃起一种使人喉咙发痒的气息。

×君把我介绍给主人，并交代我一番话之后，就匆匆辞去了。主人于是以一个前辈应具的态度，对我这个新客作起教训来：先从这热带的气候习惯谈起，其次备述一个新客起居饮食应当注意的事，处处以他自己做新客时的经过作为例证。他特别注重冲凉这一着，似乎认为这是性命交关的事。他说新客每天最少该冲凉一次，但每次要冲得嘴唇发黑紫色才算合度，冲时背脊和脚踝两边应加倍用力揉搽，直至泛起红色为止。最后，他叹诉着这几年生意的萧条，一包白糖仅有两仙半钱的利头，而对于昔日的繁荣，显出不胜恋恋。对这一切，我只有唯唯点头，不敢也无从参加一句话。

我在门前小立了半响。这条市街，据说在早十年前，总是给载重汽车和牛车塞得水泄不通的，全苏拉巴耶的咖啡、糖、米的大行户大多集中在这里，简直有钱租不到铺面。但此刻在我眼前的：二三辆尴尬的货车栖息在道旁，良久才有一辆三轮小汽车或托葛①经过，几个睡意恹恹的马都拉苦力坐在门坎上或打瞌睡或抡着指头。两旁的店铺、馆子和食物铺不见得比行户少。这般光景，难怪主人要那样摇头搔首，我暗自想。

晚饭后，我马上学会了穿睡衣到街上溜达的习惯。凉爽的晚风使我不禁深深呼一口气。店铺大都已关门，街道有点霉暗，但三轮小汽车和托葛似乎比日间还要多，来来往往穿梭着。岔道口，我发现一家石铺，排列着青石的石狮子和石墓碑等等，这倒是在马尼剌时所看不到的。离祖国越远，搬过来的东西越齐备了，竟连"国"葬的摆设也没有被忘记，真是我意想不到的事。

石铺附近，有两三家书店，贴伏不到一个月的书癖又招起头来了，我信步踏进去，一家又一家。充斥在玻璃橱里的是武侠、香艳的小说和连环图画，三角牌的新小说也有数种。偶在一家墙角的小玻璃橱里，抽到一本《世界知识》和一本《新中华》。店伙立刻告诉我，这类杂志售价是按定价卖爪哇钱的，我问他为什么特贵，他说这是偶然侥幸漏网的东西，有时还得在"海口"使点那

---

① 作者注：Toekar 的音译，单马双轮的小马车，亦称 Djalam。

个哩!

"你们怎么不多办一些有价值的书卖,就使不为营业着想,也该为多数华侨的文化生活着想啊!"

"这个险冒不得的,老哥。——像《世界知识》这种尚未被列入禁止进口的刊物(现在已正式入禁了),不幸给抄着可以诿称失察,最多由政治局没收去,传去问问话,罚点钱,警戒一场了事。要是发售已被列入禁书的书籍杂志,那麻烦可就大了,封店,坐牢,配回唐山,保都有你份儿的。"

"所谓禁书是怎么一回事呢?有多少?"

"那是随时随刻由他高兴颁布那是禁书,那就不能出卖了。有时检查通过了,往后却又查禁起来,就往往白吃亏……这种生意真是无可奈何的生意,又是这个年头……"

"我说的是什么性质的书才受禁,比如……"

"拿不准,大抵政治经济的书,谈革命的书是脱不开的,不过,有时看书名,看封面,说不定的。——鲁迅、茅盾的书就有好几种入禁,三民主义也还是禁书,查不着的更不知有多少,总之,唉!……"

书店伙计那一副皱眉苦脸的样子,和说话时囫囵的声调,留给我一个很深的印象。

回到店里时,伙计们都已不知往那儿去了,主人独坐在灯前打算盘。喧嚣的麻雀声中,我一夜不能合眼,虽然在日间我已弄得一身非常困顿。

往后几天,我总厮守在这家商店,街道不熟,话语又不通,也就不多出门。但耳濡目染,我又增加许多新的见识。

鸦片烟在这里是公开由政府机关出卖的,瘾君子们可以堂堂皇皇的在人家面前吞吐。吸鸦片的不只是中国人,爪哇人和阿剌伯人也不少。但许多中国制的属于止咳一类的药丸却被禁止入口,据说是掺有吗啡。私带鸦片进口,罪名更大,几乎每次唐山的来船都有破获。出售鸦片的机关,后来我数见不鲜,门口悬一块木牌,却不闹什么"特货""禁烟处"这些花头,而是显赫地写着"出售鸦片之处"六个中国字。赌博同样是自由的,麻雀、天九、纸牌、扑克,什么种类的赌都有。听说"十二支"① 最近也将开放了,虽然中国人的商会曾提出反对,荷兰政府答复的理由却也干脆,他说赌博是中国人的天性,遏制这种天性,保不住不生出有碍治安的事来。

荷印是禁娼的,事实上没有一家旅馆没有妓女托足其间。每当傍晚时光,街头巷尾,时有艳装粉面的爪哇女人,娇声呼唤着:"这里坐坐呵,先生。"有时还扯扯拉拉起来。

除了商会,这里也有几个××同乡会,××社的团体,但大都作为业余娱乐的机关,嫖、赌、饮的集汇所在,不然就是体育团体。特别在夜间,这类的社团才活跃热闹哩!但仅有这样的社团才能够得到存在,并且就是这样的团体也得讨探警的好。

"你想,偌大的一个苏拉巴耶坡,没有一个图书馆,一所公园,教这些以万数的华侨业余作何正当消遣呢?所以不是赌,找土产就是热衷歌舞团啦!打球啦!此外还有啥?——你说看书,那些瓷的泥的有何看头,还是损精神,况且看书总是招祸的事,在这里,……政府懂的是钱,巴页,巴页,很命地加,他管你中国人死活,他就烦恼你中国人不死绝……"一提起这里华侨社会的状况,店主人总是这样絮聒不休,以后我每从礼沙来这里,目睹侨胞们晚间的熙熙攘攘,我不禁回味到主人的这段噜苏来。

○ 原载《中流》,1937 年第 2 卷第 8 期第 434—438 页

---

① 作者注:种花会性质的赌博,打一听十,流行于闽南。

柏林的书店 1942

—— 何凯

在柏林的书店中，我们极少看到迎合时宜轰动一时的书籍，而大都是硬性的严肃的出版物。辞典类、地图类、旅行书、科学书等尤其如此。这风气大概终影响到书店本身，在柏林，书店好像经过精选一般，为数极少，像上海福州路那样书店鳞次栉比的景象是绝无仅有的。

尤其是出售专门书籍的书店在柏林简直寥如晨星。例如专门出售地图的书店只有一家，专门出售法律书的书店只有三四家吧了。就是在德国出版中心的来比锡，专门书店也是很少很少的。

大体上说起来，柏林的书店可以分成出售专门书籍的专门书店和出售一般书籍的普通书店。普通书店大都发售小说类及通俗科学书，专门书店除专门性质的书籍外兼售大批旧书。他们似乎拥有一批固定的主顾，专为他们搜索某门书籍，因此不得不将范围扩大，把旧书也包括于其商品之中了。

德国书店景象的特色上之一是，店内绝少目的在翻书而实在无意买书的主顾。这一半是由于德国的书店大都不发售杂志的原故。到书店去的人都是准备买某一本书的，因此书店内绝无拥挤之象。书店的店名大都用着老板的姓氏，不过在专门书店中间或也用着"读书狂"等奇特的名称的。

○ 原载《申报》，1942 年 4 月 2 日第 7 版第 24437 期

东京买书记 1943

—— 亢德

前几天往国际文化振兴会给陈寥士诗人转信，晤到了送过我一册久松潜一氏著书《日本文学思潮》的石坂君，闲谈之间，他问起我"已读了二三十册书了吧"。这一问真有点令人愧难置答，莫说二三十册，连二三册也没有细读过呢，但问而不答非礼也，于是就据实以告："读是没有工夫读这许多，买倒买了三四倍于此了。"说时还指一下刚从神田拖来放在面前的那一大包书给他看，以示有书为证。

我是素有好买书不求甚读这个坏脾气的，不走进书店则已，进必不肯空手而出。当然，如进终年不出新书一册不印书籍一本的书店，或不至于如此，可是日本的书店总是新书满架，琳琅夺目，害得人如馋痨鬼似的，不攫走一二本不能聊餍所欲。使我这个书馋更不得不倾囊者，是日本近因节约纸张，一书之出，印数有定，十九易为捷足者先得，令后至者无法按图索骥。而日本的读书之人又特别多，较好书籍发卖之日，书店门前竟有排队以待，求得一册者。据友人吴君见告，某晨他路经神田，见有一长队鹄立之人，初以为是轧米轧油之辈，后知系轧书之徒，而所轧之书，则系一本尼采哲学之类。日本读书界有点怪，在我人视为古董冷门的书籍，购者往往"大众"，昔年有人说马氏《资本论》读者之众，全世界首推日本，照此看来，当非耳食之谈。

因为书籍印数的有定，购得既已不容易，购时更须注意脱页错订等情，例如我前时购得印数仅一千三百无零的《解说日本文化史》一册，最近发现脱页若干，携往书铺掉换，业已无书可换，虽可退书还钱，我又有点不愿，盖不退还有这本缺少全部百分之三页的书可读，一退之后就不知何年何月始能重得一册了。

也因为纸张的关系，前几时预定出版的全集现已不少无法继续刊行，我在上海的时候，即见日文报上载有诚文堂新光社出版《日本文化史大系》发售预约的广告，当时即思定购一部，后来不知怎么一来忘得干干净净，前几天忽然记起，因知离预约截止期已久，如思购得非特别设法不可，乃去烦劳文学报国会的鲸冈君，他打电话去一问，回说现在已出四册，如要可特别售奉，不过出版已决定仅此四册为止，以后的六册则目前已无法刊全。觉得残编无味，结果就连这四册也没买下来。

全集大系之类的印刷纸张，大都是所谓"豪华版"，摆着看看即已赏心悦目。前天去朝日新闻访和田齐氏，走过第一书房就进去一看。这书房出书不少，且均价廉物美，曩年曾在沪购过厚厚几大册道林纸精印的《欧洲文学》《近代英文学》之类，每册不过一二元。今日身临其地，却见书架上满满的都是同一之书，若加类别，偌大一家书店不到五十种以上。这是什么原因呢？大概是以前所出之书，今日甚难再版，今日新出之书，发行权操于出版配给公司之手，原出版处所能发卖之数不能多于别家书店之故。不过即在第一书房，我也不但不曾空手而出，简直获得了一件珍品，那就是小泉八云的《书简集》二册，此为第一书房《小泉八云全集》中的九、十两卷，全集共十八册，昭和五年出版第一册，以后按月续出。当初只售预约，价每月付三元八角，一次付为六十五元。我所购得的二卷，页数各在六百以上，纸为重磅道林，印刷装帧，尽善尽美，售价则不过每册五元。全集中《书简集》原有三册，现在仅得其二，自憾美中不足，但这已是出版社方面的残存之本，此后恐将并此而无从再得。而且《书简集》文为口语体，大可作我会话读本，胜于一般读本之总以与我无涉的问疾慰炎之类为材料，即使硬记了一天半周亦容易忘记者多多，因之即就这一点而言，在我亦已是可喜之事。

以售价论，新出的书自比战前所出者昂，盖价格虽经公定，物价之增究为难免之事。例如我所购得的新出《托德全集》（Bruno Taut，德人，日本研究者）中之两卷，纸张不及《小泉八云全集》，每册页数不过五百左右，售价却每册在八元以上。此外另得绸面烫金、道林纸印插图不少的《插花艺术》一册，因系昭和十年出版，售价仅定二元三角，在今日即能照样出版，定价亦恐须在四元左右了。

所以今日在东京购书，跑旧书铺之或有所获，恐更逾于北平是，旧书价廉还在其次，因其普通不过照原定价打一八折或七五折，有的甚至贵于原价，可喜者在于稍久以前出版今已不再重版而为个人所欲觅取的书，往往能于旧书堆中得之。我在今年之初，为办一个译文杂志，曾向各方借书找寻材料，当时得东亚同文书院大学林出贤次郎先生之助，为向该校图书馆借得一册《日本文化之性格》，此书系集各家论文而成，关于日本文化自法律宗教以至扇子茶道，无不各有所述，读之大足为一般上了解日本文化之助。惜乎书系借来，不便久假不归，得让我于兴到时偶读之，虽同时曾托内山书店代定，卒亦音讯杳然。暑假时林出先生返国，遵嘱将此书寄与小竹文夫先生代还书院之后，心中时感若有所失。谁知月初偶经近处一旧书铺，竟于无意中得之，真有点不亦快哉。又如我所要定的《日本文化史大系》，在神田一家旧书铺中恰有一同类性质之书在，印刷装帧与执笔之士，已均上选。正欲购取以补未得《日本文化史大系》之缺憾，谁知全书共有十二大册，该店所有者却仅占其十，缺的两册一为上古时代，在我还属可有可无，另一江户时代上册，就非有不可，结果只得给书店主人（？）留了一张名片，请他如得完全者时，乞予通知，以便往购，不知结果能如愿否。据老跑东京旧书铺者言，凡属全集之类，十九残缺不全，是购进时即已如此，抑或故弄玄虚籍以居奇，则不得而知之矣。

东京旧书铺的空气，有的殊为悠闲，店主人坐在里侧的席上，自顾自的或黏售价小纸笺，或翻弄什么旧书，对顾客不大虎视眈眈的如防贼偷，你选定了欲购之书交给他，就一面给你包扎一面连声致谢，彼此均无须如在上海旧书摊里的那么紧张十分。惜乎神田一带的旧书铺太多，我更无多少时间多少金钱，不然的话，天天去看三五家，必能天天满载而归。

除旧书铺之外，还有偶一举行的旧书展览会。月初得吴玥君通知，恰巧徐白林君亦在我寓，就再找了何大雄君同往一观。展览会系由各旧书店出所藏若干举行，陈列一室，标价出售。吴君看到了一本日本鬼故事的木刻本，后嫌售价过昂卒未购下，何君买了一部《海外奇谈》，此书原名《忠臣藏》，云系我国最初之日文翻译书，初刊于乾隆年间，此书知堂先生藏有一部，于《四鸣蝉》一文中曾说及之。吴玥君亦藏有一部。徐君买了一册犬养毅氏的印谱，云因其中一印系其令祖所镌。我则以二十五金购得七芗作图、张船山等题句的《红楼梦图咏》，以四元五角购日刻本《世说笺本》，以及所费无几的《佛教与酒》，新吉原《游廓略史》（公娼制度形成之过程），十年前出版的杂志《历史公论之文武抗争史特辑》等。《红楼梦图咏》系日本一个风物研究会的木刻本，共四大册，其中王熙凤一图最出我人意外，那副不漂亮的样子，全无书中所赞的风流艳冶。袭人姊妹的蒋玉官，也画得像个乳臭未干的孩子，不是我想象中的风流小生，害得花姑娘不甘殉宝玉之情者。

合东京各书店月出的新书即重版的书籍计，总数不在三五百种以下。因为好书易为捷足者先得，读者就根据《新刊宏报》而向近处书店预定，不过能否到手，亦仍难于预料，预订者也许超过三万，十中得一，就有点中奖券的末尾那样的不十分容易。最近我定了三本预定下月出版的书——室伏高僧的《东洋论》，谷川彻三的《日本之心》，江马务的《年中行事》——不知有无中奖的希望。

谷川氏所著的《东洋与西洋》《续东洋与西洋》，后者先在上海购到，欲补前者，则烦书局代定半年而无音讯，到东京后在会议席上遇见了作者，就不顾冒昧的问他，可有法想，结果承他分其自藏之一册见贻，觉得怪不好意思，此次如不能定得《日本之心》，决不能再问他想法，即等于问他索赠了。我对于旁的什么极愿少烦劳人家少叨扰人家，于书则不然，昨晚上去鱼返善雄氏书斋小坐，见书架上插其所译的辜鸿铭之《春秋大义》一书（系译自英文原作，易名为《中国人之精神》），就又忍不住问他坊间还易购得否，明知这一问等于对他说送我一本而不顾，书馋之情，于此可见。结果他即以所存二册中之一分赠。关于辜氏遗著之日译本，连前所购得之辜鸿铭论集，今已有二，两书内容，有一二篇相同者，大概出版发达，对于外国著作的译本不免多重之事。

关于日本出版之"狼",可于为《中国人之精神》一书作序的诸桥彻次独力而成的《大汉和辞典》出版一举窥一斑。这部大辞典据广告所载,字数之多,远过我国所出之《辞源》《辞海》,亦非英文《韦氏大辞典》《牛津字典》所及,全书分十三卷,每卷预约价二元八角。据说书店为出版这部巨著,且特办一印刷工场,因需用汉字特多而广,非一般印刷所能胜任。至于费数十年功夫,独力成此巨著的诸桥彻次之毅力雄心,自更使我们只有咋舌的份了。

到东京两月又半,大大小小购了百余本关于日本的书籍,文学的、风俗的、传说的、人形的、儿童的、教育的、花道茶道的、语言思想的、绘画庭园的,夹七夹八,杂乱无章,排在一张长沙发上,一个人天天顾而乐之。恰承杂志社编者索稿,乃于仓促中敷衍成此小文,私心窃愿于若干月日之后,书已堆到床下之际,再作续记以搏方家之一哂也。

十月廿九夜于东京

○ 原载《杂志》,1943年第12卷第3期第29—32页

买旧书
1944

—— 覃子豪

在东京，我的消遣方法，第一是看电影，第二是在咖啡店里去听音乐，第三就是逛旧书店买旧书了。

我曾经在国内中法大学念书时，常常接到留法同学来信谈巴黎有趣的事情。他说，最使他感到高兴的事是他到塞纳河畔去逛旧书摊。旧书摊是多不胜数，你用整天的精力去看，尚不能看完。他说，他常常用极少的代价买到极珍贵的书，他曾经用十几个法郎买到一部极珍贵的插图本的法朗士（Anatol France）的全集，两个法郎买到一本古版的《茶花女》。

这些信曾经引起我们许多幻想和兴趣，不料东京也有许多的旧书店，和晚上临时摆的旧书摊。东京的旧书店多集中在神保町和早稻田。因为这两个地方都有大学，尤以神保町大学最多。中央大学、日本大学、法政大学，都在那儿。早稻田就是日本最有名的早稻田大学了，学生多是集中在两个地方。因而，新书店旧书店都不少，尤以旧书为多，神保町一条直街几乎全是旧书店，简直就成为书店街了。

我到神保町或早稻田去，我喜欢一个人，因为一个人独来独往，独去独留，毫无牵制，这完全是为了逛旧书店的缘故。

有一次我去逛神田的夜市，横街两旁，摆满许多书摊，其中有许多书简直便宜得惊人，一本《世界文学全集》，或《日本现代小说全集》，或《世界美术全集》的零散本，才两毛钱一册。我记得我当时选了两本，一本是雨果的《可怜人》，一本是《芥川龙之介全集》，还买了一本最令人愉快的，就是毕加索的《素描集》，那是米色厚道林纸精印的，极为美观。

不管我身上钱多钱少，去逛旧书店回来时，总是要带回来两本书，这些书多半是法文的。法文书在日本不算多，也不算少，和英文书比较起来，自然是英文多，在日本学德文的和学英文的差不多相等，但学法文的就少了。假如我的英文能够使我鉴赏文学作品，那么我一定弄得更加贫困。

有一次，在神田一家书铺，发现了一小册黄褐色的鸡皮封面的《雪莱情诗》，烫有金字，里面是用白色有光的厚道林纸精印，每首诗起头一个字母的字体是红色的图案字，有十余张三色版精美绝伦的插图，我看了这本书，爱不释手，可是，我不懂英文，而身上钱又不多，这书的定价是七元，结果看了半天，仍然是没有买。以后，当我每次去神田的时候，我总要去看看这本书被人买去没有，最使我高兴的是，它总是在书架上安然无恙。

我有个女朋友A是诗人，曾经在上海黎明书局出过一本诗册，名为《筑地黄昏》，因为都是写诗的原故，我们感情极好，常常到她家里去，常常在她的家里晚餐，每次谈到很夜深才回来。她是美丽的，英文造诣很好，常常翻译短篇小说。在国内大学时，英文演说竞赛，她得第一名，是煊赫一时的风头人物。到放春假的时候，她要回上海，我自然不愿她回上海，可是她父亲的命令，终于决定动身。我很苦恼，我应该如何向她表示我的友情呢？忽然我想起那一册精装的《雪莱情诗》，应该买来送A，那个时候我身上只有十余元，但我决心买这册诗，作为我送A的礼物，在A动身时前一天，我把它买来了。恰好那天她约我在她家里去吃晚饭，当我在她的家里把这书送给她时，她很感动地说："你留着自己看，不好吗？"

"我特地买来送给你的，你可以在船上消遣。"

A收下了，她知道我是穷困的，对于我这感情她好像表示不安。然而，我是感到很大的愉快，这册精制的书送给她是再好没有的礼物了。

在神田又一家书店里，我发现了一部旧的法国文学杂志，名为《新时代》（*Nounel age*），共十二册，定价要十二元，这杂志是法国最有名最进步的文学杂志，关于弱小民族的创作介绍特别多，差不多每册都有十余幅插图，插图多是以战争为题材，这些插图都是很值得介绍给国内的读者。书店老板一定要十二元，价钱也不肯少，平常旧杂志的价钱极为便宜，我从来没有遇到过这样贵的旧杂志。因此，我很迟疑，当时没有买，后来，我想，如果买了回来，翻译一篇文章寄回国内去，不是十二元就回来了吗？这一想，就闭眼睛买了，拿回来，爱不释手的，翻了好几次。

东京如果出版了一本有价值的新书，我只在新书店里去翻一翻，过过瘾就算了。我一定等到在旧书店里发现了那本新书之后，我才下手买。因为，这其间要差一倍的价钱，说也奇怪，一本新出版的新书，不到一个礼拜，旧书店里就有那本刚出版的书出卖了。书虽然是放在旧书店里，而实际上并不旧。我许多书，都是这样买的，《叶塞宁诗抄》《普式庚诗抄》都是在这种情形之下买成的。于是我成为读旧书的人。

我买书有个计划，就是现在必读的书不管怎样价昂，我买；将来必读的，而价钱便宜，我买；有保留的价值，如插图本、珍本之类而价钱便宜，我买。

第一种是属于大学丛书。政治经济的参考书，多是旧的，这一类的书我买了大约两百多册，都是两三百页一大册的；第二种属于文学的，如日文的《巴尔扎克全集》《纪德全集》《普式庚全集》，莫泊桑和梅里美的小说，以及法国十九世纪诸诗人的诗集。

我的英文不好，很想读读美国的作品，有一次在神田买到一册法译的《惠特曼诗集》，在早稻田买到本法译的《美国近代诗选》，这很使我高兴，可以从法文当中去读美国新近诗人的著作。因为美国近代诗人的作风，非常新奇，自由诗的鼻祖惠特曼以来，美国诗人多自创一种风格，不因袭英法诗歌传统的影响，很值得介绍。

关于俄国的，我只买到《十九世纪俄国诗选》，所选的多是象征主义的诗，如普式庚、尼克拉索夫就选得很少，来蒙托夫根本就没有选得有，我想编这选集的人，一定是一个象征主义研究专家，对于浪漫主义的作品感不到什么兴趣的缘故罢。

其次，我用两元钱，买到一本法译本的布洛克《十二个》，只有那薄薄的一册，但我觉得有很高的价值，里面有十余幅插图是出自一个名画家的手笔，这画家的名字，我记不得了，鲁迅先生曾经介绍过给国内读者，很想把《十二个》译出来，听说北新书局曾经出版过一本，就没有兴致翻译了，但我把这本书认为精本的珍藏着。

在法国诗人当中，我最喜欢雨果、维尼、波德维尔、拉马丁、缪斯，关于他们的诗集，在旧书店里我搜了不少。至于雨果，我在神田一家旧书店买到一本精装的《雨果诗选》，虽然装订得极为精美，但我非常不满意，因为选集往往不全，不是把每首长诗给你节选，便是你爱好的诗他不选入，他选入的又是你不爱好的。于是，我努力想在旧书店里去搜购雨果诗集的单行本，如《惩罚集》（*Les chaliments*）、《世纪的传说》（*Ialegende de Siecle*）等，但是当我快要回国的时候，还没有买到这些书，最后我不能不花很大的代价去丸善书店去把雨果这些诗集买回来。

关于字典方面我买了不少，最新的《佛和大辞典》《日文字典》等，一共有十三大册，因为是旧的，所花的代价都不大。

我节衣缩食，把钱拿来买书，三年半的光景，我堆满了两大书架，其余的还在席上，回国来装满三大箱子。战争爆发以后认为上海很安全，为了便利，只带出一本《雨果诗抄》，其余的全部放在上海法租界环龙路一个友人家里。

当时对于《雨果诗抄》，很觉得不满意，现在我把这厚厚的一册精装诗集，认为是无上的至宝了。

在民国十八年，为了这些书，我曾经冒险从温州出口到上海去，可是环龙路那个朋友不知搬到哪里去了，我那几大箱子书，我至今不知道它的命运究竟如何？想起来，就使我不胜感叹与怀念。

○ 原载《联合周报》，1944 年第 2 卷第 7 期第 13—14 页

日光访书记 1944

—— 王古鲁

引 言

说起日光，凡是去过东瀛的人，恐怕没有个不知道这个名胜之地吧？它的名气之大，好比我们中国的苏杭一般的脍炙人口。假使有人听说你还没有去过一次的话，他一定会劝诱你，说："要知道什么叫做结构，须得去看一次日光。"

"结构"这两个字，是指的人工美，这里有名驰全国的东照宫——奉祀德川幕府第一代将军德川家康的家庙。那是德川时代代表的建筑物，全部朱涂，绮丽无比，而且雕刻亦极为精巧。尤其是值得称道的，在极为狭小的面积（仅有二点七二八方米）之内，所有社殿的配置，纡余曲折，结构异常，形状色彩，又极鲜艳调和，玲珑纤巧，无怪他们众口称赏，终于把全部的建筑物指定为国宝了。

日光不仅有上述人工美的建筑物，点缀其间，使得它生色，而且它的自然风景，亦秀丽引人。丛山溪流，飞瀑温泉，随处可见。还有那个在男体山山麓（海拔有一千二百七十余米高度）的名湖中禅寺湖，乍看湖身似在山顶，与箱根芦之湖相仿，但雄伟秀丽，似犹过之。也无怪每逢佳日，游人如织，如疯若狂也。

日本全国胜景，不佞去过的地方，也不算少，可是其中最足以令人怀念不忘的，还是首推日光。日光胜景之中，就个人的见解看来，总觉得"东照宫的建筑，经过不少名工巨匠的苦心考案，确是纤巧极了，但是人工美也有缺点，总不及自然的千变万化，百看不厌。"所以每逢去日光游览的时候，不是在湖上泛棹，便是赴华严（飞瀑名）观瀑，尤其是最爱去看红叶（日光看红叶的季节，大约在十月中旬，红叶色彩深浅，往往随阳光强弱而变幻。每逢晨曦初上或是夕阳返照的时候，如果乘着马返至明智平间登山的钢索电车，无论上驶下行，仰观俯视，便可看到满山红叶，宛如一片锦霞，实在美丽之至）。至于东照宫的建筑物，只有在二十余年前学生时代，曾经随众参观一下，此后大都过门而未入，谁知道在此次不佞东瀛访书期间内，竟和它区城内的轮王寺慈眼堂发生一段文字因缘呢？

慈眼堂与慈眼大师天海僧正的遗书

凡是参拜东照宫的，连同参拜的，还有二处，一为二荒山神社，一即为轮王寺。轮王寺位于神道长坂的上端，初称四本龙寺，与比睿山及东睿山，同为日本天台宗三大本山之一。内有三佛堂：护法堂、常行堂、法华堂以及本文要提及的慈眼堂。

说起慈眼堂，就不能不提及它所奉祀的慈眼大师天海僧正。他不仅是一个天台宗的高僧，而且还是实际上参与德川幕府枢机的黑衣宰相。我们中国僧侣在政治上活跃过的，只有两个人。一个是家天下的明太祖，一个是明永乐帝的辅佐姚广孝，此外似不多见。日本则不然，足利幕府（距今六百余年前）时代起，五山（京都及镰仓的五大禅林）僧侣即已参与政治，天海僧正之参加德川幕府，也不能目为异事了。

天海，俗姓三浦，幼名随风，后改天海。十一岁出家，十四岁登睿山，精研天台宗义。其后负笈遍游全国，巡拜名山灵刹，访谒高僧硕德，虚心受教，学问大进。他还在下野的足利学校里，攻研过儒学，在上野善昌寺里，研讨过教外之旨，这也许就是他后日爱藏汉籍，兼收中国新出小说（大师生当中国嘉靖至崇祯期间，目前我人所认为旧刻小说，在当时实为新出）的原因吧？及至德川家康在江户（今东京）树立幕府的时候，即参与政治，并历仕二代将军德川秀忠、三代将军德川家光。他在宗教方面，复兴轮王寺，改筑延历寺（比睿山），历且建立了天台宗三大本山之一的东睿山宽永寺。在政治方面，周旋于京都（皇室所在地）与江户（幕府所在地）之间，疏通东（江户一带居东，称关东）西（京都一带居西，称关西）事情，发挥长才，对于幕府，极有功勋。宽永二十年（明崇祯十六年）入寂，享年百有八岁。入寂后五年，谥为慈眼大师，葬于日光山，上述之慈眼堂即为奉祀大师之灵庙。

假使拿着国内看僧侣的眼光来看日本的寺院，谁也想不到寺院中会藏着中国旧刻小说。其实我们如果去考察中国俗语文学在日本流行的经过，就可以明白这是极为平常的一件事。石崎又造《日本近世时期的中国俗语文学史》的序说以及第一章第一节《长崎贸易与唐通事》中间，曾提及中国俗语自平安末年（相当南宋绍兴末年）起输入日本，传布者以五山禅僧居多，德川幕府初期，唐话（中国俗语）大都由长崎的"唐通事"（即中国人在长崎当翻译者）输入，当时僧侣竟有至长崎游学学唐话的，唐通事事用教科书之中，有《三国志》《水浒传》等白话小说在内。慈眼大师既然有上述之政治地位，对于中国情形，当然更有求知的必要，他的购置中国旧刻小说，可说是顺应当时潮流之举。

就不佞观察，当时日本学习唐话之风，盛极一时，日本僧侣购求中国白话小说的，恐怕也不限于慈眼大师一人，所以今后假使能够有机会到日本其他名山大寺法库去调查，或者还能发见现在业已佚亡的珍贵小说，也未可知哩。

不佞知道慈眼堂法库中藏有中国旧刻小说，还是前年春天摄取日本各藏书处所藏中国旧刻小说书影的时候。当时所看见的目录，记载极为简单，一时也不能知道其中有无尚未看到的小说。不过既然知道法库里确有中国小说，无论如何，心里想总得去看一下。经过了相当手续，好容易得到了寺中的许可，就抽空同着东方文化学院东京研究所研究员丰田穰氏及摄影师中岛忠正氏前往调查。

事前并没有多大奢望，以为只要能够看到一二种没有看到的小说，就很满意。所以豫定当天阅览完毕，即回东京，因为第二天已经约定赴德川侯爵家的蓬左文库摄取所藏孤本明万历三台馆刊行的《新刊京本春秋五霸七雄全像列国志传》全书哩。到了日光轮王寺寺务所，接洽之下，知道法库远在山中，相去华里有四五里左右。他们希望我们开出书名，派僧侣去取。我们就依着丰田氏所借得的目录，将所载小说的书名十余种，一起开出，丰田氏还开了其他书籍数种。等到大包小捆取来，打出一看，实在使得我们惊喜极了。在这批书里头，有最近中日两国研究中国文学的人们都没有看见过的崇祯刊尚友堂足本《拍案惊奇》四十卷；内阁文库仅藏有残本的万历刊双峰堂本京本增补校正《忠义水浒志传评林》二十五卷全书；明刊本《鼎锲全相唐三藏西游传》十卷；明刊世德堂本新刊出像官板大字《西游记》二十卷一百回；崇祯刊金阊万卷楼本《新镌扫魅伦敦东度记》一百回；明刊本《禅真逸史》四十回；明峥霄馆本《禅真后史》六十回；明书林刘大华刊本《鼎锲国朝名公神断详刑公案》八卷；盐谷温博士仅藏残本的明书林刘龙田刊本新锲全像大字《通俗演义三国志传》二十卷；与前国立北平图书馆京都帝国大学所藏同一版本的《金瓶梅词话》一百回。

　　我们是清晨七点钟左右自东京出发，十点半左右抵寺务所，等到书取到，已经差不多过了十二点钟了。假使当天要回东京，必须三点半左右离开寺务所，才能够搭得到末班电车，时间实在局促极了。丰田因为第二天没有约会，所以决定留日光一晚，第二天再看大半天，然后回去。可是我已经同蓬左文库约定，又没有商请改期，无论如何，当天必得回去。因此决定摄完了蓬左文库方面书籍再来。当天匆匆将上述各书书影嘱摄影师摄取之后，就回东京。承住职（即主持僧）菅原师厚意，允将各书留存寺务所，暂不归库，以便随到可阅。过了一旬之后，因为决心筹款影印孤本小说戏曲丛书，所以再去阅书的时候，就顺便摄取《水浒志传评林》及《唐三藏西游传》二书全书。一共又去了两次，旅居日光前后共三晚，总算很顺利的摄毕，寺中当局极端的给以利便，这是至今感念不忘的。

　　关于所访的书籍，丰田氏曾于前年《斯文杂志》第二十三卷第六号上，发表《明刊四十卷本〈拍案惊奇〉及〈水浒志传评林〉完本之出现》一文，介绍颇为详尽，今参酌此文，增以鄙见，介绍主要珍籍于下。

珍籍的介绍

一、明刊四十卷本《拍案惊奇》

　　十余年来，三言（《喻世明言》《警世通言》《醒世恒言》）二拍（《拍案惊奇》《二刻拍案惊奇》）及古今小说，先后出现，很引起中日两国研究中国文学的学者注意。经中日两国爱好文学者的努力搜求，单就《拍案惊奇》一书而言，有复尚友堂本，有消闲居刊本，有消闲居复本，有松鹤斋本，都是三十六卷。盐谷温博士依据内阁文库所藏《二刻拍案惊奇》的小引中语：

> 丁卯之秋……迟回白门，偶取古今所闻一二奇局可纪者，演而成说，聊舒胸中磊块。……同侪过从者，索阅一篇竟，必拍案曰，"奇哉所闻乎！"为书贾所侦，因以梓传请，遂为钞撮成篇，得四十种。……贾人一试之而效，谋再试之。……竟不能恝，聊复缀为四十则。

推定《拍案惊奇》原本为四十卷。截至此书发现之日止，尚未获闻任何藏书所在，藏有四十卷本。不图我们无意中在慈眼堂法库中发现，不能不说是学术界的幸事了。

此书为尚友堂（封面右下角，有方印曰"尚友堂印"，全书每叶板心下部，均刻有"尚友堂"三字）所刊，版式体裁，完全与内阁文库所藏尚友堂本《二刻拍案惊奇》相同，半叶十行，行二十字。插图四十叶，雕刻之精，与二刻本同。封面尚保存，用蓝色印刷。最右上角一行，题曰"即空观评阅出像小说"，中行四大字曰"拍案惊奇"，左有小字四行，为出版者安少云（大约为尚友堂主人）的广告：

> 即空观主人，胸中磊块，故须斗酒之浇。腹底芳腴，时露一脔之味。见举世盛行小说，遂寸管独发新裁，摭拾奇衷，演敷快畅。原欲作规箴之善物，矢不为风雅之罪人。本坊购求，不啻拱璧。览者赏鉴，何异藏珠。金阊安少云梓行。

卷头有即空观主人序文，文字多少与通行本不同。全文云：

> 语有之，少所见，多所怪。今之人，但知耳目之外，牛鬼蛇神之为奇，而不知耳目之内，日用起居，其为谲诡幻怪非可以常理测者固多也。昔华人至异域，异域咤以牛粪金，随诘华之异者，则曰有虫蠕蠕，（而吐为彩缯锦绮，）衣被天下，彼舌挢而不信。乃华人未之或奇也。则所谓必向耳目之外，索谲诡幻怪以为奇，赘矣。
>
> 宋元时有小说家一种，多采闾巷新事为宫闱（承应）谈资，语多俚近，意存劝讽，（虽非博雅之派，要亦小道可观。）近世承平日久，民佚志淫，一二轻薄（恶

少），初学拈笔，便思污蔑世界，（广撮诬造，非荒诞不足国，则亵秽不忍闻，）得罪名教（种业来生，）莫此为甚。（而且纸为之贵，无翼飞，不胫走，）有识者为世道忧之，以功令厉禁宜其然也。

独龙子犹氏所辑喻世等书，颇存雅道，时着良规，（一破今时陋习，而宋元旧种，亦被搜括殆尽。肆中人见其行世颇捷，意余当别有秘本图书而衡之。不知一二遗者，比其沟中之断芜略不足陈已。因）取古今来杂碎事可新听睹，佐谈谐者，演而畅之，得若干卷，（其事之真与饰，名之实与赝，各参半。文不足征，意殊有属。）凡耳目前怪怪奇奇，当亦无所不有，总以言之者无罪，闻之者足以为戒，则可谓云尔已矣。若谓此非小史家所奇，则是舍吐丝蚕而问粪金牛，吾恶乎从罔象索之。

即空观主人题于浮樽

上引文中，有括号加点之处，都为通行本所删略。因此，自"独龙子犹氏……"以下，语变含混，颇有使人误会到龙子犹（冯梦氏的化名）于所辑喻世等书外，复著此书之意。郑振铎氏以未得获见原序，故不能不解释为"此种意义含糊之处，是昔时喜欢掉笔头人所常常有的事"（《中国文学论集》五九九页《明清二代的平话集》）。现在看到这篇原序，才知道此种意义含糊之处，并不是喜欢掉笔头人所干的事，而系后来刊行各本的书贾删略所致。至于所以要删略的原因，也许为看到龙子犹所辑各书"行世颇捷"，希图议者误会他复著此书，便于推销之故也？

在上引原序之外，还有通行本所无的凡例五则。其全文为：

《拍案惊奇》凡例计五则：

一、每回有题，旧小说造句皆妙，故元人即以之为剧。今《太和正音谱》所载剧名，半犹小说句也。近来必欲取两回之不伴者，比而偶之，遂不免窜削旧题，亦是点金成铁。今每回用二句，自相对偶，仿《水浒》《西游》旧例。

二、是编矢不为风雅罪人，故回中非无语涉风情，然止存其事之有者，蕴藉数语，人自了了。绝不作肉麻秽口，伤风化，损元气。此自笔墨雅道当然，非迂腐道学态也。

三、小说中诗词等类，谓之蒜酪。强半出自新构，间有采用旧者，取一时切景而及之。亦小说家旧例，勿嫌剽窃。

四、事类多近人情日用，不甚及鬼怪虚诞。正以画犬马杂画鬼魅易，不欲为其易而不足征耳。亦有一二涉于神鬼幽冥，要是切近可信，与一味驾空说谎，必无事实者不同。

五、是编主于劝戒，故每回之中，三致意焉。观者自得之，不能一一标出。

崇祯戊辰初冬即空观主人识

有了此段凡例，我们不独可以看到即空观主人（即凌蒙初）撰著《拍案惊奇》的立意与体例，而且还可以正确知道此书刊行的年代。过去谈《拍案惊奇》的学者（鲁迅《中国小说史略》亦如此），都是依据间接的证据，即上文所引内阁文库所藏《二刻拍案惊奇》的小引之中有"丁卯之秋"一语，断为初拍刊行于天启七年，今据此凡例，可以知道此书虽辑成于天启七年（丁卯）之秋，实刊于崇祯元年（戊辰）初冬也。

依据《二刻拍案惊奇》小引，《拍案惊奇》初刻原本，应有四十卷。而目前各藏书处所保存者，仅有三十六卷，此事久已成为研究中国文学的学者待解之谜。以著录丰富见称的孙楷第氏所著《中国通俗小说书目》，亦仅云"尚友堂原刊四十卷本，未见。"今此书出现，更足以为证明《二刻拍案惊奇》小引所称"四十种"之语不误。

试将其目录与通行本对照，自第三十七卷处，至第四十卷止，共多四卷。即"卷三十七 屈突仲任酷杀众生 郓州司马冥全内侄；卷三十八 占家财狠婿妒侄 延亲脉孝女藏儿；卷三十九 乔势天师禳旱魃 秉诚县令召甘霖；卷四十 华阴道独逢异客 江陵郡三拆仙书"。所载故事，丰田氏已考定如下：

卷三十七与《太平广记》（卷一〇〇、释证）所引纪闻屈突仲任，内容相同。记载屈突仲任不听姑父郓州司马张安忠告，与同族（蕃夷）的莫贺咄为伴，日嗜狩猎鸟兽，杀生颇多。一日为青衣人所引，拘至地狱，受张安审讯。及至复归人世，极度忏悔，刺血写经，超度平日所杀鸟兽云。

卷三十八结构与元武汉臣所撰散家财天赐老生儿杂剧相同。亦即为《今古奇观》第三十回所载的念亲恩孝女藏儿。亚东图书馆印行之《今古奇观》卷首孙楷第《今古奇观》所附解题，曾云："此必初二拍中之文，幸保存于此。以凌氏冤家主合同文小说皆袭元曲例之，此篇亦必凌氏所作，当为初二拍佚文也。"

孙氏悬测之词，至今揭晓，同时《今古奇观》四十篇故事中唯一根据不明的第三十回，其来源至此亦明白瞭然的了。

卷三十九与《太平广记》（卷三九六、雨）所引剧谈录狄惟谦，内容相同。唐会昌年间，有道士郭赛璞者，极负盛名，与女巫一人，借口旱魃祈雨，肆行恶事，以苦人民。当时晋阳县令，适为名臣狄仁杰的子孙狄惟谦，缚而斩之，亲自祷天，祈获甘霖云。

卷四十《太平广记》（卷一五七、定数）所引逸史李君相同。唐李君赴长安，在华阴店中，途逢异人，受仙书三封。因此骤富，并中进士，其后出任江陵副使云。

盐谷温博士曾经对于《拍案惊奇》三十六卷故事的内容分类，为唐六种、宋六种、元四种、明二十种。今加入新发现的四种（唐三种、元一种），则共成唐九种、宋六种、元五种、明二十种了。

因了此种的发现，对于过去的论定与悬测，自然发生变动。孙楷第氏《三言二拍源流考》（《国立北平图书馆馆刊》第五十卷第二号）述及删定二奇合传中第三十四回《曾考廉解开兄弟劫》，第三十六回《毛尚书小妹换大姊》二回根据不明，悬测云："按此书所辑不出《初拍》及《今古奇观》之外，今之《初拍》本有缺失，或其所据者为足本，中有此二篇，亦未可知。"此四种出现，证明孙氏悬测之误。

丰田氏以为《删定二奇合传》序文中："'二奇'者，《拍案惊奇》《今古奇观》也。合而辑之，故曰二奇也。"所称的《拍案惊奇》，并不限于《初拍》，可以认为《二刻拍案惊奇》一并包含在内。因为现存的《二刻拍案惊奇》卷二十三《大姊魂游完宿愿，小姨病起续前缘》，与初拍的卷二十三，篇目内容，完全相同；而且卷四十，又非平话，而系《宋公明闹元宵》杂剧，长泽规矩也氏早已评定《二刻拍案惊奇》的卷二十三及卷四十，均已佚亡，故此书代之以《初拍》的卷二十三及杂剧。丰田氏以为《删定二奇合传》所载根据不明的两篇，就是二拍这两卷的佚文，不过就鄙见而言，《删定二奇合传》的序文，根本不可靠。请看它对于拍案惊奇的解释：

二奇者，《拍案惊奇》《今古奇观》也。合而辑之，故曰二奇也。然二书本一书也。其始即空观主人，采唐代丛书及汉宋以来故事，衍成二百种，名以《拍案惊奇》。其后抱瓮老人删存仅四十种，始以《今古奇观》目之者也。

看去好像序文撰者（即此书编者）芝香馆居士确切知道即空观主人所辑《拍案惊奇》，共有二百种之多，可是我们假使参阅笑花观主人所撰《今古奇观序》中所云：

> 墨憨斋……所纂《喻世》《醒世》《警世》三言，极摹人情世态之岐，备写悲欢离合之致，可谓钦异拔新，洞心骇目。……即空观主人壶矢代兴，爰有《拍案惊奇》两刻，颇费搜获，足供谭麈，合之共二百种，卷帙浩繁，观览难周。……而抱瓮老人先得我心，选刻四十卷，名为《今古奇观》。

即可以明了芝香馆居士误解此序文。明明《今古奇观》四十卷选自《喻世》《醒世》《警世》三种及《拍案惊奇》两刻合共二百种之中，竟妄言"《拍案惊奇》《今古奇观》二书本一书也"。明明此二百种为冯梦龙氏（即黑憨斋）所著"三言"与凌蒙初氏"二拍"合计之数，竟妄言"即空观主人……衍成二百种，名以《拍案惊奇》"，其不可信赖可知。

不佞毋宁赞同郑振铎氏之说，此二篇"系本于《聊斋志异》而加以敷衍者，当为编者所自著"。至于《二刻拍案惊奇》，继内阁文库所藏本出现者，为今国立北京图书馆所藏尚友堂本残本，书型版式，完全相同，卷首目录卷二十三存目，以及卷四十之为杂剧，与内阁文库所藏本，绝无相异之处，颇令人日盼真有长泽氏所称之原本早日出现也。

（本文为节选。）

○ 原载《风雨谈》，1944年第9期第88—98页

记玛德里的书市 1946

——戴望舒

无匹的散文家阿索林,曾经在一篇短文中,将法国的书店和西班牙的书店,作了一个比较。他说:"在法兰西,差不多一切书店都可以自由地进去,行人可以披览书籍而并不引起书贾的不安;书贾很明白,书籍的爱好者不必常常要购买,而他走进书店去,目的也并不是为了买书;可是,在翻阅之下,偶然有一部书引起了他的兴趣,他就买了它去。在西班牙呢,那些书店都是像神圣的圣体笼子那样严封密闭着的,而一个陌生人走进书店里去,摩挲书籍,翻阅一会儿,然后又从来路而去这等的事,那简直是荒诞不经,闻所未闻的。"

阿索林对于他本国书店的批评,未免过分严格一点。法国的书店也尽有严封密闭的,而西班牙的书店,可以进出无人过问,翻看随你的,却也不在少数。如果阿索林先生愿意,我是很可以列举出巴黎和玛德里的书店的名称来做证的。

公正地说,法国书贾对于顾客的心理研究得更深切一点。他们知道,常常来翻翻看看的人,临了总会买一两本回去的;如果这次不买,那么也许是因为他对于那本书的作者还陌生,也许他觉得版本不够好,也许他身边没有带够钱,也许是他根本只是到书店来消磨一刻空闲的时间。而对于这些人,最好的办法是不理不睬,由他去翻看一个饱。如果殷勤招待,问长问短,那就反而招致他们的麻烦,因而以后就不敢常常来。

的确，我们走进一家书店去，并不像那些学期开始时抄好书单的学生一样，先有了成见要买什么书的。我们看看某个或某个作家是不是有新书出版；我们看看那已在报上刊出广告来的某一本书，内容是否和书评符合；我们把某一部书的版本，和我们已有的同一部书的版本作一比较；或仅仅是我们约了一位朋友在三点钟会面，而现在只是两点半。走进一家书店去，在我们就像别的人们踏进一家咖啡店一样，其目的并不在喝一杯苦水也。因此我们最怕主人的殷勤。第一，他分散了你的注意力，使你不得不想出话去应付他；其次，他会使你警悟到一种歉意，觉得这样非买一部书不可。这样，你全部的闲情逸致就给他们一扫而尽了。你感到受人注意着、监视着，感到担着一重义务，负着一笔必须偿付的债了。

西班牙的书店之所以受阿索林的责备，其原因是不明顾客的心理。他们大都是过分殷勤讨好。他们的态度是绝对没有恶意的，然而对于顾客所发生的效果，却适得其反。记得一九三四年在玛德里的时候，一天闲着没事，到最大的"爱斯巴沙加尔贝书店"去浏览，一进门就受到殷勤的店员招待，陪着走来走去，问长问短，介绍这部，推荐那部，不但不给一点空闲，连自由也没有了。自然不好意思不买，结果选购了一本廉价的奥尔德加伊加赛德的小书，满身不舒服地辞了出来。自此以后，就不敢再踏进门槛去了。

在"文艺复兴书店"也遇到类似的情形，可是那次却是硬着头皮一本也不买走出来的。而在玛德里我买书最多的地方，却反而是对于主顾并不殷勤招待的圣倍拿陀大街的"迦尔西亚书店"，王子街的"倍尔特朗书店"，特别是"书市"。

"书市"是在农工商部对面的小路沿墙一带。从太阳门出发，经过加雷达思街，沿着阿多恰街走过去，走到南火车站附近，在左面，我们碰到了那农工商部，而在这黑黝黝的建筑的对面小路口，我们就看到了几个黑墨写着的字：La Feria de Los Libros，那意思就是"书市"。在往时，据说这传统书市是在农工商部对面的那一条宽阔的林荫道上的，而我在玛德里的时候，它却的确移到小路上去了。

这传统的书市是在每年的九月下旬开始，十月底结束的。在这些秋高气爽的日子，到书市中去漫走一下，寻寻，翻翻，看看那些古旧的书，褪了色的版画，各色各样的印刷品，大概也可以算是人生的一乐吧。书市的规模并不大，一列木板盖搭的，肮脏，杂乱的小屋，一共有十来间。其中也有两家兼卖古董的，但到底卖书的还是占着极大的多数。而使人更感到可爱的，便是我们可以随便翻看那些书籍而不必负起任何购买的义务。

新出版的诗文集和小说，是和羊皮或小牛皮封面的古本杂放在一起。当你看见圣女戴蕾沙的《居室》和共产主义诗人阿尔倍谛的诗集对立着，古代法典《七部》和《玛德里卖淫业调查》并排着的时候，你一定会失笑吧。然而那迷人之处却正存在于这种杂乱和不伦不类之处。把书籍分门别类，排列得整整齐齐，是会使人不敢随便抽看的，为的是怕捣乱了人家固有的秩序。如果本来就这样乱七八糟，我们就毫无顾忌了。再说，如果你能够从这一大堆的混乱之中发现出一部正是你所踏破铁鞋无觅处的书来，那是怎样大的喜悦啊！

书价低廉是那里的最大的长处，书店要卖七个以至十个贝色达的新书，那里出两三个贝色达就可以携归了。寒斋的阿耶拉全集、阿索林、乌拿莫诺、巴罗哈、瓦列英克朗、米罗等现代作家的小说和散文集，洛尔迦、阿尔倍谛、季兰、沙里拿思等当代诗人的诗集，都是从那里陆续买得的。我现在也还记得那第三间木舍的被人叫做华尼多大叔的须眉皆白的店主。我记得他，因为他的书籍的丰富，他的态度的和易，特别是因为那个在书城中，张大了青色忧悒的眼睛望着远方的云树的，他的美丽的孙女儿。

我在玛德里的大部份闲暇的时间，甚至在发生革命，街头枪声四起的时间，都是在书市的故纸堆里消磨了的。在傍晚，听着南火车站的汽笛声，踏着疲倦的步子，臂间挟着厚厚的已绝版的赛哈道的《赛房德思辞典》，或是薄薄的阿尔多拉季雷的签字本诗集，慢慢地沿着灯火已明的阿多洽大街，越过熙来熙往的太阳门广场，慢慢地踱回寓所去对灯披览，这种乐趣恐怕是很少有人能够领略的吧。

然而十月在不知不觉之中快流尽了。树叶子开始凋零，夹衣在风中也感到微寒了。玛德里的残秋是忧郁的，有几天简直不想闲逛了。公寓生活是有趣的，和同寓的大学生聊聊天，和舞姬调调情，就很快地过了几天。接着，有一天你打叠起精神，再踱到书市去，想看看有什么合意的书，或仅仅看看那青色的忧悒的眼睛。可是，出乎意外地，那些木屋都已紧闭着门了。小路显得更宽敞一点，更清冷一点，南火车站的汽笛声显得更频繁而清晰一点。而在路上，凋零的残叶夹杂着纸片书页，给冷冷的风寂寞地吹了过来，又寂寞地吹了过去。

〇 原载《文艺春秋》，1946年第3卷第5期第65—67页

后　记

孙　莺

　　从小，我就喜欢书。关于书的最早的记忆，就是一大箱连环画。《红楼梦》《三国演义》《七侠五义》《隋唐演义》《水浒传》《第二次握手》《鸡毛信》《死水微澜》《望乡》《排球女将》……七零八落，没有一本是成套的。可以说，正是这一大箱内容庞杂的连环画，为我打下了一个阅读的基本框架。攒了零用钱去书店买书，会下意识地翻阅那些熟悉的书名。我至今仍留存着对于秦琼、牛皋、程咬金的印象，其实就是受儿时所看连环画的影响。

　　这些年，经历过很多，来来往往，城市与人群。唯一不变的，是坚持读书买书的习惯。家里的书越来越多，让我有一种莫名的安全感。所有的沮丧和挣扎，消散在书里。

　　喜欢买书，自然也喜欢看别人买书的故事。那些曾经的得到与失去，经历的欣喜与哀伤，是相通的，即使隔了很多年。这也是编《旧时书肆》这本书的初衷。

　　比如在《买旧书》这篇文章中，作者覃子豪追忆了他在日本读书期间跑旧书店看书买书的经历：

　　东京的旧书店多集中在神保町和早稻田。因为这两个地方都有大学，尤以神保町大学最多。中央大学、日本大学、法政大学，都在那儿。早稻田就是日本最有名的早稻田大学了，学生多是集中在两个地方。因而，新书店旧书店都不少，尤以旧书为多，神保町一条直街几乎全是旧书店，简直就成为书店街了。

　　我到神保町或早稻田去，我喜欢一个人，因为一个人独来独往，独去独留，毫无牵制，这完全是为了逛旧书店的缘故。

覃子豪，著名的台湾诗人，与钟鼎文、纪弦并称台湾"现代诗坛三老"。覃子豪原名覃基，1912年生于四川广汉，1932年就读于北平中法大学，1935年赴日留学，就读于东京中央大学。1947年去台湾。

我虽未曾去过东京的书店街，但深谙覃子豪所说的独来独往逛书店的滋味。九十年代初，读中学的我，常常在周日的上午独自去文庙逛旧书摊。身无闲钱，只是看看。偶尔攒了点零用钱，就买几本旧书回家，至今家里的书柜里还藏着几册《太平广记》。以现在的眼光来看，纸张版本均无可取之处。留着，是因为这书附赠了太多的回忆，关于时间，关于徘徊，关于邂逅和等待。

其实，时光从未逝去，它总是悄然附着在这些书里。正如覃子豪在文中提及《筑地黄昏》这本书：

我有个女朋友A是诗人，曾经在上海黎明书局出过一本诗册，名为《筑地黄昏》，因为都是写诗的原故，我们感情极好，常常到她家里去，常常在她的家里晚餐，每次谈到很夜深才回来。她是美丽的，英文造诣很好，常常翻译短篇小说。在国内大学时，英文演说竞赛，她得第一名，是煊赫一时的风头人物。到放春假的时候，她要回上海，我自然不愿她回上海，可是她父亲的命令，终于决定动身。我很苦恼，我应该如何向她表示我的友情呢？忽然我想起那一册精装的《雪莱情诗》，应该买来送A，那个时候我身上只有十余元，但我决心买这册诗，作为我送A的礼物，在A动身时前一天，我把它买来了。恰好那天她约我在她家里去吃晚饭，当我在她的家里把这书送给她时，她很感动地说："你留着自己看，不好吗？"

"我特地买来送给你的，你可以在船上消遣。"

A收下了，她知道我是穷困的，对于我这感情她好像表示不安。然而，我是感到很大的愉快，这册精制的书送给她是再好没有的礼物了。

很多年前，我读过《筑地黄昏》这本书的，我还记得作者的名字叫陶映霞，因为和郁达夫的妻子王映霞同名而印象深刻。《筑地黄昏》是一本诗集，1936年上海黎明书局出版，薄薄94页，刊载了数十首诗歌。

陶映霞是20世纪30年代的女诗人，毕业于上海复旦大学外文系，而后赴

日本明治大学深造。早在 1933 年的时候，陶映霞就在《摇篮》杂志上发表了散文《米》和诗歌《梅花与少女》。1934 年，在《世界文学》杂志创刊号上发表了翻译小说《霜夜》。此后陆续发表了数篇翻译小说，如俄国作家普宁小说的《中暑》《一个陌生的朋友》等。

同在东京读书的覃子豪，对陶映霞展开了热烈的追求。贾植芳在《忆覃子豪》中忆及覃子豪和陶映霞：

子豪在一次诗歌座谈会上和她相遇后便一见倾心，向这位高贵的女诗人献出了自己的全部热情。他特地买了两本摩洛哥皮封面的本子，在这上面为她写爱情诗。为了支持子豪的恋爱事业，我也凑了些钱给他置办了一套较体面的西装。他几乎每天都带了新写的诗篇和几枝康乃馨之类的花朵去看望她，谈诗、谈人生、谈个人身世和自己的理想。

贾植芳还忆及当时陶映霞是拒绝了覃子豪的求爱，将写满爱情诗的笔记本还给了覃子豪，离开东京，回了上海。

在东京，陶映霞还与常任侠有过密切的交往。夜读常任侠的《东瀛纪事》，在一九三五年十二月的日记中，发现有陶映霞的踪影：

十九日

上午习日文。下午，入浴。写日记。得陶映霞女士函，约廿一日下午来。报载

---

① 《筑地黄昏》，1936 年黎明书局初版本。
② 陶映霞像，彼得摄影，刊载于 1933 年第 903 期《图画时报》。

南京学生游行示威,不知当局者如此出卖行为也。

二十一日

上午习日文。下午一时,赴水道桥接陶映霞女士,先来余寓,后赴大学。陶请我银座晚餐。餐后,陶去。过旧书店买下列各书:《书物展望》"藏书票专号"、《印度画集》、《高勾丽永乐大王古碑》《琉球艺术研究》《文字の史的研究》《西域探险日志》。屡次发誓不再买书,而见书即不忍去,此癖不除,亦浪费奢侈也。灯下读旧书《西域探险》,多荒谬语。

日记中寥寥数字,似乎难以发现秘密,而再读常任侠的《红百合诗集》,则发现了端倪。

某日午后,陶映霞去探望常任侠,共晚餐。这一天,常任侠不仅在日记中记了一笔,而且还写了一首诗:

一九三五年十二月二十一日

赴水道桥接友人陶映霞,赴银座进餐。夜送归中野有乐庄

水道桥西映晚霞,远来同是客天涯。

可堪浅醉抒胸臆,已领幽思透齿牙。

之子欲归应有伴,浮生若梦况无家。

难忘中野茫茫夜,油壁轻车护葬华。

映霞所居,远离市区。车抵其寓,已将午夜,视其楼上灯明即归。

午夜时分,常任侠将陶映霞送回寓所,驻足楼下,仰头看见她房间的窗透出灯光,才转身离去。这,分明就是一对热恋男女之间的情形。

在《红百合诗集》中,常任侠还记了他与陶映霞在公园、海滨、日佛会、茶室、剧场等处的足迹:

一九三六年一月十六日与映霞游井之头公园

万木森森异境开,清言尘外共徘徊。

朱霞初映井头水,照出娟娟绝世才。

一九三六年十月四日与令英、映霞赴千叶海滨游览

高秋晚照望粼粼,天水相连碧一痕。

> 惘惘心情无寄处，且来大海听潮音。

一九三六年十一月八日与洵侯、令英、映霞赴日佛会看雕塑展，至罗斯金文库品茶，夜观筑地小剧场演雪莱《强盗》后，送映霞归中野

> 静女温馨对品茶，茫茫碧海即天涯。
>
> 宵来共赏雪莱剧，中野回车北斗斜。

时映霞住中野有乐庄别墅，距东京六十里。北斗横天，野色寂静，途中稻田相接，已入郊区，停车视其楼上窗明，即返京寓。

一九三六年十一月八日罗斯金文库与陶映霞小坐

> 古典琴弦静旅魂，盈樽可可浮香温。
>
> 桥西尺八低声咽，相伴忘言月一痕。

陶映霞之所以拒绝覃子豪的追求，是因为她已经有了常任侠的相伴。常任侠，安徽颍上人，生于1904年。1928年考入南京中央大学文学院，1935年赴日本研究东方艺术史，翌年回国。常任侠和覃子豪一样，常常去东京的旧书店买书，《旧时书肆》这本书里亦收录了他的《东京的书店街》一文，原载于1935年第21期的《中央军校图书馆月报》，文中记了在东京买旧书诸事：

> 书店的分布，由神保町向东，一直到骏河台，向西一直到九段，向北一直到水道桥，靖国通算是中心，最盛、最大的书店，都在这里，因为书店多，学校多，所以神田被称为东京的文化区。

> 在这些书店里，我曾看见过好些可爱的书籍，往往因为价格高，不能得到手，看一看，终于又给端正地放在陈列的橱里了。但是过两天，又要去看看，看被人买去没去，而爱惜的心情，仿佛比我自己所有的书籍还要更加亲切。

这篇后记，由《筑地黄昏》一书引发，原是打算追忆多年前我读过的一本旧书，却不曾想到，由书及人，呈现了一段深埋于时间之中的故事。陶映霞当年发表的文章，大都集中于1933年至1936年之间。此后，她便再无音讯了。覃子豪后来去了台湾，1951年主编《新诗周刊》。1954年与钟鼎文、余光中、邓禹平、夏菁等人创立蓝星诗社，主编《蓝星诗周刊》《蓝星诗选》和《蓝星诗季刊》。常任侠则留在大陆，先后在北京大学、北京师范大学、中国佛学院、中央美院等校任教，成为东方艺术史研究领域的大家。

战乱动荡，世事无常，失去和逝去都是常态。在《旧时书肆》这本书中，人书之间的聚散离欢，触目皆是，让人惆怅。正如覃子豪在文章的最后写道：

我节衣缩食，把钱拿来买书，三年半的光景，我堆满了两大书架，其余的还在席上，回国来装满三大箱子。战争爆发以后认为上海很安全，为了便利，只带出一本《雨果诗抄》，其余的全部放在上海法租界环龙路一个友人家里。

当时对于《雨果诗抄》，很觉得不满意，现在我把这厚厚的一册精装诗集，认为是无上的至宝了。

在民国十八年，为了这些书，我曾经冒险从温州出口到上海去，可是环龙路那个朋友不知搬到哪里去了，我那几大箱子书，我至今不知道它的命运究竟如何？想起来，就使我不胜感叹与怀念。

纪果庵曾说："愿这世间所有失散的书，能一一逢其故主。"他还说："对不起，又写了这样于人于己两无谓的文章。"

这两句话，打动了我。

2021年6月25日